움직이는 세상, 움직여야 하는 고고학

● 집필인

공동집필자(목차순)

성춘택 _ 경희대학교

조대연 _ 전북대학교

송호정 _ 한국교원대학교

김민구 _ 전남대학교

김범철 _ 충북대학교

황철수 _ 경희대학교

성형미 _ 동양대학교

김종일 _ 서울대학교

중앙문화재연구원 학술총서 7

움직이는 세상, 움직여야 하는 고고학

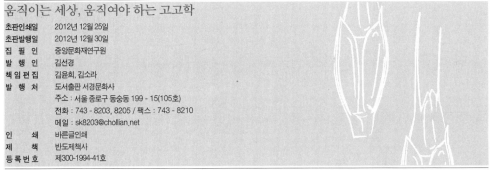

초판인쇄일	2012년 12월 25일
초판발행일	2012년 12월 30일
집 필 인	중앙문화재연구원
발 행 인	김선경
책 임 편 집	김윤희, 김소라
발 행 처	도서출판 서경문화사
	주소 : 서울 종로구 동숭동 199 - 15(105호)
	전화 : 743 - 8203, 8205 / 팩스 : 743 - 8210
	메일 : sk8203@chollian.net
인 쇄	바른글인쇄
제 책	반도제책사
등 록 번 호	제300-1994-41호

ISBN 978-89-6062-101-5   94900

정가 20,000원

움직이는 세상, 움직여야 하는 고고학

중앙문화재연구원 편

서 경 문 화 사

책을 펴내며

　　우리 연구원에서는 2009년부터 충북대학교와 산학 학술교류 협정을 체결하여 우리 연구원들의 조사연구 능력 향상과 연구 활동을 심화시키고자 연구 교육 프로그램을 진행하고 있습니다. 이 프로그램에서 강의된 내용을 보완하여 2011년『동아시아의 고분문화』와『한국 선사시대 사회와 문화의 이해』, 2012년『아시아의 고대 문물교류』라는 제목으로 중앙문화재연구원 학술총서를 간행한 바 있습니다.

　　2012년도 강의는 3월부터 9월까지 4회에 걸쳐 고고학에서 새롭게 인식해야 할 것들을 선정하여 "움직이는 세상, 움직여야 하는 고고학" 이란 주제로 실시하였으며, 이 학술총서는 이 강의 내용을 바탕으로 필자들이 원고를 보완하여 단행본으로 간행하게 되었습니다.

　　이 학술총서에는 「변모해 온 고고학」, 「유물이 말하는 그들의 세계」, 「探源 工程, 새로운 발견, 우리의 대응」, 「植物의 고고학, 食物의 고고학」, 「움직이는 공간, 서있는 고고학」, 「3차원의 세상, 2차원의 고고학」, 「고고지자기 연대측정법의 신조류」, 「죽어야 사는 고고학」 등 모두 8편의 논고를 수록하였습니다. 아무쪼록 이 학술총서가 관련 연구자들과 한국 고고학계에 작으나마 보탬이 되기를 기대하며, 앞으로도 관련 분야 연구자들에게 도움이 될 수 있는 학술총서를 지속적으로 발간할 것을 약속드립니다.

　　끝으로 연구원 교육 프로그램 기획과 진행을 맡아주신 충북대학교 김범철교수님을 비롯한 관계자분들과 옥고를 집필하여 주신 여러 선생님들께 감사의 말씀을 드리며, 이 학술총서가 간행될 수 있도록 애써준 중앙문화재연구원 오재진 학예연구실장을 포함한 직원 여러분께 감사드립니다. 또한 이 학술총서의 간행을 맡아주신 김선경 사장님을 비롯한 서경문화사 관계자 여러분들께 깊은 감사의 말씀을 드립니다.

2012년 12월

중앙문화재연구원장 **조 상 기**

차 례

Ⅰ. 변모해 온 고고학
- 현대 고고학의 학사적 이해 -

성 춘 택 경희대학교

1. 서론

세상이 변하는 속도는 늘 빨라지는 것 같다. 고고학도 예외는 아니어서 발굴법이나 연대측정법과 같은 기술적인 측면뿐만 아니라 학문을 보는 시각과 이론, 그리고 방법론에 이르기까지 많은 변화를 겪어 왔다. 우리가 인지하고 있는 고고학이란 학문은 19세기 중후반 유럽과 북아메리카에서 학문으로 자리를 잡은 것이다. 물론 한국과 중국과 같은 동아시아 세계에서도 고고학과 유사한 행위가 있기는 하였지만, 결국 과거 물질 자료를 주로 발굴을 통해 수집하고, 분류하여 패턴을 찾고, 그 패턴을 바탕으로 과거 문화를 복원하고, 인간행위나 문화편년 및 변화에 대한 진술을 만들어내는 지금 현재 우리가 하고 있는 고고학의 목적과 원칙은 19세기 중후반 확립되었다고 할 수 있다. 이것이 다시 세계의 여러 지역으로 전파되었기에, 고고학을 하는 방식에서는 근본적으로 동질적이라 할 수 있지만, 그 의미는 사회역사 조건에 따라 다양성을 띰은 두말할 나위가 없다.

그런데 어떤 학문의 현재 모습을 가장 잘 요약할 수 있는 방법은 학사를 연구하는 것이다. 현재 나타나고 있는 다양한 접근법이나 논쟁을 이해하기 위해서는 결국 학사적인 시각이 필요한 것이다. 사실 그 어떤 이론적인 논쟁도 학사적인 비평을 동원하지 않고 이해한다는 것은 거의 불가능한 일이다. 그러니 현재의 이론이나 방법론을 논의하는 데는 늘 학사적인 이해가 동반될 수밖에 없다. 그러나 고고학사 전체를 개괄하는 것은 이 글에서 다룰 수 있는 범위를 넘는다. 사실 간략할수록 실체적인 다양성을 훼손할 수 있고, 복합적인 내용을 지나치게 단순화시키는 잘못을 저지를 가능성이 높아진다. 학사적인 역동성을 살피기에는 지면이 짧고, 그 누가 보더라도 벅찬 작업이지만, 현재의 다양한 접근들이 나온 배경을 고고학사를 되짚어보면서 이해함으로써 한국 고고학의 현재와 미래를 고민하는 데 조금이나마 참고가 되었으면 하는 것이 이 글의 목적이다[1].

특히 이 글은 20세기 중후반, 그리고 새로운 천년기에 들어서 학계의 이론적인 논의를 주도하고 있는 영어권 고고학의 동향을 살피는 것에 치중할 것이다. 고고학이란 학문의 독특한 성격, 고고 자료가 갖는 한계를 통해서 이론이나 이론적 시각의 유의성을 점검하고, 과정주의의 변모, 탈과정주의 비판의 타당성, 그리고 과정주의와 탈과정주의를 넘어서는 고고학의 현재적 경관을 조망해 볼 것이다.

2. 고고학 이론을 찾아서

1) 고고학과 인간행위

고고학은 인간의 행위를 다루는 인문사회과학에서 인간의 행위에 직접적인 접근을 하지 못하는 유일한 학문이다(성춘택 1997, 트리거 2010, Binford 1962). 고고학을 비롯한 인문사회과학들은 모두 인간의 의도, 행위 및 그 결과들을 기본적인 자료로 삼고 있다. 고고학과 가까운 역사학은 문헌기록을 바탕으로 연구하는데, 기록은 그 자체로 인

---

1 고고학사 전반에 대해서는 가장 권위 있는 책이라 할 수 있는 브루스 트리거(Bruce Trigger)의 저술을 참조하면 될 터이다. 글쓴이가 번역한 2006년 새로운 판은 출간된 저자의 유고와도 같은 것으로서 고고학의 과거 모습뿐만 아니라 1990년대와 2000년대에 변화하는 흐름을 일목요연하게 제시하고 있다(트리거 2010). 덧붙여 2005년 출간된 오브라이언(M. J. O'Brien), 라이맨(R. L. Lyman), 쉬퍼(M. B. Schiffer)의 *Archaeology as a Process: Processualism and Its Progeny*라는 책은 과정주의의 등장과 성장, 변모하는 모습을 중심으로 20세기 미국 고고학의 흐름을 이해하는데 더 없이 좋은 참고 자료이다. 이밖에도 최근에 출간된 Machner and Chippindale(2005), Bentley et al.(2009), 그리고 우리말로 번역되어 있는 존슨 (2010) 역시 현대 고고학의 다양한 면모를 이해하는 데 도움이 될 것이다.

간행위의 산물이며 그 내용 역시 과거 인간들의 삶과 행위에 관한 것이다. 따라서 문헌 기록은 과거 인간 행위를 직접적으로 관찰할 수 있는 매체가 된다. 역시 고고학과 친연 관계가 깊은 사회문화인류학 역시 연구자가 직접 주민의 사회로 들어가 같이 행동하면서 일상생활을 관찰하고 분석한다. 주민의 행위 하나하나가 갖는 의미는 사회나 문화 연구에 중요한 자료가 된다. 다른 사회과학들 또한 자료로 하는 것이 사람의 심리이든지, 사고방식이든지 본질적으로 인간의 마음과 행위에 관한 것이다. 그러나 고고학은 과거 인간이 생각하고 행동하여 남긴 물적인 자료만을 연구 대상으로 할 뿐 그들의 일상에 직접 다가갈 수가 없다.

고고학의 목표가 과거 인간의 행위를 추론하는 것이라는 데는 이견이 있을 수 있지만, 고고학의 자료 자체가 인간 행위의 산물임을 부정하는 사람은 없을 것이다. 따라서 자료에 대해 심도 있게, 아니 가장 기초적으로 이해하려 해도 과거 인간이 어떠한 의도에서 자료를 사용하고 남겼는지를 이해해야 한다. 이를 바탕으로 자료에서 보이는 다양성과 패턴들을 체계적으로 인지하고, 그 시공간적인 의미를 설명하고 해석할 수 있는 것이다. 그러나 여전히 고고학은 인간행위를 직접 관찰할 수 없으며, 다만 자료로부터 추론할 뿐이다.

인간행위를 직접 관찰할 수 없다는 사실과 함께 행위에 대한 추론을 토대로 다시 과거 문화를 복원하는 순환논리에 빠지기 쉽다는 점은 바로 고고학이란 학문에 이론의 역할이 필수적임을 웅변해준다. 그만큼 고고학에서 이론은 자료의 관찰과 설명 또는 해석에 일관된 안내 지침이라고 생각되는 것이다.

2) 이론의 명시성과 암묵성

그러나 고고학이란 학문은 전통적으로 특정한 자료가 언제, 어떻게 제작되고 사용되었는지를 동정(identification)하는 것이 중요한 부분을 차지하여 왔다. 지금까지 많은 고고학자들이 이론을 어려우면서도 손에 닿지 않는 것으로 여겨, 이론적인 논쟁과 스스로를 멀리하여 꽃삽을 들고 손에 흙을 묻히며 자료에 더욱 매달렸다. 이런 전통에서 이론이란 고고학의 현실과는 동떨어진 곳에 있으면서 자칫 고고학의 본령이라 할 수 있는 자료에 대한 철저한 이해로부터 오히려 멀어지게 만드는 것으로 인식되어 온 것도 사실이다.

그러나 도대체 유물들이 왜 시공상에 변이를 보이는 것인지, 그런 변이를 어떻게 설명할 수 있는 것인지 하는 문제는 자료로부터 저절로 나오지는 않는다. 만약 자료의 변이와 과거 인간의 행위에 대해서 어떤 직접적인 언급이나 시사가 없다면, 이것은 결국 자료를 어떻게 이해하는지 하는 시각과 결부된 문제일 수밖에 없다. 연구자들은 부인할지도 모르지만 스스로도 모르는 사이에 특정한 시각을 취하여 자료를 관찰하고 패턴을 끄집어내며 그것들을 설명하고 해석한다. 그런 과정이 부지불식간에 이루어지기도 하며, 어떤 연구자들은 명시적으로 특정 이론에 천착하고 있음을 밝히기도 한다. 문제는 아무리 순수하게 경험적이고 귀납적인 접근을 사용한다고 하더라도 연구자가 스스로 인지한 자료의 패턴과 그 설명은 그 어떤 방식으로든 정당성이 입증되어야 한다는 것이다. 이것은 단순하게 특정한 연구자가 지니고 있는 지식의 정도에 따른 것이라 치부할 수도 없는 문제이며, 연구자의 권위에 의존하는 것은 더욱 있을 수 없다. 때문에 고고학이란 학문에서 자료의 이론은 호불호를 떠나서 없어서는 안 되는 것이다.

그렇다고 해서 고고학자 모두가 이론의 의미와 역할에 대해서 논쟁에 나서야할 필요는 없다. 좋은 이론이라면 그 동안 이루어진 고고학적인 지식의 축적 과정에 의미를 줄 것이기 때문이다. 결코 이론은 꽃삽을 들고 자료를 수집하고, 실험실에서 수많은 토기와 석기 앞에서 이 패턴을 인지하려는 고고학적인 노력을 무효화시키지는 않는다. 오히려 그런 고고학적인 노력에 효과적이면서도 일관된 지침을 주는 것이다.

따라서 이론이 무엇인지를 모르는 것보다 더욱 나쁜 것은 이론을 잘못 이해하는 것이다. 이론의 의미와 역할에 대해서는 학사적으로 많은 논의와 논란이 있었다. 때문에 자칫 잘못하면 자료와 동떨어진 허탈한 공론에 머물 수도 있다. 나아가 자료에 대한 적절한 이해가 선결되지 않고 섣부르게 이론을 언급하며 잘못을 덮으려 해서는 안 된다. 즉 이론이 고고학을 하는 지침과 일관된 원칙이 아니라 연구자의 편견과 무지를 보완해주는 도구가 되어 버릴 수도 있다. 결과적으로 이론을 인식하지 않고 고고학적 자료에 좀 더 철저한 이른바 전통적인 방식이 이론을 섣부르게 이용하는 방식보다는 낫다고 할 수 있다.

주지하듯이 20세기 후반의 현대 고고학에서 이론적 논의들은 정말로 치열하게 벌어졌으며 우리나라에도 소개 되었다(강봉원 2001:1~19, 김권구 1993:7~36 · 1994:283~296, 김승옥 1999:31~56, 김장석 1995:131~148 · 2002:1~26, 김종일 2004:5~34 · 2006:110~145, 성춘택 1997 · 2003:113~133, 이성주 1991:255~294 · 1995:1~23 · 1998:397~425, 존슨 2010, 최정필 2001:95~123, 최몽룡 · 최성락

1997:98~116, 추연식 1996:98~116·1997, 트리거 2010). 이를 지나치게 단순화시켜 도식적으로 소개하거나 현실과 동떨어져 있다 하여 멀리하는 것은 바람직하지 못하다. 피상적이거나 지나치게 현학적인 논의들도 효용성이 낮다. 많은 사람들은 거대한 이론적 담론이나 학사적인 통찰을 떠나 그 동안 좋은 결과를 내었던 선진 연구자들의 방법론만을 이용하기도 한다. 이런 접근 방식은 경우에 따라 분명히 효과적인 결과를 내는 것은 사실이지만 고고학 이론에 대한 직접적인 통찰을 회피하고 있어 근본적인 대안이라 볼 수 없다.

3) 귀납과 연역 : 이론으로 가기

현실적이고 실제적인 내용보다는 추상적이고 구호적인 원칙들이 나열되어 있을 때 흔히 '이론' 또는 '이론적'이라고 하는 말을 사용하지만, 사실 이론은 결코 실재를 떠날 수 없다. 이론이란 고고학 조사 연구의 전 단계를 관통하는 지침이어야 하지, 통상적으로 고고학 연구의 마지막 단계로 생각되는 해석이나 설명의 역할에 머물러서는 안 된다. 적절하고 좋은 이론이라면 조사 계획의 수립, 자료 수집 및 발굴, 자료 분류와 분석, 설명 등 모든 영역에서 지침이 될 수 있어야 한다.

주지하듯이 귀납이라는 것은 특수한 개별적인 사실로부터 일반성을 끌어내는 방법이며, 이에 반해 연역이라는 것은 일반적인 원칙에서 출발하여 개별적인 사실들의 관련성을 추구해나가는 방법이다. 이론은 자료를 떠나서는 허상에 지나지 않으며, 자료는 이론으로부터 의미를 부여 받는다. 따라서 흔히 '이론적'이라는 말은 연역적이라는 뜻을 함의하고 있는 경우가 많지만 자료를 떠나서 적절한 이론이 만들어질 수 없다. 귀납과 연역을 모두 복합적으로 연결시켜야지만 적절한 이론을 구축할 수 있는 것이다.

현재 살아있는 생물의 역사를 연구하는 데 단 하나의 이론으로서 군림하고 있는 다위니즘을 예로 들어 보자. 보통 다윈은 1831년부터 1836년까지 5년 동안 비글호 항해를 통해 '귀납적'으로 자연선택이라는 개념을 발견하였다고 생각된다. 옳은 측면도 있지만 잘못된 부분도 있다. 다윈은 다양한 생물종들을 세심히 관찰하여 생물이 시간의 흐름에 따라 변화한다는 생각은 가졌지만, 그런 변화를 설명할 메커니즘을 찾지 못하고 런던에 돌아왔다. 다음과 같은 다윈의 말을 새겨보자.

1838년 10월, 그러니까 내가 체계적인 조사를 시작한 지 15개월이 지난 뒤에서야 우연하게 인구 문제에 대한 맬더스의 논의를 접하게 되었다. 동물과 식물들의 습성을 오랫동안 관찰해 온 나로서는 모든 곳에서 일어나고 있는 생존을 위한 투쟁이라는 개념을 받아들일 준비가 충분히 되어 있었다. 순간적으로 이러한 상황에서 유리한(favorable) 변이는 보존되지만 그렇지 못한 변이는 사라지는 경향이 있다는 생각이 떠올랐다. 그 결과로 새로운 종이 형성될 것이다. 여기에서 드디어 나는 실행할 수 있는 이론을 얻게 되었던 것이다(Gould 1980:64 인용된 원문 글쓴이 번역).

비글호에서의 경험은 다윈에게 연구의 기본 자료를 주었지만, 그 자체로 지난 150여 년 동안 생물학의 유일한 이론의 지위를 인정 받아왔던 다윈 진화이론을 완성한 것은 아니었다. 오히려 생물학과는 직접 관련이 없는 많은 분야의 지식(가령 맬더스의 인구론)에 영감을 얻어 자연선택설을 만들어냈던 것이다. 다만 다윈은 스스로 언급하였듯이 "동식물의 습성에 대한 관찰을 오랫동안 계속해왔기 때문에" 새로운 맬더스의 학설을 읽고서 새로운 설명의 틀을 발전시킬 수 있었다. 순간적으로 "주변 환경에 유리한 변이는 보존되지만 불리한 변이는 소멸하는 경향" 곧 "자연선택"이라는 새로운 이론을 만들어 내었던 것이다.

다윈이 이론을 만든 방식은 "사실들을 이것저것 긁어모으는" 방식은 아니었으며, 오히려 여러 가설들을 생각해내고 검증하여 잘못된 것들을 하나하나씩 지워나가는 방식이었다(Gould 1980:64~65). 따라서 이론이라는 것은 결코 자료로부터 저절로 솟아나는 것이 아니다. 이론을 만드는 것은 자료에 대한 엄격하고 세밀한 관찰과 함께 광범위한 지식에 바탕을 두고 원칙들을 찾아내는 과정이다. 사실 그런 일을 성공적으로 한 사람은 인류사에 몇 명밖에 없었지만 말이다. 성공적인 이론은 대부분 너무도 많고 복잡한 현상들을 명쾌하면서도 간단하게 정리한 원칙들로 이루어져 있다.

4) 이론의 정의

일단 이론은 "자료를 이해하기 위한 일련의 원칙들"(Leonard 2001:93)로서, "현상의 집합에 대한 설명의 원칙으로서 사용되는 논리적으로 일관된 제안들"이라 정의하자. 장회익(1998:48)은 이론을 "특정의 활동 양식과 추리과정을 통해 그 어떤 물음에 대한 해답을 체계적으로 지정해주는 일련의 관념적 장치들"이라고 규정하고 있기도 하는데, 모두 설명적인 틀로서 이론의 가치를 강조하고 있다고 할 수 있다.

그런데 모든 관찰과 기술(記述)은 이론에 종속될 수밖에 없다[2]. 우리는 자료의 수집과 관찰에서 분석과 설명의 단계까지 이론을 벗어날 수 없으며, 제대로 된 연구를 위해서는 일관된 이론의 지침을 받아야 한다. 진화생물학자 르원틴(Lewontin 1974:8)은 "[아무런 문제의식 없이]…예전에 했던 방식대로 세계를 기술한 다음, 가만히 앉아서 그 기술 위에 설명 및 예측 이론이 저절로 솟아나기를 기대할 수는 없는 일이다"[3]고 하면서 문제의식 없이 경험적 방법에만 의존하는 연구에 경종을 울리고 있다. 우리가 찾는 이론은 고고학의 절차와 목적에 합당하여야 하며, 모든 연구 단계에 일관된 지침을 제공하여야 하는 것이다. 만약 모순되는 점이 발견된다면 그 이론은 잘못되었거나 고고학에 적절하지 않은 것이다. 고고학사를 통관해 보면 많은 비이론적인 진술들이 이루어졌으며, 부적절한 이론에 기댐으로써 혼란과 함께 논쟁이 일어났음을 알 수 있다 (Dunnell 1989).

고고학사 및 이론가인 브루스 트리거는 상위·중위·하위이론을 구분하여 논하고 있다(Trigger 2006, 트리거 [성춘택 옮김] 2010). 이에 따르면 하위이론이란 낮은 단계의 일반화와 비슷하여 반복적으로 관찰되는 규칙을 말한다. 고고학에서는 특정 속성이나 형식들이 결합되어 반복적으로 되풀이되는 것을 예로 들 수 있겠다. 중위이론이란 좀 더 높은 단계의 일반화로서, 일정한 조건에서 특정한 결과를 내는 양태들을 말한다. 예를 들면 주어진 환경에서 인구가 늘어나면 새로운 방식의 식량 수집 또는 생산 활동이 나타나게 된다는 식의 일반화이다.

상위이론(high-level theory)은 일반이론이라고도 부를 수 있는데, 트리거에 따르면 상위이론이란 "현상의 주 범주들의 관계들에 대한 추상적 원칙들"이다. 대표적인 일반 이론은 진화생물학의 다위니즘이며, 사회과학에서는 다양한 시각들이 학사적으로 경쟁하여 왔다. 사회 또는 문화진화론이 그러하며, 마르크스주의 또는 역사유물론, 문화유물론 또는 문화생태학, 기술결정론, 구조주의, 관념론이나 상대주의 등이 일반이론

---

2 이런 측면에서 일반적으로 말하면 탈과정주의자들의 논설은 옳다. 상위이론은 이론, 중위이론은 방법론 (methodology)이나 일반화, 하위이론은 기법(technique)이라 하여 이론에 종속되어 있는 것으로 파악할 수도 있겠다.

3 원문, … the problem of theory building is a constant interaction between constructing laws and finding an appropriate set of descriptive state variables such that laws can be constructed. We cannot go out and describe the world in any old way we please and then sit back and demand that an explanatory and predictive theory be built on that description.

의 예에 해당한다.

특정 상위이론의 유행은 시대성과 지역성, 연구자가 처한 사회 환경의 문제인 경우가 많다. 연구자는 인식하고 있든 그렇지 못하든 특정 일반이론에 입각하여 고고학을 하게 되며, 어떤 경우에는 특정 일반이론의 틀을 넘나들기도 한다. 그러나 유물론이나 관념론과 같이 일반이론들은 서로 상반되는 시각에 바탕을 둔 원칙들인 경우가 많다.

3. 민족지고고학과 문화의 과정

1) 중범위이론

상위이론에 대한 논의도 중요한 일이며, 사회이론을 고고학의 영역에 끌어들이려 많은 연구자들이 노력하고 있지만, 상위이론에 대한 논의는 자칫 공허할 수도 있다. 실제 고고학사의 흐름에서 중위이론(middle-level theory), 특히 중범위이론(middle range theory)은 꾸준히 중요한 역할을 하여 왔음을 알 수 있다[4].

중범위이론이란 원래 사회학에서 개발된 용어로서, 경험 현상(empirical phenomenon)에서 시작하여 인간행위에 대한 일반적인 진술을 도출해 내어 다시 자료로 검증하는 것을 말한다. 다시 말하면 경험 자료를 통해 검증할 수 있는 가설을 개발하는 것인데, 고고학에서는 루이스 빈포드가 적극적으로 도입하였으며, 대표적인 분야가 바로 민족지고고학(ethnoarchaeology)이다.

현대 고고학의 역사에서 커다란 역할을 한 민족지고고학은 민족지(ethnography)와 고고학(archaeology)을 합쳐 만든 용어로서, 말 그대로 고고학자가 고고학적인 목적으로 민족지 연구를 하는 것을 말한다. 이 민족지고고학 방법론의 연원은 사실 19세기 말까지도 거슬러 올라가지만, 20세기 중후반 고고학에서 더 커다란 역할을 한다. 놀랍게도 이른바 과정고고학의 주된 방법론, 그리고 탈과정고고학[5]의 주된 이론적인 입장 역

---

4 위에 진술하였듯이 물적 자료를 다루는 고고학이 인간행위를 직접 관찰할 수 없음에도 행위에 대한 추론을 토대로 다시 과거 문화를 복원하는 것은 모순일 수도 있다. 그렇기에 고고학이란 학문에 이론의 역할이 중요하다. 그만큼 고고학에서 이론은 자료의 관찰과 설명 또는 해석에 일관된 안내 지침이다.

시 민족지고고학이라는 방법론을 통해서 형성된 것이다(트리거 2010, David and Kramer 2001).

왜 민족지고고학은 고고학의 이론과 방법론적인 발달에 큰 기여를 했을까? 고고 자료와 고고학이 추구하는 연구 목적 사이의 괴리 때문이다. 위에서 이미 논의하였듯이 고고학의 자료는 바로 땅속에 있든 지표 위에 드러나 있든 물적인 자료인데, 고고학은 인간의 행위에 대한 정보를 토대로 그로부터 의미 있는 진술을 하고자 하는 것이다. 많은 고고학 이론가들은 말하지 않는 물적 자료로부터 과거 인간행위에 대한 의미 있는 진술(설명이나 해석)을 얻기 위한 방법론으로서 민족지고고학에 의지하였다. 돌이켜보면 루이스 빈포드(Lewis Binford)와 이안 호더(Ian Hodder)로 대표되는 학자들은 민족지고고학이라는 동일한 방법론에 의지하고도 상반된 결론을 얻었으며, 결국 20세기 후반 고고학 이론과 방법론의 변화를 주도하게 되었던 것이다(트리거 2010).

2) 문화의 과정

주지하듯이 루이스 빈포드는 스승이었던 레슬리 화이트(Leslie White)를 따라 문화를 하나의 적응 전략 체계로 바라보고(man's extrasomatic means of adaptation), 문화란 인구, 기후, 식생, 기술 등 많은 하부체계들과의 상호작용으로 파악되어야 하며, 유기체와 그 환경 사이에 들어있는 변수라고 생각하였다(렌프류·반 2006, 트리거 2010). 비신체적인 적응수단으로서 문화의 역할을 강조한다는 것은 다른 동물들은 생물학적

---

5 글쓴이는 Postprocessual archaeology를 탈과정고고학이라 번역하고 있고(트리거 [성춘택 옮김] 2010), 다른 주요 고고학 참고서도 마찬가지이다(렌프류·반 [이희준 옮김] 2006). 후기과정고고학이라는 용어도 쓰이고 있지만, 과정고고학에 전기와 후기가 있다는 오해를 받을 수 있어 적절하지 않다고 생각한다. 과정고고학은 아직도 진행형인데 전기와 후기를 나누는 것은 타당하지 않은 일이다. 본래 post라는 뜻은 뒤, 그러니까 후 또는 벗어난다는 의미를 담고 있다. 엄밀하게 말하면 과정주의가 끝나거나 대체되지는 않았기 때문에 원래부터 적절한 용어였다고 할 수는 없다(O' Brien et al. 2005:222). 후과정주의나 포스트과정고고학이라는 말도 가능하겠지만, 1980년대 기존의 과정고고학의 과학주의와 실증주의를 신랄하게 비판하고 등장한 것이어서(Hodder 1985) 내용상 탈과정고고학이란 용어가 뜻에 가깝지만, 그렇다고 문화과정에 대한 연구를 도외시한 것은 아니다. 최근에는 이 같은 혼란을 피해 해석고고학(interpretive archaeology)이라는 독자적인 명칭을 쓰기도 하는데, 글쓴이의 생각에 이 표현이 더 명료한 것 같으며, 이 글에서도 적극적으로 사용할 것이다.

으로 적응하는 데 반해, 인간은 문화적인 혁신을 통해서 환경의 변화에 적응한다는 점을 강조하는 것이다. 토기 디자인에서 자동차까지 문화의 모든 양상은 환경적인 측면에서 보았을 때 가장 이상적인 상태로 적응된 양상을 보여준다고 이해된다.

문화는 하나의 체계로서 환경 등 지리적이고 시간적인 축에서 적응되어 있는 상태이다. 적응 체계로서 문화를 살피는 일은 어떻게 문화가 돌아가고 있는지를 파악하는 것이 주된 작업이다. 플래너리를 비롯한 과정고고학자들은 문화체계의 안정성을 생태계와 연관시켜 연구하였다. 마치 하나의 체계로서 입력과 출력, 자가 조절 메커니즘 등을 통해 전체체계는 평형상태(homeostasis)를 유지하는 것이다. 다시 말하면 문화는 외적이고 내적인 변수가 일정하다면 안정된 적응 상태에서 동물상, 식물상, 기후, 지리적 환경이라는 일차적인 배경과 기술, 사회, 이념 등이 다양하게 상호관련을 맺는 아체계들이 나름의 역할을 하여 체계를 유지하는 것으로 파악된다. 또한 이런 바탕 위에 수공업, 인구, 생업, 교역, 의례와 같은 부분들이 상호관련을 맺으며 체계가 돌아가는 것이다. 많은 연구자들은 이러한 다양한 문화요소들 간의 상호관련과 영향을 피드백(되먹임)이라는 개념을 통해 이해하고 있다.

그러나 이러한 적응주의적인 시각에는 큰 문제가 있다. 적응주의적인 시각은 문화를 너무 개별 양상들에 환원시켜서 보는데, 이 때 모든 것들은 적응으로 파악될 수밖에 없다. 즉 토기의 디자인이나 생김새, 시문 방법, 색깔까지 모두 적응으로 파악하는 것인데 이는 옳지 않다. 오히려 대부분의 디자인은 적응, 그러니까 기능적인 측면과는 관련이 없는 것으로 파악하는 것이 더 옳을 것이다.

체계이론(systems theory)은 과정고고학에서 가장 크게 의존하였던 문화 분석 틀이었다. 이를 통해 생태학과 경제를 강조하였으며 법칙과 같은 일반화를 만들어내는 데 치중하였다. 때문에 체계이론적인 접근은 유물론적인 바탕에 근거한 것인데, 비판적인 입장에서는 문화적인 양상들을 모두 적응적인 양태로 분석하는 것은 적절치 않다고 본다. 가장 큰 비판은 개인의 다양한 자세와 마음가짐을 포괄하지 못하고 일률적으로 부품화시킨다는 주장이다. 체계에 개인의 창의성이나 혁신이 들어갈 공간은 없다. 비물질적인 측면의 역할에 대해서 별다른 관심을 기울이지 않고, 역사적인 의미에도 무관심하다(Hodder 1982 · 1986 · 1991).

3) 중범위이론과 민족지유추

　과학으로서 고고학을 추구하였던 연구자들은 물질자료라는 정력학(statics)을 과거 인간행위라는 동력학(dynamics)으로 연결시키고자 하였다. 전술하였듯이 고고학은 인간행위에 대해 직접적인 접근을 할 수 없는 독특한 학문이기 때문에, 이를 위해서는 반드시 어떠한 이론과 방법론적인 절차를 통해야만 한다. 이것이 바로 중범위이론이며(Binford 1977), 과거 체계 맥락, 곧 인간행위와 연결시켜주는 논리적이고 경험 과학적인 다리 역할을 하는 일련의 일반화들로 구성된다. 현재의 체계에서 인간행위를 비롯한 문화 과정이 어떠한지, 그리고 그런 과정으로부터 어떠한 물질 자료가 생산되는지를 관찰하고, 또 행위와 물질 자료 사이에 상응과 법칙을 찾아 과거 고고 자료의 패턴까지도 적용시키는 것이다.

　중범위이론에 입각한 연구는 먼저 민족지 관찰을 통해 현재 물질 자료와 특정 인간행위 사이에 상응 관계를 찾은 다음, 같은 물질 자료가 고고 맥락에서 관찰될 경우 이와 상응하는 특정한 인간행위 역시 과거에도 존재하였음을 추론하는 절차로 진행된다. 빈포드는 누나미우트 에스키모족과 호주 원주민 사회에 대한 민족지고고학 연구를 수행함으로써 기존에 묵시적으로 받아들여지고 있던 고고학적 가정들을 성공적으로 비판하였다(Binford 1980 · 1981 · 1983). 특히 동물뼈들이 어떠한 방식으로 고고학 유적에서 형성되는지 하는 이른바 화석형성학(taphonomy)[6]적 연구를 통해 고고 유적의 형성 과정에 대해 깊이 있게 고찰하였다. 가령 수렵민의 사냥 행위와 하이에나를 비롯한 동물들의 사냥 행위와 도살 등과 관련된 행위들을 비교하고, 그로부터 발생되는 동물뼈 자료의 성격이나 흔적들이 어떻게 운반되고 남아 결국 유적이 되는지를 검토한다. 이를 토대로 대다수 초기 인류의 유적에서 발견되는 동물뼈들은 인류의 적극적인 사냥의 증거로 보는 기존의 해석에 의문을 제기하고, 다른 짐승들이 먹다 버린 고기를 주워 먹는 약취(scavenging) 행위가 보편적이었을 것이라고 주장하였던 것이다.

　중범위이론은 이렇듯 성공적으로 고고학에 정착하여 고고학 이론을 주도하였다. 유

---

6 화석형성학이란 중범위이론과 유적의 형성과정에 관련되는 것으로서 주로 동물뼈와 같은 유기물이 어떠한 과정으로 화석화하였는지를 연구하는 분야이다. 화석형성학은 동물뼈유물군이나 곡물자료 및 지질고고학적인 연구에 중요한 분야가 되고 있다.

력한 고고학 이론가인 코길(Cowgill 1993)이나 트리거(Trigger 1995)는 앞으로 고고학의 발달이 중범위이론을 더욱 강력하게 확립하고 그 영역을 확장하는 데 달려 있다고 말하기도 하였다. 중범위이론을 확립하는 가장 일반적인 길은 민족지유추이다. 방법론적인 측면이 강한 중범위이론의 근저에는 동일과정설(uniformitarianism)이 깔려 있다(트리거 1997·2010). 현재 관찰할 수 있고 일반화시킬 수 있는 과정들이 과거에도 똑같이 반복되었을 것이라는 점이다. 유추(상사, analogy)[7]란 이론적으로 두 가지 실체들 사이에 비슷한 점을 찾아 다른 양상에 적용시키는 것이다. 민족지유추란 현존하는 인간행위와 물질자료에 대한 연구를 과거 고고자료의 해석에 적용시키는 것이다. 전통적으로 미국 고고학은 문화인류학과 밀접한 관련을 맺고 있는데, 기본적으로 민족지고고학은 수단이지 그 자체가 목적은 아니다(Binford 2001).

그런데 민족지 유추의 목적은 관찰한 것과 고고학 자료 사이에 상응을 세우는 것이며, 이것은 경험일반화(empirical generalization)를 추구한다. 일반화이기 때문에 특정한 현상들 사이의 관계에 대한 진술일 뿐이지 그 자체로 인과관계에 대한 설명은 되지 못한다. 지적할 수 있는 문제는 민족지 유추는 대부분 자료와 행위 사이에 일련의 전제들로부터 시작하여 다시 그 전제를 확인한 다음 더 큰 주장들을 펴게 된다는 점이다.

4) 본질론과 유물론

고고학에서 시간을 이해하고, 종류들을 이해하기 위해서는 본질론(essentialism)과 유물론(materialism)의 대조되는 시각을 이해할 필요가 있다[8]. 본질론적 존재론은 자연 세계나 유물에서 관찰되는 종류나 형식들은 경험적으로 존재하는 실재(존재물)들이라 파악하여, 연구자는 그것들을 발견해야 한다고 본다. 이런 사유 방식은 생물학적인 관

---

7 생물학에서는 analogy를 상사라 번역하고 있으며, 이와 대비된 개념으로는 상동(homology)이 있다.

8 일반적으로 영어의 materialism이란 말은 유물론으로 번역되며, 그 대조어는 idealism, 곧 관념론으로 알려져 있다. 고고학에서 유물론적인 접근은 사람과 자연의 관계 속에서 문화적 의미를 추구하는 형태로 나타나며, 사람들의 정신문화는 경제, 기술, 사회 등 물질적인 배경에 달려있다고 생각된다. 반대로 관념론적인 접근에서는 사람의 행동을 물질적인 배경에서 구하는 것을 반대하며, 정신적인 부분의 역할을 중요시 한다. 관념론적인 생각에서는 사회 및 물질적인 배경과 정신적이고 문화적인 가치 사이에 별다른 관련이 없다고 본다.

점과 비교할 때 '유형론적 사고(typological thinking)' 와 통한다(Mayr 1976). 연구자들은 전형들을 찾으려 애쓰며, 그로부터 벗어난 변이들은 노이즈(noise)로 취급된다.

반면 유물론적 존재론은 "개별 현상들만이 실재하며 이로부터 추론되는 모든 것들은 추상일 뿐"(Mayr 1976:12)이라고 본다. 종류나 형식이라는 것도 실재하는 것이 아니라 관찰과 연구로부터 추출된 것이며, 주된 설명 대상은 변이가 된다. 변이는 분절되어 있지 않고 연속적이며, 그 차이는 시간의 흐름에 따른 빈도의 차이에서 나타난다. 생물학의 '개체군적 사고(population thinking)' 와 일치한다(Mayr 1976, 오브라이언 · 라이맨[성춘택 옮김] 2009).

자연과학에서 물리학과 화학은 기본적으로 본질론적 존재론에 바탕을 두고 있는데, 이런 물리과학에서는 객관적인 사실이 존재하고 관찰과 실험이라는 방식으로 시공간에 관계없이 검증할 수 있다. 반면 생물(생명)과학은 유물론적 관점과 맥을 같이 하는데, 시간의 흐름에 따른 형질 변화와 종분화(speciation)와 같은 것들이 중심 연구주제이다. 생물체를 물리과학적인 입장에서 분자나 유전자와 같은 구성요소의 결합으로 환원하여 다룰 수는 없는 일이다(마이어 2002:16).

문제는 고고학에서 과학을 추구하였지만, 대부분은 물리과학과 본질론적 사고를 모델로 한 것이었다. 신고고학 또는 과정고고학의 대부분 연구자들은 선사시대이든지 현대이든지 인간 행위에 보편적으로 적용되는 법칙을 찾고자 하였으며, 이를 고고자료를 통해 검증하려고 하였다. 그러나 고고학은 유물론적인 과학과 더 어울린다. 고고학에 시간이라는 변수를 제외할 수는 없는 노릇이다. 따라서 고고학이 과학이 되고자 한다면 시간성을 근간으로 하는 유물론적인 생물과학이 모델이 되어야 할 것이다.

4. 민족지고고학과 문화의 해석

1) 이안 호더와 탈과정주의(해석고고학)

호더의 민족지고고학은 시간이란 변수, 곧 역사성을 중시하였다. 『행동하는 상징들 Symbols in Action』(1982)을 비롯한 선구적인 연구들에서는 상징주의적인 접근이 잘 드러난다. 과정고고학의 주된 방법론이라 할 수 있는 민족지고고학을 채용하면서도 과학적이고 법칙정립적인 접근과는 대조적인 인문학적이고 역사적 배경과 사회관계를 중시하는 맥락적 접근을 선호하였다. 호더는 동아프리카 케냐에서 종족성(ethnicity)이 어떻게 물질문화에 투영되어 있으며, 다시 그러한 물질문화의 요소들이 어떠한 방식으로 사회적인 구조에 영향을 미치는지를 잘 보여주고 있다. 특히 물질문화는 종족 사이의 경계를 유지하고 개인들의 사회적인 지위를 보여주는 데 적극적인 역할을 하는 것으로 나타나 있다. 호더는 이 같은 새로운 반실증주의적이고 반(反)과정주의적인 고고학을 스스로 탈과정고고학(Postprocessual archaeology)이라 불렀다(Hodder 1985). 다만 호더가 선도하였던 탈과정고고학은 고고학의 주된 흐름이었던 과정주의의 비판을 중심으로 하였기 때문에 원래부터 다양하고 광범위한 이론적인 시각을 포괄할 수밖에 없었다. 때문에 탈과정주의를 단일하고도 일목요연하게 정리하는 것은 쉬운 일이 아니다. 상대주의와 주관성을 옹호하는 탈과정고고학자들, 곧 해석고고학자들 안에서도 그 내용과 정도에서는 다양하며, 서로 의견이 일치되어 있지 않다(Shanks and Tilley 1987 · 1989). 어쨌든 대체로 다음과 같이 요약할 수도 있겠다(Hodder 1985 · 1986 · 1999 · 2001).

① 물질문화(material culture)

　　물질문화는 단순히 사람에 의해 수동적으로 만들어진, 무생물적인 존재물이 아니라, 사회 질서의 확인, 구조의 유지, 갈등의 해소 등 다양하고도 적극적인 역할을 수행한다. 따라서 물질문화는 그것을 지니는 사람들의 정체성과 사회적인 역할을 적극적으로 표현해 주기 때문에 사회적인 삶에 중요한 요소이다. 물질문화는 단순히 사회적인 계급이나 권위 및 사회조직에 대한 피동적인 반영이 아니라 사회 속에서 사람들이 어떻게 사회관계를 맺고 유지하는지를 알게하는 역할을 한다. 특정한 물질문화의 요소가 어떠한 역할을 하는지는 그 사회 속에서 물질문화의 맥락을 고려하여야 한다.

② 해석학(hermeneutics)

　　따라서 과거 물질문화의 역할을 파악하기 위해서는 물질문화는 고고학자가 읽고 해석하여야 할 하나의 텍스트와도 같은 것이다. 단순하게 과거 물질 자료에 대한 객관적인 의미를 추구하지 말고 적극적으로 물질문화와 대화하여야 하며 그 속에서 물질문화가 사회적인 삶 속에서 하였던 적극적인 의미를 찾아야 한다. 고고학자가 물질문화에 대해서 해석하는 것은 바로 이야기(narrative)를 하는 것과 같다. 사실로서 고고 자료는 이러한 이야기 속에서 의미를 찾는다. 그러면서 고고학자는 과거에 대해 이야기를 쓰는(writing) 것이다.

③ 사회이론(social theory)

고고학은 독자적인 방법론을 가지고 있지만, 이제 물질문화에서 의미를 찾기 위해서 광범위하게 사회이론을 적극적으로 받아들인다. 특히 많은 여성 연구자들이 그 동안 등한히 여겨졌던 사회적 성(性), 곧 젠더를 고고학 연구의 주제로 삼는다. 미셀 푸코, 마르틴 하이데거, 피에르 부르디외, 앤터니 기든스 등의 연구는 고고학에서 적극적으로 이용되고 재발견된다. 포스트구조주의, 포스트마르크스주의, 비판이론, 에이전시, 실천이론, 젠더 등 다양한 주제와 개념들을 포괄한다.

2) 일차무스족 민족지고고학

이안 호더(Ian Hodder 1982)는 케냐의 바링고호수 근처에 살고있는 일차무스(Ilchamus)족을 비롯한 문화에 대한 민족지고고학적인 연구를 토대로 보통 탈과정고고학, 그리고 나중에는 해석고고학이라 불리는 현대 고고학의 새로운 사조를 열었다. 호더에 따르면 이 지역에 사는 족속들의 물질문화에는 동질적 또는 동일한 의미만이 담겨 있지는 않다. 흔히 물질문화의 차이는 족속의 경계를 말해준다고 생각되지만, 일차무스족과 투겐(Tugen)족의 물질문화는 확실히 다른 반면, 투겐-포콧(Pokot)의 경계는 그리 분명하지 않은 것이다. 일차무스족은 장로제로서 노소의 서열이 분명하다는 특징이 있다. 일차무스족의 사회 내에서는 전통에 따라야 하는 사회적 압력이 더 높아 투겐족의 물질항목을 채택하기 어렵다. 투겐족은 일차무스족이 지닌 부(소떼)를 동경하여 이웃의 문화를 받아들이는 데 더 적극적이다.

호더에 따르면 일차무스족만이 선 무늬를 새겨 넣은 호리병박을 사용한다고 한다. 호더는 기존의 법칙적인 일반화(law-like generalization)를 찾으려 하는 적응주의적 접근이 외부 관찰자로서 통문화적(cross-cultural)인 법칙들만을 쫓고 적용시키려 하였음을 비판하며 구조주의적이고 맥락적인 접근을 제안한다. 사회 속에 직접 참여하여 물질문화의 능동적인 맥락을 이해하여야 한다고 주장한다.

호더가 제시하는 디자인된 호리병박의 맥락은 이러하다. 일차무스족의 그릇 가운데

서도 항아리나 사발, 양동이 같은 것은 무늬가 없으며, 오직 호리병박만이 무늬를 가지고 있다. 그 가운데서도 우유를 담고 아이에게 우유를 먹이는 호리병박에만 무늬가 장식되어 있다는 것이다. 아이들은 각각 자기 호리병박을 가지고 있는데, 엄마가 만들고 무늬를 새기며 관리한다. 따라서 우유와 여성과의 관계 속에서 호리병박의 무늬를 이해하여야 한다는 것이다. 여자들은 자신들의 호리병박에 정성들여 나름의 무늬를 새긴다.

일차무스족은 소를 키우는데, 남자들은 부자일수록 많은 소를 지불하며 될 수 있는 대로 많은 아내를 들이고 더 많은 아이들을 낳아 길러 혈족의 크기를 키우고자 한다. 이런 맥락에서 여성의 주된 역할은 아이를 낳아 우유를 주고 기르는 것이며, '좋은 엄마'들은 호리병박에 무늬를 잘 장식하는 것으로 인식된다. 남성들은 여성이 호리병박을 장식하는 것을 원하면서도 그것은 전적으로 여성의 일이지 자신들이 상관할 일이 아니라고 이야기한다. 그리하여 남성들은 그런 무늬에 별달리 주목하지 않는다.

호리병박의 장식은 여성들 사이의 담론을 위한 매개물로서 생각된다. 여성들에게 있어 옷은 공개적이고 통제된 상징을 지니고 있어 순응성(conformity)을 강조하는 반면, 호리병박의 장식은 사회를 주도하고 있는 어른 남성과 대조되는 독립성(independency)을 유지하는 수단인 것이다. 때문에 특정 유물이 사회의 상호작용의 정도를 얼마나 반영하고 있는지는 맥락에 따라 다른 것이지, 어떤 범문화적인 법칙이 있는 것은 아니다. 물질문화는 지배 이데올로기로 사용될 수도 있으며, 그러한 지배 이데올로기에 저항하는 상징을 담고 있을 수도 있다.

호더의 방법론이 설득력을 가지는 이유 가운데 하나는 바로 시간성(역사성)을 고려하고 있다는 점 때문이다. 일차무스족은 본래 관개 농경을 하였으나, 1900년경부터 마을을 버리고 현재와 같은 흩어진 취락 유형을 채택하였다. 현재 일차무스족은 농경을 경시하고 부는 소의 숫자로 측정되는데, 일차무스족 남성의 삶은 소를 중심으로 이루어져 있고, 혈족들 사이의 경쟁 역시 소들(의 재생산)에 달려 있다. 본래 여성들은 들에서 고된 노동을 하여야 하였지만, 여성의 주된 역할은 아이를 돌보며 우유를 먹이는 가내의 일이 되었다. 이때부터 여성은 호리병박을 아름답게 장식하게 되었다고 하는데, 이것은 바로 여성의 사회적 역할 변화와 관련이 되어 있는 것이다. 이는 여성의 영역을 공식화함으로써 여성의 사회적 힘이 그만큼 성장하였음을 보여주는 것이다.

호더는 실천이론(practice theory)적인 바탕에서 사회내의 구조적인 대립들(structural oppositions)을 통해 사회관계를 이해하고자 하는데, 예를 들어 남성과 여성, 피와 우유, 외부와 내부, 야생과 순화된 것 등이 상이한 맥락 속에서 서로 교차하면서 의미를 창출한다고 한다. 그에 따르면 아이들에게 우유를 먹이는 호리병박에 장식을 하는 것은 바로 여성이 전사집단으로 성장할 어린 남성들과 사회적 유대를 상징적으로 보여준다고 한다.

3) 물질문화의 맥락

이렇듯 호더가 강조하는 것은 물질문화가 사회관계를 수동적으로 반영만 하는 것이 아니라 사회 상호작용에서 적극적인 역할을 함을 강조한다. 이는 중요한 지적이며, 물질문화는 사회관계를 양성적으로 반영할 것이라는 과정주의의 주장과는 대조된다. 물질문화는 사회관계를 숨기고, 전도시키기도 하며, 왜곡되게 표현할 수도 있다. 경쟁이 치열한 사회 집단들은 물질문화를 사용하여 자신들의 차이를 강조할 수도 있으며, 어떤 집단은 사회적이고 종족적인 차이를 최소화시키기 위하여 물질문화를 사용할 수도 있는 것이다. 가령 한 사회에서 개별 무덤들의 규모나 부장품의 성격은 사회적 차별화를 정확하게 비추어준다는 초기 과정고고학자들의 주장과는 정면으로 배치된다.

몇몇 사회들에서는 단순한 형태 무덤의 존재가 실제 일상생활에서 구현되지 못하였던 평등주의의 사회적 이상을 반영할 수도 있다. 따라서 구체적인 역사적 맥락을 고려하지 않고서는 가령 특정한 무덤의 사회적 및 상징적 유의성을 제대로 파악할 수 없는 것이다. 무덤을 연구하기 위해서는 취락 같은 다른 양상의 고고 자료까지도 고려하여야 한다.

5. 현대 고고학의 이론적 지평

1) 과정고고학과 해석고고학

서양의 고고학을 예외 없이 이러한 과정주의(과정고고학)와 탈과정주의, 곧 해석고고학의 이분법적인 잣대로 나눌 수 있는 것은 물론 아니다. 과정주의의 성장과 성공은 고고학계 내 새로운 연구자 집단의 급격한 확장과 관련되어 있었다. 기성 연구자가 입장을 바꾸었다기보다는 오히려 1960~70년대에 연구자들이 급속히 증가하였는데, 이

젊은 고고학자들은 새로운 시각을 옹호하는 경향이 있었던 것이다(O' Brien et al. 2005). 따라서 과정고고학은 애초부터 다양한 이론적인 분지의 소지를 안고 있었다고 할 것이다.

1980년대는 아마도 고고학에서 이론적인 논쟁이 가장 치열한 시기로 기록될 수 있을 것이다. 과정주의자들(주로 미국의 연구자들로 실증주의 과학으로서 고고학을 신봉)과 나중에 해석고고학자라 불리게 되는 탈과정주의자들(주로 영국의 연구자들로 비판적이고 인문학적인 시각을 옹호)은 고고학이란 학문을 대하는 방식에서도 상이한 입장을 내면서 서로 충돌하였음은 주지의 사실이다.

그런데 1980년대가 되면서 과정주의 자체에서도 과정주의의 근본 원칙(과학으로서 고고학, 설명 추구와 같은 원칙들)을 버리지 않으면서도 새로운 대안을 찾는 연구자 집단들이 본격적으로 등장한다(Redman 1999). 이런 움직임은 반드시 탈과정주의의 비판에서 새로운 대안을 찾았다기보다는 과정주의 자체의 발전이었다. 대표적으로는 행위고고학(Schiffer 1972 · 1976 · 1987, Skibo and Schiffer 2008)과 다윈진화고고학(성춘택 2003, 오브라이언 · 라이맨 2009, Dunnell 1978 · 1980 · 1989 · 1999, Earkens and Lipo 2005 · 2007, Schiffer 1996, Shennan 2008)을 들 수 있다. 주지하듯이 각각 마이클 쉬퍼와 로버트 더넬이라는 고고학자가 주축이 되는 이 흐름은 이미 1970년대부터 싹을 틔웠기 때문에 탈과정주의 비판의 영향을 받았다고 할 수는 없는 것이다. 또한 1970년대 말부터 수렵채집민이나 초기 농경 등에 대한 고고학 및 인류학 연구에서는 진화생태학적인 접근(성춘택 2009:4~35 · 2011:35~62, Kelly 1995)이 주도적인 역할을 하고 있다.

이와 같은 과정주의의 분지는 전체적으로 해석고고학이 지향하는 반과학적이고 반실증주의적인 경향에 동의하기보다는 기존의 검증 가능한 설명을 추구하는 과정주의의 원칙을 지키고 있는 점을 특징으로 하고 있다(Watson 2008). 1990년대 이후 과정고고학이 전체적으로 탈과정주의의 비판으로 고고학의 목적과 기본 방법론에 대한 재고찰이 이루어지고, 해석고고학의 개념과 연구 주제들을 포괄하는 변화 속에서도 이 "자체적인(self-defined)"(Hegmon 2003) 고고학 학파는 많은 생산적인 연구성과들을 내면서 존속하고 있다. 그 이유는 다윈 진화이론과 같은 튼튼한 이론적인 토대 위에서 역사성을 적극적으로 포괄하는 방법을 개발하였기 때문이다.

2) 실용적 종합:과정-플러스

20세기 말 고고학사를 통관해보면 해석고고학이 제기한 논쟁은 결국 현대 고고학의 지평을 크게 넓혔다는 데 동의하지 않을 수 없다. 어떤 이는 탈과정주의의 비판, 곧 해석고고학의 성장을 통해 서양 고고학의 무게 중심이 과정주의가 주도하는 미국 고고학에서 유럽, 특히 영국 고고학의 역할이 강화되는 방향으로 향했다고 진단하기도 한다 (Shennan 1986). 미국이니 영국이니 하는 문제는 우리에게는 그리 중요하지 않지만, 어쨌든 해석고고학의 등장과 비판은 1990년대 이후 현대 고고학에 많은 영향을 미친 것은 사실이다. 그 가운데 하나로는 고고학에서 이론의 역할이 중요함을 다시 한 번 인식하게 되었음을 들 수 있다. 물질문화는 그 자체로 설명을 주는 것이 아니라 고고학자가 이론적인 시각을 동원하여 질서를 찾고 설명이든 해석이든 나름의 연구 목적을 추구하는 것이 바로 고고학이란 학문의 특성임은 과정주의 연구자나 다윈진화고고학자나 해석고고학자들이나 공감하는 바일 것이다(오브라이언·라이맨 2009, Cochrane and Gardner 2011, Dunnell 1980·1989, Hodder 1986·1991, Schiffer 1996).

그렇다고 할 때 해석고고학의 가장 큰 기여는 1980년대 소란한 논쟁이 아니라 고고학을 하는 방식이 하나뿐이라는 점을 비판하고 이론적인 시각의 중요성을 강조하였다는 데 있다고 할 것이다. 물론 그 이론적인 시각들이란 때론 서로 상치된 것일 수도 있지만, 아무런 말도 하지 않는 물질문화에 생명을 불어넣는 것은 튼튼한 이론으로 무장한 고고학자라는 생각은 현대 고고학 이론을 이해하는 데 중요하다.

왜냐하면 현대 고고학 이론의 지평을 조망해 보면 이론적인 입장이 분지하여 다양한 시각과 방법론이 존재하면서도, 이런 다양한 양상들이 공존하고 있음을 알 수 있기 때문이다. 다시 말하면 1980년대까지 고고학의 목적과 이론적인 방향에 대해 활발한 논쟁, 때로는 서로 적대적인 논쟁들이 있었음은 주지의 사실이다. 하지만 1990년대 중후반, 그리고 2000년대에 들어 고고학에는 이전과 같은 상위이론이나 일반사회이론을 두고 벌어지는 논쟁이 별로 없는 것이다. 이제 적어도 영어권 고고학에서는 과거 우월적인 지위를 놓고 경쟁하던 과정고고학과 해석고고학 진영 사이의 이분법적인 흐름은 그리 중요한 역할을 하지 않는 것이다(트리거 2010, Hegmon 2003, VanPool and VanPool 1999·2003).

그렇다고 현대 고고학이 비이론적인 것은 결코 아니다. 아마도 더 많은 시간이 흘러 평가가 이루어져야 하겠지만, 과학사에 대한 토마스 쿤의 입장에서 볼 때는 어느 정도

정상과학의 상태(normal science phase)에 이르렀는지도 모르겠다. 글쓴이의 판단에 그 이유는 바로 이론적인 시각을 동원하지 않고서는 물질문화 자체에서 의미 있는 진술을 끌어낼 수 없다는 데 대부분의 이론가들이 동의하고 있으며, 일견 대조되는 이론적인 입장들이라는 것도 맥락에 따라 중요한 통찰과 기여를 할 수 있다는 데 많은 고고학 연구자들의 생각이 일치되고 있기 때문이다.

그리하여 이제 많은 고고학자들은 상위이론적인 논쟁은 소모적인 것이라고 생각하는 듯하다. 물론 연구자에 따라서는 아직도 과거의 적대적 논쟁을 지속하면서 상대 진영 논리의 허점을 공격하는 연구가 있기는 하지만, 이런 연구자들이 더 이상 학계의 주류라고 생각되지는 않는다. 이보다는 유용하다면 과정주의가 되었든 탈과정주의 혹은 해석고고학이 되었든 다양한 개념과 시각을 맥락에 따라 수용할 수 있는 데까지 받아들이고 있는 듯하다[9].

가령 분묘와 같은 특정한 고고 자료나 양식과 같은 개념에 대해 시각이 다르다고 하여 배척하거나 무시하는 일은 과거에 비하면 현저히 줄어든 것 같다. 똑같은 물질 자료에 접근하는 다양한 시각이 있다는 것은 이미 거의 모든 학자들이 인식하고 있기 때문에, 대안적인 설명이나 해석의 존재를 무시할 수도 없으며, 구태여 그럴 필요도 느끼지 않는 것이다. 이론적이고 원칙적이라기보다는 실용주의적인 흐름이 대세를 이루고 있다. 연구자들은 특정한 정치적인 입장을 취하는 것과는 달리 과거 상호배타적이라 생각되었던 시각까지도 필요하다면 수용하려 한다.

이와 같은 해석고고학과 과정고고학 사이의 통합적인 흐름을 브루스 트리거([성춘택 옮김] 2010)는 자신의 『고고학사』 제9장에서 "실용적 종합"이라 이름을 붙이며 자세

---

9 가령 최근 탈과정주의를 앞서 제창하였던 이안 호더(Ian Hodder 2011 · 2012)는 최근 연구에서 놀랍게도 다윈 진화이론의 입장의 원칙과 내용을 거의 대부분 받아들여 물질문화와 사물, 그리고 인간의 관계를 재정립하고 시간의 흐름에 따른 그 관계의 진화를 중요한 연구 테마로 삼고 있다. 그 동안 탈과정주의와 최근의 고고학 연구 경향이 지나치게 인간의 의지만을 강조하는 경향을 비판하면서 그로부터 탈피하여 사물과 인간의 관계에 치중할 것을 주문하였던 것이다. 이는 과거 다윈 진화이론이야말로 가장 실증주의적인 입장으로서 비인간화(dehumanization)의 전형적인 모델이라고 비판하였던(Rindos 1980의 논문과 비평들 참조) 것을 생각해보면 양극단으로 인식되었던 시각들이 30년이 지난 뒤 다시 손을 잡았다고 할 수 있는 것이다(VanPool and VanPool 1999, Cochrane and Gardner 2011 참조). 사람과 사물과의 관계를 고고학의 주된 연구로 삼고 있는 것은 쉬퍼가 제창하는 행위고고학의 모델이기도 하다(Skibo and Schiffer 2008). 이는 현대 고고학 이론의 변모하는 모습을 이해하는 데 중요한 진전이기에 글쓴이는 별고를 통해 더 깊은 논의를 할 예정이다.

히 이야기하고 있다. 20세기 말에서 21세기의 흐름이 이론적인 논쟁이 아니라 실용적인 종합의 시기임을 냉정하고도 정확히 짚고 있는 것이다. 이런 관점에서 과정고고학과 해석고고학은 이제 단순히 상호 경쟁하는 이론이 아니라 각각 행위와 문화에 대해 다루고 있는 상호보완적인 접근들일 수도 있는 것이다.

특히 미셸 헤그먼(Michelle Hegmon)은 미국에서 이런 새로운 흐름을 "과정-플러스(Processual-plus)"라는 용어로 사용하여 부른다. "과정고고학 그 이상"이라는 의미를 담고 있는 이 말은 1990년대 중반 이후 통합적이고 실용적인 흐름을 요약하고 있다. 헤그먼에 따르면 "과정-플러스" 고고학에 속하는 학자들은 일반적으로 과정주의적이면서도 탈과정주의적인 개념이나 통찰까지도 유용하다면 기꺼이 받아들인다. "일반적으로 검증가능하고 때로 일반화할 수 있는 접근과 설명들을 개발한다는 과정주의적인 목적을 받아들이면서도, 상징이나 젠더, 실천, 해석과 같은 탈과정주의적인 관심도 수용한다"는 것이다(Hegmon 2004:589). 탈과정주의가 과정주의의 비판으로 제기한 많은 개념들(의미, 에이전시, 젠더, 상징)은 이미 과정주의의 기본 원칙을 버리지 않고서도 포괄되었다는 것이다. 이제 이론적으로 어느 입장에 기대고 있느냐는 더 이상 중요한 문제가 아니다. 연구자가 판단하여 개념과 시각이 유용하다면 적극적으로 포용하는 것이다. 헤그먼은 다음과 같이 이러한 경향을 요약한다.

① The past is engendered

1980년대 젠더의 문제가 제기되어 주로 여성성이 고고 자료에서 어떻게 표현되어 있는지, 여성의 역할이 어떻게 간과되어 왔는지를 비판적으로 고찰하였다. 현재 이 같은 시각과 논의는 일반적으로 받아들여지고 있으며, 주류를 형성하고 있다. 선사시대 여성성의 개념, 역할, 젠더 관계 등이 주된 연구 주제이다.

② Agency is everywhere

현대 고고학자들은 사회학자 앤터니 기든스의 에이전시라는 개념을 바탕으로 사회적으로 유의한 행동을 연구한다. 개인과 사회구조의 관계는 부르디외가 말하는 실천(practice)을 통하여 사회관계가 확인되고 구조에 배태된다. 행위자는 실천을 통하여 구조를 재생산하고 변화시킨다. 에이전시 이론은 불평등의 기원과 엘리트의 이데올로기 통제 전략, 사회적 실천(상징, 마운드 축조 등) 정례화, 스케일 변화 구조의 변화 연구에 적극적으로 활용되고 있다.

③ Is anything not symbolic?

상징의 역할(symbols as tokens), 그리고 상징의 의미(symbolic meanings)는 사람과 물질문화의 상호작용 속에서 파악되고 있다. 사회 변화와 통제에서 의미와 상징의 역할을 파악하고, 상징과 관련된 위신재 기술(prestige technologies)도 적극적으로 연구하고 있다.

④ New ways of viewing material culture

기술도 사회적 유의성의 측면에서 이해되며, 물질은 문화의 역동적인 부분으로 간주된다. 이제 토기 디자인과 같은 물질문화의 양상은 광범위하게 행위자의 사회적 전략이란 측면에서 해석되고 있다.

⑤ Whose past is it?

NAGPRA가 미국 고고학에 끼친 영향이 크며, 과정주의적으로 일반 법칙 찾기보다는 특수한 역사(particular histories)를 추구하는 흐름이 강하다. 특히 어떻게 사람들이 경관과 관계되는지(how people relate to the landscape)를 적극적으로 연구한다.

3) 고고학:다시 과학과 역사의 문제

다양한 주제와 입장, 연구 영역을 가진 해석고고학을 드러나는 단면만으로 판단하기는 어렵다. 다만 탈과정주의자, 곧 해석고고학자들이 제기한 과정주의의 가장 큰 잘못은 과학으로서 고고학을 추구하여, 검증 가능한 객관적인 방법으로 인간행위와 문화에 대한 경험 법칙을 만들어내려 하였다는 것이다. 호더를 비롯한 탈과정주의자들이 말하는 물질문화의 능동적인 역할을 읽어내기 위해서는 연구 대상 문화의 역사적인 맥락을 고려하는 것이 필수적이다. 여기에서 과학과 역사 사이의 어느 부분엔가 고고학이 위치하고 있음을 다시 느낀다.

미국 동부의 미시시피안시대(Mississippian)의 족장(군장)사회를 연구하는 티모시 포키탯(Timothy Pauketat 2003)은 역사과정고고학(historical processualism)이라는 용어를 사용하여, 이 같은 경향이 새로운 패러다임으로 등장하고 있음을 알리기도 하였다. 이제는 과거 과정주의자들이 과학적인 설명으로 인정하지 않았던 전파나 이주와 같은 역사의 과정 역시 역사적인 인과관계를 설명해 주는 것으로 받아들이는 것이다. 이들이 말하는 역사는 단순히 과거에 벌어졌던 사건들이 아니라 사람들이 어떠한 일을 하였고 어떻게 자신이 다른 사람들과, 그리고 자신의 과거에 대한 관점을 협상하는지를 의미한다. "실천(practice)"은 그 과정이다. 실천은 새로운 실천을 만들어낸다는 점에서 어느 정도 독특하며, 문화변화의 과정이다. 그런데 이를 통해 고정된 실천들만이 생산되는 것이 아니라 늘 새로운 방식의 과정들이 특정한 시공간에서 나타난다. 고고학은 변화가 만들어지는 시공간의 인간 행위에 관심이 있는데, 이 점은 마치 과정주의의 독특한 분파(self-defined)라 할 행위고고학의 진술을 듣는 듯하다(O' Brien et al. 2005). 나아가 실천을 통해 새로운 실천이 만들어진다는 것은 역사 과정 속에서 기존 변이의 장에서 새로운 변이가 생산된다는 다윈진화고고학자들의 주장을 듣는 듯하다 (Neiman 1995, O' Brien and Lyman 2000, Shennan 2008). 이처럼 "역사과정고고학" 또는 실천이론이나 에이전시이론을 바탕으로 하는 "과정-플러스고고학"은 기실 독특한 분파와도 일맥상통한다. 역사과정에 대한 관심이나 과정-플러스라고 하는 것이 해석고고학의 개념을 포괄한 것이라고 한다면, 21세기 다양한 고고학적 접근들은 근본적인 차이보다는 고고학을 하는 과정에서 생겨난 변이들이라고 보는 것이 나을 정도로 공통된 분모가 크다. 그만큼 현대 고고학 이론가들은 대안 접근이나 시각의 주장도 포괄적으로 바라보고 적극적으로 껴안으려 애쓰는 것이다.

이처럼 현대 고고학에서 역사과정은 고고학의 중요한 부분으로 포괄되고 있는 흐름이 있다. 심지어 형식분류나 순서배열법과 같은 튼튼한 방법과 편년 구축을 통한 전파나 이주와 같은 역사과정을 강조하였던 이전 문화사고고학의 장점을 살리려는 접근도 있으며, 몇몇 다윈진화고고학자들은 스스로를 "재무장한 문화사고고학(retooled culture history)"이라 부르기도 한다(오브라이언 · 라이맨 2009). 정도와 초점은 미묘하게 다르지만 여러 학파나 접근, 가령 행위고고학(물질문화의 형성, 유물의 생애사), 탈과정주의(물질문화의 의미), 다윈진화고고학(물질문화의 관련성, 계보 구성), 문화사고고학(물질문화 분류와 편년)은 모두 물질문화 연구를 강조하고 있기도 하다.

물질문화 자체의 연구만으로는 물질문화의 패턴이 왜 나타나는지를 이해하는 데 부족한 것이 사실이기도 하다. 고고학이 이론적으로 사회과학에 연결되기 위해서는 인간 행동들에 대한 연구를 토대로 해야 한다. 물질문화의 패턴을 찾고, 그것을 이해(설명 또는 해석)하기 위해서는 중범위이론(Middle Range Theory)의 활용이 필요한 것도 여전하다. 물질문화, 곧 유물이 사회관계에 적극적인 역할을 하여 내적 긴장을 표출하기도 하고, 숨기기도 한다는 호더의 주장 역시 잘 들여다보면 중범위적인 함의를 담고 있다고도 할 수 있는 것이다. 독특함 자체는 무질서를 뜻하지 않는다. 단일 고고학 유적이나 문화의 다양한 자료들에 대한 연구 결과를 종합함으로써 고고 자료의 행위 또는 문화적 유의성을 더욱 신빙성 있게 파악해야 한다. 인간행위의 보편적인 토대(생태 및 환경 적응과 생물학적 기반), 그리고 진화심리학적 경향성을 송두리째 무시하는 극단 상대주의는 아무런 도움이 되지 못한다(트리거 2010).

학사적으로 불가사의한 측면도 있지만, 많은 과정고고학자들과 해석고고학자들로 부터 지적인 권위를 인정받는 데이빗 클라크(David Clarke)는 "I would like to keep my archaeology dead." 라는 말을 하였다고 한다(David and Kramer 2001). 이 말은 인간 행위를 관찰하여 물질 자료에 의미 있는 진술을 하기 위하여 지나치게 인류학적인 방법론에 기대고 있는 당시 고고학을 경계하는 의미를 담고 있다. 클라크는 빈포드나 플래너리와 동시대에 "영국에서 신고고학을 개척한 사람" 이라는 인식이 일반적이다. 하지만 글쓴이의 생각에 클라크만큼 잘못 이해된 연구자도 드문 것 같다. 클라크의 주저라 할 수 있는『분석고고학 Analytical Archaeology』(1968 · 1978 [2판])에서 설파하고 있는 논설이 "어렵다"는 평가를 넘어 실제 그 책을 얼마나 많은 사람들이 읽고 이해하였는지 하는 측면에서 오해가 기인하기도 하였을 것이다. 클라크가 고고학에 새로운 변화를 몰고 오고자 애썼던 고고학자였음에는 틀림없지만, 단순히 영국의 신고고학자라 평가하는 것은 그저 클라크가 신고고학자라 믿으려 하였던 연구자들의 바람이 그대로 투영된 것이기도 하다. 실제 클라크의 책을 읽어보면 유물을 분류하고, 그 의미가 무엇인지를 고찰하고, 패턴을 역사성 속에서 찾으려 하는 다분히 전통적인 고고학의 목적과 원칙을 견지한 사람이기도 하다(Clarke 1968). 과학적인 방법을 취하면서도 시간이란 변수를 결코 무시하지 않았으며, 편년과 역사성의 추구, 계보의 구성 등 고전적인 고고학의 내용과 원칙을 버리지도 않았고, 이런 클라크의 논설의 많은 부분은 거의 반세기가 흐른 지금도 취할 만한 가치가 있다고 생각한다. 특히 과학적인 방법론적 토대 위에서 물질문화의 패턴을 찾고 그 패턴의 시간성을 역사적인 틀을 동원하여 설명하고자 하였던 클라크의 진지한 학문적 고민은 최근 고고학의 흐름과 결부되어 새로이 조명받을 만하다.

21세기 고고학의 흐름을 보면 이제 과학과 역사 가운데 어떤 하나만을 선택해야 하는 시대는 아닌 것 같다. 물론 연구자에 따라서는 특정한 입장과 패러다임, 시각에 천착하는 경우도 있을 것이다. 그리하여 한편으론 순수하게 자연과학적인 방법에 기대어 그로부터 경험과학이 허용할 수 있는 범위만의 진술을 추구하기도 하고, 다른 한편으로는 인문학적인 입장에서 비판적이고 상대주의적인 내러티브를 구성하려는 연구자들도 있을 것이다(Gamble 2007, Shanks 2008). 그러나 더 많은 고고학자들은 이분법적인 사고보다는 실용적인 종합을 취하여 역사와 과학 두 가지 가운데 어느 하나만을 선택하려 하지 않는다. 생물학뿐만 아니라 사회과학, 고고학에서도 "'과학'은 '역사'를 빼놓고는 흥미 있는 많은 현상들을 설명하지 못하게 되며, '역사'는 '과학' 없이 과거에 대한 설명을 만들어낼 수 없고 단지 분절된 사실들만을 나열할 뿐이다"(Boyd and Richerson 1992:201, 오브라이언·라이맨[성춘택 옮김] 2009에서 인용-).

參考文獻

참고문헌

國文

강봉원, 2001, 「서구 고고학의 패러다임(paradigm) 변화와 한국 고고학의 방향」, 『한국상고사학보』 34.

고스든 크리스(성춘택 옮김), 2001, 『인류학과 고고학』, 사군자(원저:Chris Gosden, 1999, *Anthropology and Archaeology*, Routledge).

권학수, 1998, 「구석기시대 동물뼈 해석의 방법론적 고찰」, 『한국고고학보』 38.

김권구, 1993, 「고고학자료의 형성과정과 이론적 시각에 대한 검토」, 『고고미술사론』 3.

_____, 1994, 「탈과정주의(Postprocessual) 고고학의 주요 내용과 과제」, 『한국고고학보』 31.

김승옥, 1999, 「고고학의 최근 연구 동향:이론과 방법론을 중심으로」, 『한국상고사학보』 31.

김장석, 1995, 「소금, 인류학, 그리고 고고학」, 『한국고고학보』 32.

_____, 2002, 「이주와 전파의 고고학적 구분:시험적 모델의 제시」, 『한국상고사학보』 38.

김종일, 2004, 「고고학의 철학적 토대」, 『한국고고학보』 52.

_____, 2006, 「경관고고학의 이론적 특징과 적용 가능성」, 『한국고고학보』 58.

레프류·반(이희준 옮김), 2006, 『현대고고학의 이해』, 사회평론.

리처슨 피터·보이드 로버트(김준홍 옮김), 2009, 『유전자만이 아니다』, 이음(원저:*Not By Genes Alone: How Culture Transformed Human Evolutions*).

마이어 에른스트, 2002, 『이것이 생물학이다』, 몸과 마음.

성춘택, 2003, 「다위니즘과 진화고고학의 원칙」, 『호남고고학보』 17.

_____, 2009, 「수렵채집민의 이동성과 한반도 남부의 플라이스토세 말-홀로세 초 문화변동의 이해」, 『한국고고학보』 72.

_____, 2011, 「수렵채집민 연구의 동향과 후기 구석기 사냥 기술의 변화」, 『한국 선사시대 사회와 문화의 이해』, 중앙문화재연구원 학술총서 2.

손병헌, 1982, 「고고학에 있어서 유물의 분류:특히 미국 고고학자들 사이에 있어서 형식의 개념을 둘러싼 논쟁을 중심으로」, 『한국고고학보』 13.

오브라이언·라이맨(성춘택 옮김), 2009, 『다윈진화고고학』, 나남.

이성주, 1991, 「Post-modernism 고고학과 전망」, 『한국상고사학보』 7.

_____, 1995, 「고고학 지식 구축의 맥락」, 『영남고고학』 16.

_____, 1998, 「고고학에서 과학철학적 논의」, 『고고학연구방법론-자연과학의 응용』, 서울대학교출판부.

장회익, 1998, 『삶과 온생명:새 과학 문화의 모색』, 솔.

존슨 매튜(김종일 옮김), 2010, 『고고학 이론』, 고고.

최몽룡, 최성락 편, 1997, 『인물로 본 고고학사』, 한울아카데미.

최성락, 1984, 「한국고고학에 있어서 형식학적 방법의 검토」, 『한국고고학보』 16.

_____, 1996, 「고고학에 있어서 문화의 개념」, 『한국상고사학보』 22.

_____, 1998, 『한국 고고학의 이론과 방법』, 학연문화사.

_____, 2000, 「21세기 한국고고학의 방향:연구방법론을 중심으로」, 『21세기 한국고고학의 방향』, 제24
회 한국고고학전국대회 발표요지.

최정필, 2001, 「20세기 고고학이론의 전개과정에 대한 소고」, 『한국선사고고학보』 8.

추연식, 1996, 「케임브리지와 세계고고학」, 『한국상고사학보』 22.

_____, 1997, 『고고학 이론과 방법론』, 학연문화사.

_____, 2000, 「21세기 '한국고고학의 방향'에 대한 토론:21세기 한국고고학의 정체성」, 『21세기 한국
고고학의 방향』, 제24회 한국고고학전국대회 발표요지.

트리거 브루스(성춘택 옮김), 1997, 『고고학사:사상과 이론』, 학연문화사.

_____, 2010, 『브루스 트리거의 고고학사』, 사회평론.

英文

Bentley, R. A., H.D.G. Maschner, and C. Chippindale, eds., 2008, *Handbook of Archaeological Theories*. Altamira Press, Walnut Creek, CA.

Bentely, R. A., C. Lipo, H.D.G. Maschner & B. Marler, 2008, Darwinian Archaeologies. 109~132(in Bentley et al.)

Binford, L. R, 1962, Archaeology as Anthropology. American Antiquity 28:217~225.

_____, 1977, *For Theory Building in Archaeology*. Academic Press, New York.

_____, 1978, *Nunamiut Ethnoarchaeology*. Academic Press, New York.

_____, 1980, Willow smoke and dogs' tails: Hunter-gatherer settlement Systems and archaeological site formation. *American Antiquity* 45:4~20.

_____, 1981, *Bones: Ancient Men and Modern Myths*. Academic Press.

_____, 1983, *In Pursuit of the Past*. Thames and Hudson. London.

_____, 1989, *Debating Archaeology*. Academic Press, New York.

_____, 2001, *Constructing Frames of Reference:An Analytical Method for Archaeological Theory Building Using Hunter-Gatherer and Environmental Data Sets*. University of California Press,

Berkeley, CA.

Boyd, R., and P. J. Richerson, 1992, How microevolutionary processes give rise to history. In *History and Evolution*, M. H. Nitecki and D. V. Nitecki, eds., 179·209. State University of New York Press, Albany.

Clarke, David, 1968, *Analytical Archaeology*. Methuen. London.

_____, 1978, *Analytical Archaeology*. 2nd ed. Columbia University, New York.

Cochrane, Ethan, and Andrew Gardner, eds., 2011, *Evolutionary and Interpretive Archaeologies:A Dialogue*. Left Coast Press.

Cowgill, G. L., 1993, Distinguished lecture in archeology: Beyond criticizing new archeology. *American Anthropologist* 95(3):551~573.

David, Nicolas, and Carol Kramer, 2001, *Ethnoarchaeology in Action*. Cambridge University Press, Cambridge, UK.

Dunnell, R. C, 1978, Style and function:A fundamental dichotomy. *American Antiquity* 43:192~202.

_____, 1980. Evolutionary Theory and Archaeology. *Advances in Archaeological Method and Theory* 1:35~99.

_____, 1989, Aspects of the application of evolutionary theory in archaeology. In *Archaeological Thought in America*, C. C. Lamberg-Karlovsky, ed., pp. 35·49. Cambridge University Press, Cambridge.

_____, 1999, The Concept of Waste in an Evolutionary Archaeology. *Journal of Anthropological Archaeology* 18:243·250.

Eerkens J. W., and C. P. Lipo, 2005, Cultural transmission, copying errors, and the generation of variation in material culture in the archaeological record. *Journal of Anthropological Archaeology* 24:316·34.

_____, 2007, Cultural transmission theory and the archaeological record:providing context to understanding variation and temporal changes in material culture. *Journal of Archaeological Research* 15:239·74.

Feinman, G. M., and T. D. Price(eds.), 2001. *Archaeology at the Millennium:A sourcebook*. New York: Kluwer Academic/ Plenum Publishers.

Hegmon, M., 2003, Setting theoretical egos aside: issues and theory in North American Archaeology. American Antiquity 68:213~243.

_____, 2005, No more theory wars:a response to Moss. *American Antiquity* 70:588~590.

Hodder, Ian, 1982, *Symbols in Action*. Cambrige University Press.

_____, 1985, Postprocessual archaeology. *Advances in Archaeological Method and Theory* 8:1~26.

_____, 1986, *Reading the Past: Current:Approaches to Interpretation in Archaeology*. Cambridge University Press.

_____, 1999, *The Archaeological Process*. Routledge, London.

_____, 2011, Human-thing entanglement: towards an integrated archaeological perspective. *Journal of the Royal Anthropological Institute* 17:154~177.

_____, 2012, Entangled:An Archaeology of the Relationships between Humans and Things. Wiley-Blackwell.

Hodder, Ian, ed., 2001, *Archaeological Theory Today*. Polity, Cambridge.

Gamble, Clive, 2007, *Origins and Revolutions:Human Identity in Earliest Prehistory*. Cambridge University Press.

Gould, S. J., 1980, *Ever Since Darwin:Reflections in Natural History*. W. W. Norton, New York.

Johnson, M. H., 2009, The theoretical scene, 1960-2000. in *The Oxford Handbook of Archaeology*, B. Cunliffe, C. Gosden, & R. A. Joyce:761~88. Oxford University Press.

Kelly, Robert, 1995, *The Foraging Spectrum:Diversity of Hunter-Gatherer Lifeways*. Smithsonian Institution Press, Washington DC.

Leonard, R. D., 2001, Evolutionary archaeology. in *Archaeological Theory Today*, I. Hodder, ed:65~97. Blackwell, Oxford.

Lewontin, R. C., 1974, *The Genetic Basis of Evolutionary Change*. Columbia University Press, New York.

Machner, H.D.G., and C. Chippindale(editors), 2005, *Handbook of Archaeological Methods*. Altamira Press, Walnut Creek, CA.

Mayr, Ernst, 1976, Typological versus population thinking. In *Evolution and the Diversity of Life*:26 · 29. Harvard University Press, Cambridge, MA.

Neiman F. D., 1995, Stylistic variation in evolutionary perspective:inferences from decorative diversity and interassemblage distance in Illinois Woodland ceramic assemblages. *American Antiquity* 60:7 · 36.

O'Brien, M. J., R. L. Lyman, 2000, *Applying Evolutinoary Archaeology:A Systematic Approach*. Pleum, New York. 〈다윈진화고고학〉 (성춘택 옮김, 2009, 나남)

O'Brien, M. J., R. L. Lyman, and M. B. Schiffer, 2005, *Archaeology as a Process:Processualism and Its Progeny*. The University of Utah Press, Salt Lake City, UT.

Pauketat, T. R., 2003, Materiality and the immaterial in historical-processual archaeology. In T. L. and C. S. VanPool:41~53.

Redman, C., 1999, The development of archaeological theory: explaining the past:48~80.(in G. Barker) Barker, Graeme(editor), 1999, *Companion Encyclopedia of Archaeology*, Volume 1 and volume

2. Routledge, London.

Renfrew, C., and P. Bahn, 2004, *Archaeology:Theories, Methods and Practice*. London:Thames and Hudson.

Rindos, David, 1980, Symbiosis, instability, and the origins and spread of agriculture:a new model. *Current Anthropology* 21(6):751~72.

Schiffer, M. B., 1972, Archaeological context and systemic context. *American Antiquity* 37:156~165.

_____, 1976, *Behavioral Archaeology*. Academic Press.

_____, 1987, *Formation Processes of the Archaeological Record*. University of New Mexico Press, Albuquerque, NM.

_____, 1996, Some relationships between behavioral and evolutionary archaeologies. *American Antiquity* 61:643~662.

Skibo, J., and M.b. Schiffer, 2008, *People and Things: A Behavioral Approach to Material Culture*. New York: Springer.

Shennan, Stephen, 2008, Evolution in Archaeology. *Annual Review of Anthropology* 37: 75~91.

Shanks, M., and C. Tilley, 1987, Social Theory and Archaeology. Polity, Cambridge.

_____, 1989, Archaeology into the 1990s. *Norwegian Archaeological Review* 22:1~12.

Shanks, M., 2008, Post-processual archaeology and after, in Bentley et al:133~144.

Trigger, Bruce G., 2006, *A History of Archaeological Thought*.(2nd ed.) Cambridge University Press, Cambridge, UK.

VanPool, C. S. and T. L. VanPool, 1999, The scientific nature of postprocessualism. *American Antiquity* 64:33~53.

VonPool, T. L. and C. S. Van Pool, 2003, (eds) *Essential Tensions in Archaeological Method and Theory*. Salt Lake City, University of Utah Press.

Watson, P. J., 2008, Processualism and after, in *Handbook of Archaeological Theories*. (in Bentley et 2008)

II. 유물이 말하는 그들의 세계
- 한국 고고학에서 원산지분석의 현황과 과제 -

조 대 연　전북대학교

1. 서론

　　원산지분석(provenance study)이란 간단히 말해 생산되어 교환된 물품의 원산지를 추적하는 기법을 일컫는다. 만일 선사 및 고대사회에서 특정 생산품의 원료(raw materials)가 어디에서 왔는지를 추적하여 그 원산지가 되는 특정 지역을 확인할 수 있다면 고고학자들은 운반 내지 교역에 관한 보다 상세한 증거를 확보할 수 있고, 이를 통해 해당사회의 경제적 상호작용, 정치적 역학관계 등 보다 큰 문제들에 접근할 수 있다. 본고에서는 이러한 원산지분석의 연구사, 개념, 그리고 쟁점사항들을 간단히 살펴본 후 한국 고고학에서 이 분야 연구의 현황과 과제를 석기·토기·금속기를 중심으로 개괄적으로 논의하였다. 이 글의 목적이 한국 고고학에서 원산지분석의 현황을 점검해 보는 것이므로 여기서는 최근 여러 방면에 걸쳐 이뤄지고 있는 원산지분석의 사례 연구들을 일일이 살펴보기보다는 각 유물의 원산지분석과 관련해서 제기되는 이슈들을 연구사례들을 중심으로 선별적으로 검토하였다.

2. 연구사

　　서양 고고학에서 원산지분석에 관련된 몇몇 논의들은 일반의 예상보다 훨씬 오래 전부터 진행되어 왔다. 즉 19세기 중반에 이미 몇몇 고고화학자들에 의해 고고학 자료 (무기 유물)의 물리화학적 특성이 해당 생산품의 원산지를 반영하는 것으로 추정되어 왔으며 이에 따라 화학 지문(chemical fingerprint)이라는 개념이 성립되었다. 이후 20세기 중반 고고학사에 소위 '과학적 고고학' 의 풍조가 만연하면서 최신 자연과학 분석기법들이 다양한 고고학 자료에 적용되기 시작했고 원산지분석의 시도가 이루어지게 되었다. 1960년대에 접어들어서 세계 고고학에서 고고과학(archaeological science)의 황금기가 열리는데(Pollard and Heron 1996), 토기 · 석기 · 유리 · 금속기 등 다양한 재질의 고고학 유물들에 대한 원산지분석이 본격화되었고, 1970년대에 들어서면서 많은 양의 샘플들을 취급하고 또한 하나의 샘플에서 산출되는 수많은 데이터를 처리하게 되면서 이에 대한 통계적 기법의 활용에 연구자들은 관심을 갖게 되었다. 이처럼 자료에 대한 계량분석은 원산지분석 프로그램의 핵심적인 요소가 되었으며 이와 관련해서 체계적인 연구방법의 개발이 이루어지게 되었다(예를 들면 Harbottle 1982, Pollard 1986). 현재 세계 고고학계에서는 원산지분석이 다방면에 걸쳐 이루어지고 있으며, 토기 및 금속기를 중심으로 주목할 만한 연구성과들이 나오고 있고 또한 앞으로의 연구성과도 더욱 기대되고 있다.

　　한편 한국 고고학에서는 원산지분석의 역사는 그리 길지 않다. 1980년대 이래 토기, 석기 및 금속기에 대한 초보적인 원산지분석이 시작되었고(최몽룡 외 1996) 최근 구제발굴의 급증에 따라 이와 관련된 시도들이 활성화되고는 있으나, 원산지분석과 관련된 제대로 된 논의가 이루어지기 시작한 것은 비교적 최근에 이르러서이다. 특히 주목할 논의로는 '교역과 물류의 역할' 이라는 연구 프로젝트의 일환으로 한신대학교 박물관에서 진행했던 원산지분석의 이론적, 방법론적 측면에 대한 검토이다(김장석 2004). 여기에서 김장석은 기존 연구들의 경우 원산지분석을 통해 확인된 특정 유물양식의 지리적, 공간적 분포양상을 특정 정치세력의 성장과정과 직결시키기만 했을 뿐, 그 양상이 중앙 정치세력의 확장에 기인한 것인지 아니면 독립적 정치체들 간 교역의 결과인지 등 고대 국가의 성장과정에 대한 본질적인 논의와 연결시키지 못했다고 비판했다. 아울러 그는 자연과학 분석을 통한 원산지분석의 기본적인 원칙에 대해 논의한 바 있다. 후술하겠지만 2000년대 이후 몇몇 주목할만한 연구성과들이 나왔음에도 불구하고, 이 방면 연구의 한계를 극복하기 위해서는 '학제간 연구 문제의식에 기반을 둔 잘 짜여진 연구전략, 분석결과에 대한 적절한 이해가 필수적' (김장석 2004:52)이라는 그의 지적은 여전히 유효하며, 한국 고고학에서 원산지분석 연구는 바로 이 대목까지 와 있다고 볼 수 있다.

3. 원산지분석의 가정과 전제들

한국 고고학에서 원산지분석의 사례를 논의하기에 앞서 원산지분석에 관한 기본적인 가정 및 전제들을 살펴볼 필요가 있다. 원산지분석의 가정 및 전제들은 다음과 같이 요약할 수 있다(Wilson and Pollard 2001 참조). 우선 가장 중요한 가정은 제품 생산에 활용되는 원료의 몇몇 특징들이 변하지 않은 상태로(혹은 추정 가능한 상태로) 완성품에 담겨 있다는 것이다. 이러한 특징을 흔히 화학적, 암석학적 지문(fingerprint)이라 부르는데 이 지문은 해당 원료의 지리적 분포양상에 따라 다양하게 나타난다. 이러한 '지문'을 효과적으로 파악하기 위해서는 원칙적으로 유적 '간' 원료의 변이(inter-source variation)가 유적 '내' 원료의 변이(intra-source variation)보다 상대적으로 커야 한다(Weigand 외 1977:24). 쉽게 말해 동일한 지점 혹은 지역에서 유래된 원재료로부터 만들어진 유물은 그 성분에 있어서도 유사하다는 것이다. 또한 완성품에 남아있는 특정 '지문'은 정확하게 측정할 수 있어야 하며, 이를 통해 그 잠재적인 원료산지를 가릴 수 있어야 한다. 다음으로 소위 후퇴적과정(post-depositional processes)이 이러한 지문에 별다른 영향을 미치지 않거나, 혹은 영향을 미치더라도 그것을 탐지하거나 통제할 수 있어야 한다. 이러한 가정과 전제들을 기반으로 실행되는 원산지분석은 분석결과가 성공적이라면 (완성품의) 교역 혹은 교환 양상을 파악하는데 활용되고 이를 통해 과거 사회 복원의 밑거름이 될 수 있다.

4. 원산지분석에서 제기되는 분석방법과 해석상의 문제들

앞서 밝힌 바대로 원산지분석의 목표와 기대효과는 크지만, 제대로 된 연구성과는 의외로 많지 않은데, 이는 이 방면 연구에 있어서 해결되어야 할 분석방법과 해석상의 몇 가지 문제점들이 엄연히 존재하고 있기 때문이다. 이러한 문제점들을 화학분석과 암석학분석의 측면에서 살펴보면 다음과 같다.

우선 화학분석의 경우, 특정 유물에 대해 어느 분석방법을 사용하는 것이 보다 적절한지가 항상 논란거리이다. 일례로 토기 원산지분석의 경우 미량원소가 중량원소, 소량원소보다 원산지를 가리는데 보다 변별력이 높다고 알려져 있는데, 이는 바탕흙 선택, 성형, 소성과정에서 미량원소가 상대적으로 영향을 덜 받는 것으로 믿어지고 있기 때문이다. 또한 토기의 경우 특정 미량원소(혹은 원소들)가 원산지를 가리는데 보다 적절하다는 주장들이 제기되기도 한다. 하지만 이제는 보다 많은 시료 및 미량원소들을 분석해야 해석의 신뢰성을 높일 수 있다는 쪽으로 의견이 모아지고 있다. 또한 암석학분석의 경우, 유물에 원산지를 가리키는 특징적인 소스가 포함되어 있어야 하며, 이러한 암석 혹은 광물이 충분히 특징적이지 않으면 원산지분석에 어려움을 겪을 수 있다. 그리고 암석학분석을 이용해 토기나 석기의 원산지를 추정할 경우 계량화가 상대적으로 어렵다는 문제점이 있다.

이와 더불어 원산지분석에 활용되는 유물은 그 생산과정에서 원재료의 물리화학적 특성이 변형될 수 있으며, 사용 후 퇴적과정에서도 유물의 물리화학적 특성이 변형될 수 있다(이를 alteration and contamination processes라고 함)는 사실이 최근에 특히 강조되고 있다(Buxeda 1999, Buxeda et al. 2001). 이 경우 이러한 변형작용이 원산지분석 결과의 적용 및 그 해석에 어떠한 영향을 끼칠 수 있는지 유의해야 한다.

하지만 최근에는 원산지분석의 목적을 제대로 달성하기 위해서는 무엇보다도 분석 프로젝트의 계획을 적절히 수립하는 것이 중요하다는 점이 강조되고 있다. 아무리 많은 비용과 시간을 들이더라도 고고학 자료의 물적 특성과 연구의 내외 여건에 부합하는 연구목표 및 방법이 마련되는 것이 보다 중요하다는 것이다.

5. 원산지분석의 현황

1) 석기

석기는 원산지분석을 위한 가장 이상적인 고고학 유물로 간주되는데, 이는 석기유물 제작을 위한 채광과 가공, 타격, 마연 과정에서 그 물적 특성이 거의 변하지 않으며, 재가공 및 후퇴적과정 역시 그 성분에 그다지 큰 영향을 미치지 않기 때문이다.

석기나 석재연구를 통한 원산지 추정에는 일반적으로 암석동정을 실시하는 것이 일반이지만 이는 변별력이 낮아 단독으로 사용하기에 무리가 있으며[1] 미량원소분석을 통한 석기분석은 아직 중요 연구사례가 많지 않다[2]. 일반적으로 석기 원산지분석의 성패는 채굴지점으로 추정되는 특정 지점 내 석재 성분의 변이정도 혹은 지리적으로 서로 떨어져 있는 추정 채굴지점들 사이에 나타나는 석재 성분의 변이정도에 달려 있는데 대부분의 석기와 달리 흑요석은 희소성이 있으므로 원산지분석에 이상적인 연구대상이라고 할 수 있다. 따라서 여기에서는 한국 고고학에서 흑요석의 원산지분석 연구현황에 대해 논의하고자 한다.

흑요석은 화산폭발시 생성되는 일종의 자연 유리로 한반도에서 확인되는 원산지는 매우 제한적이며, 각 산지마다 그 성분에 차이가 있다고 알려져 있다. 그런데 흑요석은 광물학적으로는 대단히 동질적이어서 이를 이용한 원산지분석은 상대적으로 어려우며, 화학분석이 보다 효과적이다. 서양 고고학계에서는 일찍이 1970년대 OES(Optical Emission Spectrometry, 발광 분광 분석) 및 암석학분석이 시도된 이래 다양한 화학분석 기법이 적용되고 있다. 한국 고고학의 경우 1980년대 이후 구석기시대 및 신석기시대 흑요석 자료에 대해서 원산지분석이 본격적으로 시도되고 있다. 하지만 주지하다시피 한반도 흑요석은 그 출토량이 많지 않고 관건이 되는 채굴유적의 자료가 확보되어 있지 않은 상태이기 때문에 원산지분석에 한계가 있었다. 그런데 최근 러시아 측 연구자들에 의해 백두산 및 사할린 출토 흑요석의 원산지분석이 이루어지게 되면서(Kuzmin 2010, Kuzmin and Glascock 2010, Glascock 외 2011) 흑요석 원산지분석에 새로운 전기가 마련되고 있다. 즉 쿠즈민과 글라스콕은 90년대에 들어와 연해주지역과 사할린의 흑요석 자료에 대한 원산지분석을 시작으로 아무르강유역 및 한반도와 일본 자료까지 분석 범위를 확대해 나가고 있다. 현재까지의 연구 결과는 대단히 흥미로운데 극동시베리아 일대에서 다수의 흑요석 원산지가 확인되었고, 여기에서 연계된 소비유적들까

---

1 이러한 맥락에서 이 글에서는 최근 석기의 육안 관찰을 통해 이루어지고 있는 청동기시대 석기의 원산지추정 연구현황에 대해 언급하지 않는다.

2 이찬희 등에 의해 최근 이루어진 석기 미량원소분석 및 대자율 분석결과는 주목할 만하며 이에 관해서는 이찬희 외(2003) 및 Lee 외(2006)를 참고하기 바란다.

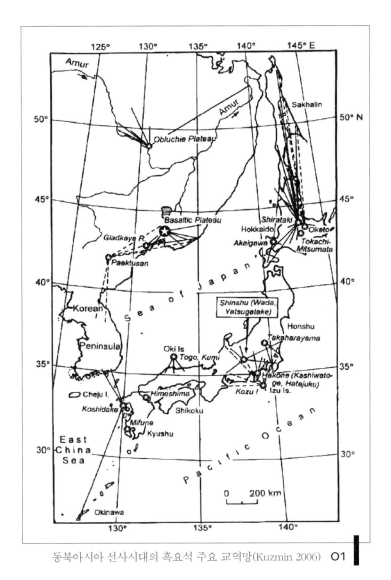

동북아시아 선사시대의 흑요석 주요 교역망(Kuzmin 2006) **01**

지 고려하면 적어도 200km 이상의 교역을 시사해 주는 복수의 원거리 교역망이 제안되었다(도 01). 이러한 교역망은 후기구석기시대부터 조성되기 시작해서 신석기시대 내내 지속되는 것으로 이해되고 있으며 최대 교역망의 거리는 1000km 이상인 것으로 추정된다. 그들의 작업이 아직도 초기 단계임을 고려하면 이러한 주장의 평가에는 신중해야 하지만, 적어도 이들이 흑요석 채굴지점에 대한 분석작업을 실시하고 있으며 그 결과를 소비유적과

비교·분석하고 있고, 다량의 시료에 대한 효과적인 미량원소분석(여기서는 중성자방사화분석) 및 계량분석을 시도하고 있다는 점에서 고무적이다.

한편 신석기시대 남부지방 출토 흑요석의 원산지와 관련해서는 高橋豊 등의 분석결과를 인용할 필요가 있다(高橋豊·河仁秀·小畑弘己 2003). 주지하다시피 남해안지역 출토 흑요석제 석기들은 기본적으로 재질과 형태적인 측면에서 일본열도의 죠몽시대 흑요석과 유사한 것으로 평가되고 있다. 이 논문에서는 범방유적 22점과 동삼동패총 12점의 흑요석 샘플을 대상으로 원산지분석이 시도되었다. 그 결과 분석된 흑요석 대

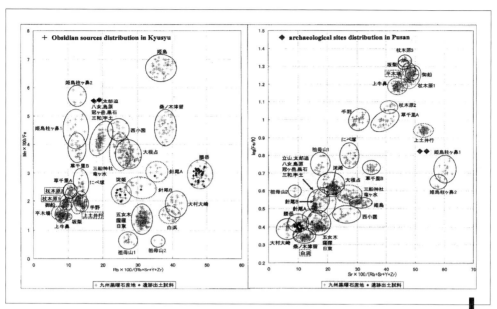

부분이 일본 큐슈의 코시타케(腰岳)지역으로 판명되었는데(도 02), 이와 관련해서 동삼동 등지에서는 흑요석 완제품뿐만 아니라 원석과 다량의 박편들이 출토되고 있어서 제작자들이 원석을 입수해서 이 지역에서 제작한 것으로 추정하였다. 고고학적 맥락을 살펴보면 이러한 분석결과에 부정적일 필요는 없으나 분석방법으로 채택된 X선형광분석법(X-Ray Fluore-scence Spectrometry)은 아무래도 상대적으로 오차가 크며 고고학 자료의 경우 단독으로 미량원소분석에 사용되는 경우는 많지 않아 논란의 소지가 있다. 다시 말해 이 분석법은 해당 분석법이 비교적 충실하게 적용되고 있는 일본 측 분석결과를 한반도 남해안 지역 자료와 비교하고자 할 경우 제한적으로 사용할 수 있으나 상대적으로 거리가 먼 한반도 중부지역 자료에 적용하기는 어렵다[3]. 더욱이 현재까지 국내 연구자들에 의해 이루어진 흑요석 원산지분석결과를 살펴보면 분석방법, 해상도, 측정된 화학원소 등이 상이하므로 그 결과들을 비교하거나 종합하기 어려우며 새로운 분석을 실시하는데 있어서 기존 연구성과에 대한 효과적인 활용이 어렵다. 이처럼 최

---

3 이와 관련해서 高橋豊 등(2003)은 한반도 내에서 현재까지 이루어진 흑요석 원산지분석 결과를 종합하여 한반도 남북 양 지역에 아직 알려지지 않은 흑요석 원석 채굴유적들의 존재를 상정하고 있다.

mesh: volcanic rock ● : site

α: Distribution of sites from Paektusan obsidian, Paleolithic (radius 450km)
β: Distribution of sites from Paektusan obsidian, Neolithic (radius 700km)
γ: Distribution of sites from Koshidake obsidian (radius 250km)

한반도 및 주변 지역 흑요석 유적 분포 양상(Obata 2003) 03

근의 연구성과로는 한반도 남부와 북부지방의 흑요석 원산지는 각각 일본 큐슈지역과 백두산으로 압축되어가는 경향에도 불구하고 한반도 중부지역 출토 흑요석의 원산지는 아직 미해결인 상태로 남아 있으며(도 03)[4] 기존의 연구성과를 아우를 수 있는 새로운 연구방법 확립이 요구된다.

---

4 Obata는 백두산 흑요석의 분포권역이 구석기시대 후반기에 직경 대략 400km 정도이다가(도 03의 α선) 신석기시대에는 보다 광역화되어 한반도 중부지역을 포괄하는 직경 700km 이상으로 확대된다(도 03의 β선)는 주장을 제기하고 있다(Obata 2003).

2) 토기

토기야말로 고고학에서 원산지분석이 가장 많이 시도되고 있는 유물인데, 이는 생산유적과 소비유적에서 원하는 시료를 다량으로 구할 수 있고 파괴분석이 어렵지 않기 때문이다. 하지만 토기는 석기와 달리 제작, 사용과정 및 폐기과정(도 04)에서 인위적 변형이 가해지기 때문에 원산지분석에 어려움이 있다. 즉 토기는 생산공정에 있어서 첨가제(tempering material)를 섞고 성형, 채색, 소성하는 과정에서 다양한 화학적, 암석학적 변형이 이루어진다(도 05, Hein 외 2004). 또한 사용 및 퇴적과정에서의 변형 역시 원산지분석 결과에 영향을 미칠 수 있다. 따라서 이러한 과정에서 필연적으로 발생하는 데이터의 자연적 혹은 인위적 변형과정을 규명할 필요가 있다.

또한 토기의 원산지분석에 있어서 화학분석과 토기암석학분석(thin-section petrography, 이 방면 연구는 90년대 후반 이후 본격화되었으며 특성변별의 방법(도 05)과 계량화 사례는 각각 Whitbread(1995)의 논문 및 Cau(2004)의 논문을 참고할 것)이 주로 사용되는데 이 분석방법들은 해당 토기자료의 물리 화학적 성질에 의해 크게 영향 받으며, 이에 따라 두 방법의 해상도가 달리 나타날 수 있다(Tite 1999). 따라서 동일 토기자료에서 산출되는 두 종류 이상의 데이터를 비교·검토함으로써 분석 결과의 신뢰도를 높일 수 있다. 이처럼 연구자는 복수의 분석방법에 의해 설정된 특정 그룹이 과연 원산지를 나타내고 있는지 아니면 다른 현상을 반영하는지를 살펴보아야 한다. 이처럼 최근 토기 원산지분석에 있어서 소위 '통합적 접근법(integra-ted approach)'이 대세를 이루고 있으며 화학분석으로 설정된 그룹이 있더라도 이것이 반드시 특정 원산지를 나타내지 않을 수도 있음이 확인된 바 있다(Day 외 1999, Tite 2008).

| 습득 | 제조 | 사용 | 폐기 |

토기의 제작, 사용, 폐기과정 (최성락 2005) O4

한편 이러한 인위적 변형 이외에도 토기의 원산지분석 결과에 영향을 미치는 또 다른 변수들이 있는데 특히 토기의 경우 제작에 필요한 원료점토나 암석(혹은 광물)의 잠재적 분포가 상대적으로 광범위해서 원산지를 가리는데 있어서 장애요인으로 작용한다. 즉 추정되는 원료 산지의 공간적 범위가 상대적으로 넓기 때문에 설령 생산유적과 인근의 소비유적으로 추정되는 자료들을 성공적으로 비교·분석했다 하더라도 그러한

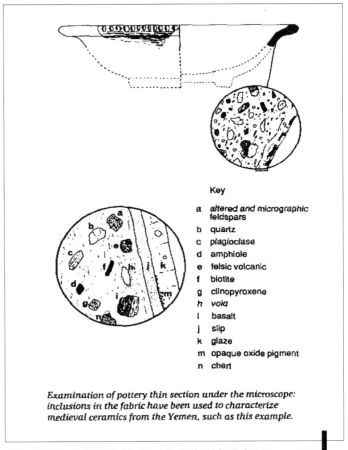

Key

a altered and micrographic feldspars
b quartz
c plagioclase
d amphiole
e felsic volcanic
f biotite
g clinopyroxene
h void
i basalt
j slip
k glaze
m opaque oxide pigment
n chert

Examination of pottery thin section under the microscope: inclusions in the fabric have been used to characterize medieval ceramics from the Yemen, such as this example.

편광현미경을 통해 관찰되는 토기 속심 및 단면(이희준 2006) **05**

예측을 벗어나는 또 다른 교역망 내지 분배망이 존재할 가능성이 상존하고 있으므로 이에 유의해야 한다.

한국 고고학에서 토기의 원산지분석이 이루어진 것은 1980년대로 거슬러 올라가며(최몽룡 외 1996 참조) 최근 들어와 활발한 분석이 이루어지고 있다. 하지만 이 방면 연구에 관한 이론적, 방법론적 논의가 이루어진 것은 최근인데(김장석 2004, 김장석·권오영 2006), 이는 연구자들이 원산지분석에 활용되는 기초적인 데이터를 확보하거나(도 06 참조) 토기 생산유적에 대한 발굴조사를 계기로 인근 유적에 대한 토기의 공급양상을 추정하는데 주로 초점을 맞추었을 뿐, 이와는 다른 차원에서 원산지분석을 활용하는 작업은—즉 고고학적 문제를 규명하기 위해 가설을 설정한 다음 원산지분석을 이용한 연구 프로그램의 실행—본격적으로 진행하지 못했음을 의미한다.

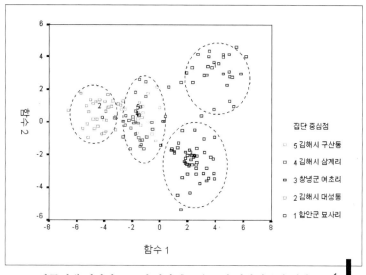

삼국시대 경상남도 토기 가마 출토유물의 원산지분석 결과 O6
(국립문화재연구소 홈페이지 전재-중성자방사화분석법에 의해
분석되어 각각의 그룹으로 분류된 토기들은
별개의 토기가마 유적들에서 출토되었음을 보여준다)

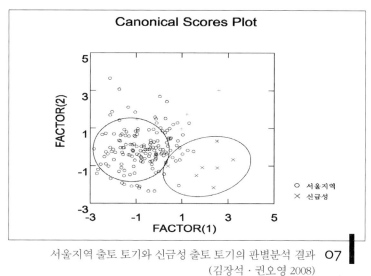

서울지역 출토 토기와 신금성 출토 토기의 판별분석 결과 O7
(김장석 · 권오영 2008)

　　이러한 상황을 감안할 때 한신대학교박물관 분석팀이 제시한 연구성과(김장석 · 권
오영 2008)를 살펴보면 다음과 같은 의미를 부여할 수 있다. 우선 백제국가의 확장과정
에서 한성양식토기가 중앙에서 제작되어 지방으로 분배되었다는 기존의 가설을 원산
지분석을 통해 검증하고자 했다는 점이다(도 07). 이는 "한성백제의 중심지였던 서울

강남지역의 한성양식 토기 분배범위는 한강을 넘지 않는 선에서 반경 최대 25km의 범위를 가지고 있었던 것으로 이해할 수 있다" 라고 하는 분석결과의 유효성은 차지하더라도 명확한 연구목적의 설정과 실행이야말로 원산지분석의 성패를 가르는 가장 중요한 요소임을 잘 보여주고 있다. 또한 이 프로젝트에서는 풍납토성·몽촌토성을 비롯한 백제 중앙과 지방의 12개소 유적들에서 출토된 고급기종 토기와 실생활용 토기자료를 200점 이상 선별, 분석하였는데 이는 한국 고고학에서 토기 원산지분석의 단일 사례 중 최대 규모라 할 수 있다. 덧붙여 중성자방사화분석은 그리스 고고학연구소의 기기를 이용해 진행되었는데, 해당 기관은 30년 이상 중성자방사화분석을 이용한 토기 원산지 분석을 실시해 왔고 아울러 이 방면 연구와 관련된 이론적·방법론적 접근을 지속적으로 모색해 오고 있어 데이터의 신뢰성을 확보하고 있으며(Kilikoglou 2007) 동일 기기 분석을 실시하고 있는 세계 유수의 기관들과의 기기 호환성 유지에도 문제가 없어 향후 해당 자료를 이용한 추가적인 작업이 가능하다. 결국 이러한 사례연구는 설정한 연구계획에 부합하는 시료의 확보 및 적절한 분석방법의 선택이 대단히 중요하다는 것을 잘 보여주고 있다.

3) 금속기

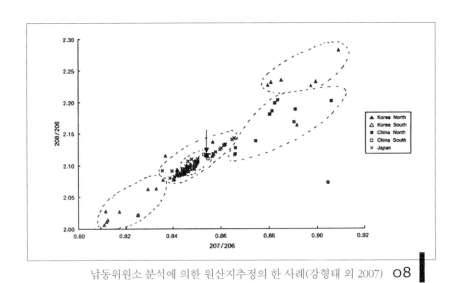

납동위원소 분석에 의한 원산지추정의 한 사례(강형태 외 2007) ⊙8

금속유물 중 청동기는 한국 고고학에서 원산지분석의 주된 대상이 되어 왔다. 하지만 청동기는 생산공정, 즉 용해, 합금, 열처리, 재활용 과정에서 토기보다도 더욱 극심한 변형과정을 겪기 때문에 석기나 토기에 비해 원산지분석이 어렵다. 이와 관련해서 미량원소분석과 아울러 특히 납동위원소 분석(lead isotope analysis)이 한국 고고학에서 금속의 원산지분석에 대표적으로 활용되고 있으므로 이에 대한 검토가 필요하다. 동위원소는 원자 번호는 같지만 원자량이 다른 화학원소를 말하는데, 자연상태의 화학원소 대다수는 고정된 동위원소 조성을 지니지만 어떤 것들의 경우 그 동위원소 조성이 차이를 보이기도 하는데 그 대표적인 것이 납이다. 그러므로 특정지역의 납(방연석)을 사용했을 경우 그 납동위원소비는 청동기에 그대로 유지되므로 이를 분석하면 원산지를 추정할 수 있다는 가정을 이용한 것이다(Brill and Wampler 1967, 이희준 2006). 즉 납광석은 광산이 한정되고 지역에 따라 동위원소비율이 다르기 때문에 이를 이용해 원산지분석을 실시하게 된다.

하지만 이러한 가정을 충족시키기 위해서는 무엇보다도 해당 시대에 이용 가능했던 모든 납 '광산'에 대한 특성변별이 선행되어야 한다. 현재까지 이 방면 연구현황을 살펴보면 청동유물의 납동위원소비 데이터를 구체적으로 제시한 논문은 많지만 납 원광 자료를 제시한 논문은 극히 드물다. 이 방면 연구의 기본적인 방식은 일본을 중심으로 진행되어 온 납동위원소 분석법의 활용 결과를(예를 들면 馬淵久夫・平尾良光 1999) 인용해 작성된 동북아시아 방연석의 납동위원소비율 분포도 위에 분석을 통해 나온 자료를 삽입・비교하는 순서로 진행된다(도 08 참조). 한편 이러한 문제점을 극복하기 위해 국내 지질학자들에 의해 시도되고 있는 납 광산 채취 원광에 대한 동위원소비 분석은 아직은 걸음마 단계라고 할 수 있다. 이처럼 고고학적 유물과 비교할 원광(ore) 데이터가 아직 제대로 축적되어 있지 않은 상황이라 기존의 연구결과 활용에 신중한 접근을 요한다. 이와 관련해서 최근 한국기초과학지원연구원은 한반도 방연석 광산 분포 자료를 조사하고 채취 시료의 납동위원소비 분석을 통해 현재까지 알려진 모든 '광산'에 대한 특성변별을 시도하고 있어서 차후 이 방면 연구의 활로를 모색해 갈 수 있을 것으로 기대된다.

덧붙이자면 청동기의 원산지분석에서 고려해야 할 또 다른 사항이 있는데, 만일 청동기 완제품 제작에 앞서 반제품을 만들었을 경우 여기에 여러 개의 원광이 섞이거나 혹은 재활용한 구리나 청동제품이 사용되었을 가능성이 있고, 그렇다면 그 과정에서 납동위원소비율(lead isotope ratios)이 변화했을 가능성이 매우 높다는 점이다. 즉 납동위원소 분석에 있어서 치명적인 약점은 재활용(recycling) 혹은 재사용(re-use)에 의한 해석의 오류 가능성이라고 할 수 있다(Knapp 2001). 그러므로 이 문제를 해결하기 위해서는 납동위원소분석과 함께 다른 미량원소분석을 병행해야 함을 기억해야 한다.

6. 결론을 대신하여 - 바람직한 원산지분석의 방향

이 글에서는 고고학 연구에서 원산지분석의 내용과 석기·토기·금속기의 연구현황에 대해 살펴보았다. 맺음말을 대신해 원산지분석을 위해 고려해야 할 사항들을 살펴봄으로써 바람직한 원산지분석의 방향에 대해 논의하기로 한다.

원산지분석을 위해서는 우선 올바른 가설설정이 중요한데, 이러한 가설 설정에는 크게 보아 두 가지 방법이 있다. 하나는 생산지가 알려진 경우—예를 들면 obsidian flow(용암이 흘러 흑요석이 형성된 곳) 혹은 토기가마유적이 확인되는 경우—알려진 소스를 특성변별(characterize)한 후 알려지지 않은 유물을 비교하는 방식이다. 우리는 이 경우 손쉬운 결과를 예상할 수 있으나 그 결과가 예상과 달리나올 가능성도 상존하고 있다. 왜냐하면 이론적으로 하나의 생산유적은 분석에 있어서 하나의 표준그룹(reference group:화학적·암석학적으로 동질적이어서 다른 집단과 구별되는 집단)을 형성해야 하지만, 현실적으로는 하나 이상의 표준 그룹으로 나타나는 경우도 흔하며, 이는 주로 통시적으로 발생하는 유물 원료의 변화나 혹은 동 시기라 하더라도 유물 기종별로 다양한 원재료를 사용하는 등 또 다른 가능성에 의한 것일 수도 있으므로 유의해야 한다.

다른 하나는 생산지가 알려지지 않거나 혹은 알려지더라도 그 범위가 넓은 경우인데, 이 경우에는 생산지 자료에 대한 샘플링이 사실상 불가능하기 때문에 그 대안으로 알려지지 않은 유물을 이용해서 소위 표준그룹을 설정하게 된다. 여기에서 중요한 것은 바로 적절하며 신뢰할 수 있는 표준그룹의 설정이며, 이를 위해 가급적 샘플 수량을 늘리고 샘플링의 대표성을 높이는데 유의해야 한다. 이 두 가지 방법 중 어느 것을 선택할 지는 규명하고자 하는 연구목적과 자료의 물리화학적 특성에 달려 있으며 연구자는 항상 현실적으로 실행가능한 연구 프로젝트의 수립에 신경을 써야 한다.

다음으로 분석방법의 선택 역시 중요한데, 이를 위해 분석시간, 분석비용, 유물의 비파괴 여부, 결과의 해상도, 그리고 둘 이상의 분석 기법을 채용했을 때의 장단점 등을 면밀하게 검토해야 한다. 또한 시료 선정에 있어서 고고학적 맥락에 근거해야 하며 필요할 경우 유물의 기종이나 양식에 따른 샘플링이 이루어져야 한다. 그리고 분석결과 해석에 있어서 화학분석이나 암석학분석의 결과가 특정 원산지를 지시하는지에 대한 정당화 작업이 필요하다.

이상과 같이 원산지분석에 앞서 고고학적 가설 설정을 적절하게 하고, 위에서 제시한 몇 가지 사항들을 효과적으로 통제할 수 있다면, 그 결과를 활용하여(완성품의) 교역 혹은 교환 양상을 파악하고 나아가 사회경제적 모델을 구축하는 등 화려한 결실을 맺을 수 있을 것으로 판단된다.

참고문헌

國文

강형태, 2007, 「완도(莞島) 법화사지(法華寺址) 동종(銅鐘)의 과학적 분석 및 산지연구」, 『호남고고학보』 25, 호남고고학회.

高橋豊·河仁秀·小畑弘己, 2003, 「螢光X線分析에 의한 東三洞·凡方遺跡 出土 黑曜石 産地推定」, 『한국신석기연구』 6, 한국신석기학회.

김장석, 2004, 「물류시스템과 대외교류의 정치경제학에 대한 고고학적 접근」, 『한성기 백제의 물류시스템과 대외교류』, 학연문화사.

김장석·권오영, 2008, 「한성양식 토기의 유통망 분석」, 『백제 생산기술의 발달과 유통체계 확대의 정치사회적 함의』, 학연문화사.

김종찬, 2008, 「남양주 호평동 구석기유적 출토 흑요석의 PIXE 분석」, 『남양주 호평동 구석기유적』, 한국토지공사·경기문화재단 기전문화재연구원.

장윤득·박태윤·이상복·김정진, 2007, 「월성동 구석기 유적 출토 흑요석제 석기의 암석 및 광물학적 연구를 통한 원산지 추정」, 『한국지구과학회지』 23-6, 한국지구과학회.

조남철·강형태, 2008, 「포항 오어사 동종(보물 1280호)의 성분조성과 납동위원소비 분석」, 『한국상고사학보』 61, 한국상고사학회.

조남철·강형태·정광용, 2006, 「미량성분 및 스트론튬(Sr) 동위원소비를 이용한 한반도 흑요석제 석기의 산지추정」, 『한국상고사학보』 53, 한국상고사학회.

이선복·이용일, 1996, 「흑요석 석기의 지화학적 특성에 대한 예비 고찰」, 『한국고고학보』 35, 한국고고학회.

이찬희·오규진·이효민·이명성, 2003, 「천안 운전리 청동기 유적지에서 출토된 석기의 정량분석과 고고지질학적 해석」, 『보존과학회지』 12, 한국문화재보존과학회.

최몽룡·신숙정·이동영, 1996, 「고고학과 자연과학 - 토기편」, 서울대학교출판부.

최성락, 2005, 『고고학 입문』, 학연문화사.

쿠즈민, 2004, 「홍천 하화계리(III) 작은솔밭 구·중석기유적의 흑요석 성분분석」, 『홍천 하화계리III 작은솔밭 구·중석기유적』, 강원고고학연구소.

日文

馬淵久夫・平尾良光 編, 1999, 「東アシア鉛鑛石の鉛同位體比」, 『考古學雜誌』73(2).

英文

Brill, R. H, and J., M. Wampler, 1967, Isotope studies in ancient lead, American Journal of Archaeology, 71(1):63~77.

Buxeda I Garrigos, J., 1999, Alteration and contamination of archaeological ceramics:the perturbation problem. Journal of Archaeological Science 26:295~313.

Buxeda i Garrigos, J., Kilikoglou, V., and Day, P. M., 2001, Chemical and mineralogical alteration of ceramics from a late Bronze Age kiln at Kommos, Crete:The effect on the formation of a reference group. Archaeometry 3:349~371.

Cau O., M. A., Day, P. M., Baxter, M. J., Papageorgiou, I., Iliopoulos, I. and Montata, G., 2004, Exploring automatic grouping procedures in ceramic petrology. Journal of Archaeological Science, 31 (9):1325~1338.

Day, P. M., Tsolakidou, A., Kiriatzi, E., and Kilikoglou, V., 1999, Group Therapy in Crete:A comparison between analyses by INAA and petrographic thin sections of Early Bronze Age pottery from Knossos. Journal of Archaeological Science 26 (8):1025~1036.

Glascock, M. D, Yaroslav V. Kuzmin, Andrei V. Grebennikov, Vladimir K. Popov, Vitaly E. Medvedev, Igor Y. Shewkomude, Nikolai N. Zaitsev, 2011, Obsidian provenance for prehistoric complexes in the Amur River basin(Russian Far East). Journal of Archaeological Science 38 (10):1832~1841.

Harbottel, G., 1982, Chemical characterization in archaeology. In Contexts for Prehistoric Exchange, edited by J.E. Ericson and T.K. Earle:13~51. Academic Press, New York.

Hein, A., Day, P. M., Quinn.P. S., and Kilikoglou, V., 2004, The geochemical diversity of neogene clay deposits in Crete and its implications for provenance studies of Minoan pottery. Archaeometry 46(3):357~384.

Kilikoglou, V. Grimanis, A.P., Tsolakidou, A., Hein, A., Malamidou, D., Tsirtsoni, Z., 2007, Neutron activation patterning of archaeological materials at the National Center for Scientific Research 'Demokritos' :The case of black-on-red Neolithic pottery from Macedonia, Greece, Archaeometry 49(2):301~319.

Kuzmin, Y. V., 2006, Recent studies of obsidian exchange networks in prehistoric Northeast Asia. In: Dumond, D.E., Bland, R.L.(Eds.), Archaeology in Northeast Asia(On the Pathway to Bering Strait). University of Oregon Press, Eugene:61~71.

_____, 2010, Crossing mountains, rivers, and straits:a review of the current evidence for prehistoric obsidian exchange in Northeast Asia. In:Kuzmin, Y.V., Glascock, M.D. (Eds.), Crossing the Straits:Prehistoric Obsidian Exploitation in the North Pacific Rim. Archaeopress, Oxford:137~153.

Kuzmin, Y. V., Glascock, M. D.(Eds.), 2010, Crossing the Straits:Prehistoric Obsidian Exploitation in the North Pacific Rim. Archaeopress, Oxford.

C. H. Lee, S.-W. Choi, H. M. Lee, M. S. Lee, 2006, Archaeogeological implication of lithic artifacts from the Unjeonri Bronze Age site, Cheonan, Republic of Korea. Journal of Archaeological Science 33 (3):335~348.

Obata, H., 2003, Study on the prehistoric obsidian utilization in Far East Asia-review and perspective. Stone Sources 2:67~88.

Pollard, A. M., 1986, Multivariate methods of data analysis. In jones, R. E.(ed) Greek and Cypriot Pottery:A Review of Scientific Studies: 56~83. Fitch Laboratory Occasional Paper 1. British School at Athens: Atehns.

Pollard, A. M., Heron, C., 1996, Archaeological Chemistry. Cambridge, Royal Society of Chemistry.

Tite, M. S., 1999, Pottery production distribution and consumption - the contribution of the physical sciences. Journal of Archaeological Method and Theory 6:181~233.

_____, 2008, Ceramic production, provenance and use-a review. Archaeometry 50:216~231.

Weigand, P.C., Harbottle, G. and Sayre, E. V., 1977, Turquoise sources and sources analysis: Mesoamerica and the southwestern U.S.A. In Exchange system in prehistory. T. K. Earle and J.E. Ericson(eds):15~34. New York:Academic Press.

Whitbread, I. K., 1995, Greek Transport Amphorae:A Petrological and Archaeological Study. Fitch Laboratory Occasional Paper 4. British School at Athens.

Wilson, L. and A. M. Pollard, 2001, The provenance Hypothesis, In Handbook of Archaeological Sciences, D. R. Brothwell and A. M. Pollard, (eds.):493~506, West Sussex:John Wiley & Sons.

III. 탐원공정(探源工程),
새로운 발견, 우리의 대응

송 호 정 한국교원대학교

1. 서론

중국 학계에서는 동국공정이 마무리되던 2007년 이후에도 여전히 중화문명의 원류를 탐구한다는 목적 하에 중국 동북지방 문명의 형성에 대한 연구와 이를 대외적으로 알리기 위한 활동을 강화하고 있다. 이른바 '中華文明探源工程'은 中華人民共和國 영토 내에서 형성 발전한 문명의 기원을 탐색하고 주요 지역의 문명화 과정을 밝히는 연구 프로젝트라고 할 수 있다(박양진 외 2008). 이러한 이론적 배경과 연구 공정을 실천하는 과정에서 중국 동북지방 문명의 형성에 대한 논의가 진행되었다. 따라서 중국 동북지방 문명의 형성 문제를 잘 이해하기 위해서는 중국문명 기원연구에 대한 중국학계의 입장을 먼저 살펴보는 것이 필요하다. 1950년대 이후 전개되었던 몇 차례의 고고학 논쟁들과 중국문명 기원의 다원적 시각이 내포하고 있는 고고학 연구의 이념성과 국가주의적 경향은 중국 동북지방 문명의 형성 문제를 이해하는데 선행적으로 검토되어야 할 과제이다.

한편 2006년 요하문명론이 우리 학계에 소개된 후 그 개념은 '동북공정'을 대신하는 새로운 중국의 동북아 전략으로 인식되어 왔다. 일반 시민이나 아마추어 학자들은 요하문명론을 동북공정의 후속 작업으로 인식한다. 그곳에는 중화문명을 세계 最古의 문명으로 위치시키고자 하는 중국의 국가 전략이 배경으로 자리하고 있다고 한다(우실하 2007). 그리고 그것을 고조선과 관련하여 해석하려고 한다. 그러나 중국 동북지방

문명의 기원에 대한 논의는 어느 한 분의 시각으로만 바라보는 것은 문제가 있다. 요하 문명의 형성과 관련해서는 그것이 고고학 자료를 중심으로 고고학자들이 주도하던 논의가 정부 정책담당자의 눈길을 끌어 비학술적 논의, 즉 정치적 목적에 의해 끌려가고, 지역문화 만들기의 계기로 활용되고 지역 경제발전에 적극적으로 이용되고 있는 점을 주목해야 한다(김진우 외 2008). 중국 정부와 고고학계에서 동북지역에서 펼쳐진 고대 문명을 '요하문명' 이라 강조하는 것은 기본적으로 지역문화를 강조함으로써 해당 지역을 선양하려는 분위기와 같은 맥락에 있다(김병준 2008).

중국 동북지방에서 '문명의 형성' 에 대한 논의의 요체는 '요하문명론' 에 있다. 요하문명론은 좁게는 요하 일대에서 일어난 선사 문명을 핵심 내용으로 하며, 넓게는 청대 문화까지 포괄하는 시공간적으로 대단히 폭넓은 의미를 지니고 있다(요령성박물관 2006). 일부 연구자는 요하문명을 기원전 4~3천년기의 고고학문화만을 가리키는 것으로 보기도 한다(이청규 2011). 중국 고고학계에서는 요하문명론에 대해 그것이 요하지역 독자의 문화가 아니라 중국문명 원류의 하나라는 점을 강조한다. 결국 요하문명론은 중화민족의 우월성과 유구성을 강조하려는 '中華文明探源工程' 의 논의 과정 속에서 등장한 개념이라 할 수 있다(박양진 외 2008).

본 논문은 이러한 점을 염두에 두고 주로 2000년대에 들어와 시작한 문명탐원공정과 중국 동북지방 문명의 기원과 관련하여 등장한 이른바 '遼河文明論' 에 대해 전반적으로 검토하고자 한다. 나아가 중국의 중앙 정부와 고고학계에서의 논의는 물론 지방 省정부에 의해 지역문화 활성화 작업이 어떤 식으로 이루어지고 있는지를 살펴보고자 한다.

2. 中華文明의 起源과 探源工程의 등장

1) 文明起源 연구의 배경

(1) 개관

중국문명의 기원과 형성과정에 대한 연구는 1921년 근대 고고학이 중국에 도입된 이래 중국 고고학계의 중요한 논제 가운데 하나이다. 특히 80년대 이후부터 중국문명의 기원과 형성과정에 관한 다양한 고고 자료들이 발표되면서 중국문명 연구의 이론적 모델을 모색하는 학술 논의가 새롭게 전개되고 있다. 이러한 연구 경향과 방법론은 주로 夏鼐(1985)와 蘇秉琦에 의해 제안되었으며, 현재까지 중국문명 기원 연구의 전형으로 인식되고 있다.

蘇秉琦의 "區系類型"설(소병기 1983)은 중국문명 기원에 대한 多源論的 시각으로 "中華民族多源一體格局" 이론을 원형으로 삼고 있어 최근까지 이와 관련한 논쟁의 중요한 의제가 되고 있다.

기존의 중국문명 기원 연구는 주로 중국문명의 개념과 특징에 대한 논의를 비롯하여, 문명형성과정의 시공간적 범위, 지역단위의 문명형성과정 및 성지(궁전), 능묘, 청동기, 문자, 체제건축을 비롯한 개별 문명요소의 출현과 발전과정을 중심으로 연구가 진행되었다.

그러나 이러한 중국문명기원연구들은 궁극적으로는 전통적인 중국의 古史 연구체계와 결부되어 전설시대 五帝, 혹은 夏王朝(夏文化)의 역사적 실체를 규명하려는 학문 외적인 경향성을 내재하고 있다.

1989년 5월 長沙에서 소집된 중국고고학회 7차년회에서 중국문명의 기원과 형성과정에 대한 학술적 논의의 필요성이 공식적으로 학회 차원에서 제기되었다.

이에 1989년 9월과 1991년 11월에는 중국사회과학원 고고연구소가 주관한 두 차례의 중국문명 기원문제에 대한 좌담회와 토론회가 개최되면서 이를 통해, 중국문명 기원과 형성과정에 관한 기존연구의 정리와 문명기원과 관련한 시공간적 범위에 대한 다양한 논쟁들이 진행되었다. 그러나 문명의 출현 시기와 문명의 형성과정에 대한 기본적인 인식과 연구방법론과 관련한 다양한 견해의 차이들만이 확인되었다.

1989년과 1991년의 좌담회와 토론회를 주관하였던 徐苹芳은 中國早期城市 출현의 정치적 측면을 강조하면서 宮室과 宗廟의 존재를 도시 출현의 기본적인 지표로 설정하였다(徐苹芳 1995). 그는 문명형성과정에 대한 고고학적 논의는 단순한 성곽의 출현만으로 城市 출현의 결정적 지표로 삼을 수 없음을 강조하면서 이러한 인식에 기초하여 개별 문명 요소(城址, 陵廟, 靑銅器, 文字, 禮制建築)의 출현과 문명의 형성은 서로 다른 개념의 문제이며 문명은 개별 문명 요소의 총화형태로 형성된 새로운 사회발전 단계를 지칭하는 개념임을 주장하였다.

(2) '夏商周斷代工程'

1996년 5월 16일부터 2000년 9월 15일까지 추진된 '夏商周斷代工程'은 중국 고대 문명(중화문명)의 기원을 새롭게 조명해서 역사적으로 규명되지 못했던 夏商周의 年表를 작성하기 위한 국가 프로젝트이다(김경호 외 2008).

중국 정부는 2000년 11월 9일 '夏商周斷代工程'을 끝내고 '夏商周斷代年表'를 정식 발표했다. 夏나라의 시작을 기원전 2070년으로 확정지었고, 따라서 중국의 역사시대는 총 4070년으로 각각 설정됐다. 이제 傳說이었던 夏나라와 堯임금, 舜임금은 역사적 사실이 되었다. 夏商周 斷代工程의 총책임자인 淸華大의 李學勤 교수는 2008년 6월 17일 중국 CCTV와의 인터뷰에서 "중국의 정확한 역사시대는 기원전 814년이다. 이전의 역사는 아주 모호하다"며 "세계 4대 문명 가운데 유일하게 5000년 중국 문명만 이런 역사적 공백이 있다. 이것은 대단히 유감스러운 일이었다."라고 말했다. 즉 중국에서는 중화문명 5000년을 이야기 하지만 이제까지의 자료로는 역사시대가 3000년에도 못 미치는 현상을 타개하기 위해 '夏商周斷代工程'을 벌인 것이다.

그러나 여전히 중화문명의 역사시대는 4000년 정도다. 5000년에서 약 1000년이 모자란다. 이에 다시 '中華文明探源工程'이 시작되었다. "中華文明探源工程"은 國家 "十-五" 重點科技攻關項目(2001~2005년)으로 지정된 연구과제이며 "九-五" (1996~2000) 시기의 "夏商周斷代工程"과 함께 中國古代史와 文明起源研究의 학제간 종합연구와 집체연구를 표방하고 있는 대표적인 국가 중점연구 과제이다. 연구과제의 특징은 기존 문명기원연구들이 도시, 문자, 청동기 및 禮制의 개별 문명 요소의 기원과 발전과정, 문명형성시기에 대한 연구들이 중심이었다면, "探源工程"에서는 주로 문명형성의 시기 문제를 비롯하여 자연환경 배경과 동인 및 취락구조의 변화에 기초한 사회경제 구조의 기제에 대한 연구가 중점으로 부각되었다.

2) 中華文明 探源工程 각 단계의 주요 성과

(1) 探源工程의 概要

1920~1930년대 郭沫若·顧詰剛 등 학자들이 중국고대사회를 연구하면서부터 中華文明起源에 대한 연구가 다루어졌다. 1980년대 초에 이루어진 일련의 중요 고고발굴은 자료를 더욱 견고하게 하였다. 夏鼐, 蘇秉琦 등 학자들의 주도로 중국학계에서는 본격

적으로 이 과제를 연구하기 시작하여 점차 중화문명은 어떻게 기원하였으며, 어떠한 발전과정을 거쳤고, 이 과정에서 어떤 요소가 어떠한 역할을 하였는지, 중화문명은 어떠한 특징을 지니는지, 어떻게 이러한 특징을 지니게 되었는지 등과 같은 중요한 문제가 도출되기에 이르렀다.

'9차 5개년 계획' 기간의 국가중점과학기술연구 계획항목인 '夏商周斷代工程'이 순조롭게 진행되어 夏 · 商 · 西周 왕조의 연대표(대략 기원전 2070년~기원전 770년)가 만들어졌고, 또한 국가사업 형식으로 자연과학과 인문과학을 결합하여 중요한 인문사회과학 과제를 연구하는 연구 모델을 만들어냈다.

중화문명 기원의 중요성과 복잡성을 감안하여, 과학기술부는 '夏商周斷代工程'이후 '中華文明探源工程'을 '10차 5개년 계획'의 과학기술 연구 사업으로 결정하였다 (王巍 2010, 박양진 2008). 이 사업은 2001년 예비연구를 시작하여, 2008년 말 제2단계 사업이 종료되었으며, 전체적으로 3단계, 즉 탐원공정을 위한 예비연구(2001~2003년), 탐원공정 제1단계(2004~2005년)와 탐원공정 제2단계(2006~2008년)를 거쳤다. 탐원공정 예비연구와 탐원공정 제1단계는 국가 "10차 5개년 계획" 중점과학기술연구사업으로 이루어진 것이고, 탐원공정 제2단계는 국가 '11차 5개년 계획'의 과학기술기간사업으로 추진된 것이다(王巍 2010).

(2) 탐원공정 예비 연구(2001~2003년)

中華文明探源工程 제1단계 연구의 실질적 책임자였던 王巍는 2000년 3월 31일자 光明日報에 '中國古代文明探源工程에 관한 구상'이라는 글을 게재하였다(王巍 2010). 이 글에서 探源工程의 기본 방침을 '중국 고대문명의 기원 및 초기 발전의 배경 · 계기 · 경로 · 과정 및 그 특징에 대한 탐색'이라 규정하고, 이 방침에 의거하여 다음과 같은 12가지의 구체적 과제를 설정했다.

가. 炎黃시기의 문화와 사회
나. 漢字의 기원 · 발전과 고대문명의 관계
다. 環境 변천과 문명의 발전
라. 農業 · 牧畜業의 기원 발전과 문명기원의 관계
마. 手工業 기술의 발전과 문명의 진전
바. 城市의 기원 발전과 문명의 진전

사. 戰爭과 문명기원, 왕권형성의 관계

아. 宗敎 信仰의 起源·發展 및 그의 문명기원과의 관계

자. 交流와 文明

차. 中原 3대 王朝(夏商周) 및 그 문화와 주변 方國 및 그 문화의 관계

카. 華夏族의 기원과 中華民族의 形成過程 연구

타. 중국 고대문명과 세계 여타의 고대문명과의 비교

이와 같은 구상에 따라 中華文明探源工程이 하나의 연구 프로젝트로 성립하고, 이를 준비하는 시기가 "中華文明探源豫備硏究" 단계라고 할 수 있다.

"중화문명탐원공정 예비연구"는 기원전 2500~기원전 1600년까지의 중원지구를 사업의 시간적·공간적 범위로 삼고, "고대 傳說과 夏商周 시기 관련 文獻 연구", "上古시기 禮制 연구", "考古學文化 系譜硏究 年代測定", "취락 형태에 반영된 사회구조", "文字와 刻符 연구", "상고시기 天像과 曆法 연구", "중국 내외 고대문명기원 比較 硏究" 등 9개 과제를 만들었다. 이 과제들에는 모두 中國社會科學院 考古硏究所와 歷史硏究所·北京大學 考古文博學院 등 기관의 수십 명의 학자들이 참가하였다. 예비 연구 단계에서 상술한 과제를 연구한 것 외에 더욱 중요한 연구 성과는 학제 간 연구를 통해 문명기원연구의 기술적 방법과 실시방법을 모색하고, 비교적 수행할 만한 탐원공정의 실시방안을 만들어낸 것이다.

이와 같은 공정이 국가적 연구 프로젝트로서 필요한 이유에 대하여 王巍는 "중국 고대문명 기원의 과제가 미치는 지역이 넓고 시간이 길며 내용이 복잡하여, 하나의 학과나 분야의 학자가 연구를 진행하기는 어려우며 여러 전공의 학자들이 연합하여 여러 각도의 다층적, 전방위적, 학제적 연구를 수행하여야 한다"고 주장하였다. 또한 "학제적 종합연구에 필요한 경비가 막대하기 때문에 국가가 프로젝트의 형식으로 집중 지원하는 형식을 취하여야 한다"고 주장하였다(王巍 2010).

(3) 탐원공정 제1단계(2004~2005년)

"中華文明探源工程"의 정식 명칭은 "中華文明起源, 形成與早期發展硏究"이다. "中華文明探源工程" 제1단계 연구는 中國 科技部가 책임 기관이 되고 교육부, 국가문물국, 중국사회과학원 등이 조직 기관으로 함께 참여하면서 2004년 여름부터 시작되었다. 이 프로젝트의 제1 책임기관은 中國社會科學院 考古硏究所이며 그 책임자는 所長

인 王巍였다.

연구의 空間的 범위는 중화문명의 핵심 지구인 中原地區였다. 時間的 범주는 기원전 2500년~기원전 1500년(문헌상의 堯舜禹와 夏王朝 시기)이다. 이처럼 시공적 범위를 선정한 이유는 "華夏文明은 중국 고대문명의 핵심이며 中原地區는 그 출현 발전의 요람으로서 이 지역의 문헌기록은 비교적 풍부하고 축적된 고고학 자료와 연구 성과도 이미 많아서, 제1단계의 연구를 통해 제2단계의 전면적 탐원공정의 전개에 필요한 경험을 쌓을 수 있기 때문이다"고 하였다(王巍 2010).

"中華文明探源工程" 제1단계의 구체적인 연구 항목은 크게 아래의 5개의 과제를 설정하였다.

가. 기원전 2500~기원전 1500년 中原地區 文化系譜 및 그 연대
나. 기원전 2500~기원전 1500년 中原地區 自然環境의 변천 연구
다. 기원전 2500~기원전 1500년 中原地區 經濟技術의 발전상황 연구
라. 中心性 城邑을 핵심으로 한 聚落形態가 반영하는 사회구조 연구
마. 기원전 2500~기원전 1500년 中原地區 文明 형태의 종합연구

① 문화계보와 연대 측정 과제
중원지구 고고학문화 계보의 체계화와 분기를 결합하여, 산서성 襄汾 陶寺·하남성 登封 王城崗·하남성 新密 新砦·하남성 偃師 二里頭 등 중심이 되는 유적에서 출토된 샘플에 대한 정확한 연대 측정에 중점을 두어서, 중원사회 문명화과정의 여러 문제들에 대한 토론을 위한 연대학 기초를 놓았다. 특히 二里頭文化의 방사성탄소연대 측정치는 역사 기록의 夏代 紀年 가운데 그 후반에만 해당한다. 따라서 二里頭文化가 전체 夏代의 文化에 해당한다는 기왕의 관점은 더 이상 성립하지 않는다. 따라서 夏代 前半의 고고학문화는 二里頭文化보다 앞서는 다른 고고학문화에서 찾아야 하는데, 그 강력한 후보로서 하남 龍山文化 후기 및 이른바 "新砦期" 유적 등이 제시되었다.

② 자연환경 변천 과제
연구 결과 기원전 2500~기원전 2100년 동안 중원지구의 기후는 대체로 溫暖濕潤하여 산업 발전에 적합하였다고 결론지었다. 기원전 2000년을 전후한 시기는 황하 중류 지구에 일찍이 이상 기후가 발생했던 시기로, 주로 기온의 변화, 특히 강우량의 불균형

으로 표현된다. 이 연구 결과는 고대 전설 가운데 堯·舜·禹 시기의 이상 기후·빈번한 재해 기사와 부합한다고 해석한다. 그러나 이러한 기후변화와 문명화과정에 대한 영향관계를 「환경결정론」으로 환원하는 단순한 결론을 경계하고 생태환경의 변화는 문명의 형성과정에서 나타나는 배경으로 이해하고 있다.

전체적으로 중국문명의 형성과정에서 환경에 대한 연구는 기후 및 환경 변화에서 촉발되는 지형, 식생, 토양 등의 자연환경요소의 변화로 인한 경제유형의 변화를 비롯하여 지진, 자연환경의 변화 및 해수면의 상승, 하강으로 인한 선사문화발전의 영향관계, 그리고 돌발성 자연재해에 기인한 문화의 소멸 등이 주요 과제로 진행되었다. 이를 통해 특정 고고학문화의 중단·소멸과 관련한 자연환경적 배경이 일부 복원되었으며, 고고학문화의 전이와 기후변화의 상관관계에 대한 합리적인 해석들이 도출되었다고 긍정적인 평가를 내릴 수 있다.

한편으로는 중화문명 기원과 조기발전단계의 환경연구에서 지역적인 불균형이 상존하고 있어 서산분지와 동정호 주변지역 등에 대한 연구는 미진한 상태에 머무르고 있다. 특히 문명형성시기의 고고학문화와 환경과의 상호관계의 해석에서 환경유일론적 시각들이 주류를 이루고 있어, 문명형성과 출현과정에서 정치, 종교, 정치, 기술 등 인류의 다양하고 능동적인 사회적 행동 양식에 대해서는 충분히 고려되지 못하는 한계들이 이후 연구에서 극복되어야 할 과제이다. 또한 이러한 환경연구가 새로운 이론적 모델로 발전하지 못하고 문헌사료의 부차적인 증거자료로 전락하지 않도록 이론적 모델화를 위한 다양한 시도들이 필요할 것이다.

③ 경제기술 발전 상황 과제

자연과학 관련학과와 고고학을 서로 결합하는 방식을 통해, 산서성 陶寺, 하남성 王城崗·新砦·二里頭 등 중요 유적에서 출토된 동식물 유존·인공유물 및 관련 유적을 연구하였다. 연구를 통해 중화문명 형성시기에 중원지구의 농업과 수공업 생산은 어떻게 발전하였으며, 경제기술의 발전이 문명의 형성과 발전에 어떤 작용을 하였는지 밝히고자 하였다.

기원전 2500~기원전 1500년까지의 특정한 시기에, 중원지구 인류 사회의 기본생산경제 분야인 농업(농경생산과 가축사육 포함) 및 당시의 기술수준을 가장 잘 반영할 수 있는 가공제작업(청동기 제작·도기제작·옥기가공 등을 포함)이 모두 두드러지게 변화하고 발전하였다. 그 중에서 특히 龍山文化에서 二里頭文化로 전환되는 시기의 변화

상이 가장 두드러졌다. 구체적으로 말하면, 기원전 2500년 이후, 농업 생산은 원래의 "조(粟)류" 작물을 대표로 하는 농경생산과 "돼지"를 대표로 하는 가축사업의 기초에서, 점차 일반적으로 물벼를 재배하고 황소를 사육하였다. 이와 동시에 서아시아에서 기원한 밀과 양도 중원지역으로 전래되었다. 이로부터 점차 다양한 품종의 농작물 파종과 다양한 종류의 가축사육이 이루어졌다. 이 시기에는 이미 靑銅容器를 주조하는 기술이 있었고, 陶器 제작과 玉器 가공기술도 점차 발전하였다. 연구를 통해서 과학기술과 경제발전은 확실히 중원지구 문명형성의 중요한 동력 가운데 하나였음이 밝혀졌다.

④ 취락형태에 반영된 사회구조 과제

陶寺·新砦·二里頭 등 이 시기 中原地區의 몇몇 도읍성격 유적에 대한 고고탐사와 발굴을 통해, 유지의 축조·사용 및 폐기연대·배치·기능구분 및 그에 반영된 사회조직 구조와 왕권 발전과정에 대한 새로운 인식을 얻었다.

㉠ 陶寺유적

고대 전설에 따르면 산서성 남부는 요임금이 활동했던 중심 지구인데, 중국사회과

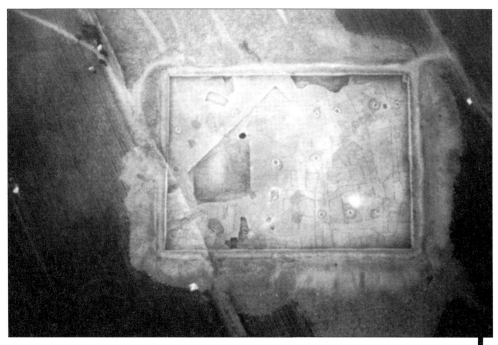

도사유적 성지 01

학원 고고연구소의 조사단(책임자:하로)은 산서 남부의 襄汾 陶寺유적에서 B.P.4300~4000년 무렵의 대형 城址를 발견하였다.

기원전 2300년 전후에 이곳에 먼저 길이 약 1000m, 너비 약 580m, 면적 58만㎡의 성지를 건설하였고, 기원전 2100년 전후에는 약 1800m, 너비 약 1500m, 면적 280만㎡에 달하는 거대한 성터로 확장하였음을 고고 발굴을 통해서 알 수 있었다. 특히 주목할 만한 것은 대형묘 부근에서 평면이 커다란 반원형의 특수한 유적이 발견된 것이다. 복원을 거쳐 이 반원형 유적의 중심 바깥쪽에 있는 원형 판축벽에 의도적으로 만들어 놓은 몇몇 틈으로 동쪽을 보면 공교롭게도 춘분·추분·하지·동지 때 태양이 유지 동쪽에 위치한 모아산으로 떠오르는 위치와 부합됨을 보여준다. 발굴자와 천문학자들은 모두 이 유적이 태양의 위치를 관측하여 춘분·추분·하지·동지 등 중요 절기를 확정하는 활동과 관련되어 천상을 관측하고 제사를 거행하는 장소로 간주했는 바, 이는 『尙書』 「堯典」에 있는 堯의 "觀象授時"에 관한 기록을 연상케 한다.

陶寺 城址는 규모가 크고 성안의 기능적 구분이 명확하다. 각지에서 발견되는 夏代 이전의 城址와 비교하면 2배 내지는 수배에 달한다. 이것은 당시의 사회가 이미 상당히 엄격한 계급분화가 이루어졌음을 보여주는 것이다. 성안의 통치 집단은 이미 군사지휘권과 제사권을 장악하여 '王'의 원형인 사회의 주재자가 되었음을 보여준다. 따라서 늦어도 陶寺遺址의 커다란 성이 사용된 시기(陶寺文化 中期)에는 이미 초기국가의 단계에 진입했다고 간주하고 있다.

ⓛ 王城崗유적

王城崗유적에서는 1970~1980년대에 일찍이 면적 1만㎡ 전후의 小城이 발견되었다. 당시 발굴자는 이 성이 문헌 전설에 기록된 "禹都陽城"일 것이라는 견해를 제기하였지만, 1만㎡의 규모는 禹都陽城과의 연계를 어렵게 만든 게 사실이다.

"探源工程" 기간 중 하남성 문물고고연구소와 북경대학 연합 조사단은 小城의 서부에서 城外의 護城壕와 소성 외측의 壕溝가 서로 이어진 약 30만㎡의 대형 성지를 발견했는데, 그 건조 연대는 소성과 대체로 같은 시기로서 모두 하남 龍山文化의 晚期, 즉 기원전 2000년 전후이다.

王城崗유적 일대에서 과거에 출토된 전국시대 磚瓦에 "陽城"의 명문이 있어 전국시대에 이곳을 陽城이라 칭했음을 알 수 있는데, 공정 과정에서 새로 발견된 城址의 위치와 연대는 夏禹가 활동한 시기 및 지역과 기본적으로 합치되며, 규모가 또한 30만㎡에

달하여, 陽城을 찾기 위한 매우 중요한 실마리를 얻었다고 본다.

ⓒ 新砦유적

중국사회과학원 고고연구소(책임자:趙春靑)와 鄭州市 문물고고연구소는 하남 신밀 新砦유적에서 면적 70만㎡에 달하는 대형 성지를 발견하였는데, 城外에서는 대형 護城 壕가 확인되었고 城內에서는 1000㎡ 이상의 대형 유적을 발견하였다. 현장에서의 관찰 과 그 기능에 대한 분석을 근거로 하여 조사단은 당시의 사람들이 공공활동에 종사하 던 장소로 추측하였다. 이와 같은 규모의 성지와 유적은 현재까지 발견된 같은 시기 유 적 가운데 으뜸이다.

이 성지의 연대는 대략 王城崗유적보다는 늦고 이리두유적보다는 이르다. 이 성지 의 발견으로 이리두유적 이전 시기의 夏代 도읍 유적의 공백을 채우는 夏代史 연구에 귀중한 자료를 제공하였다.

ⓓ 二里頭유적

하남성 偃師 二 里頭유적은 夏나라 후기의 도읍이다. 1959년 발견된 이 래 중국사회과학원 고고연구소의 여러 세대 학자들이 지 속적인 조사를 진 행하여 대형 건축 지와 귀족 고분 및 鑄銅作坊 등을 발 견하였다.

그러나 이 도성 의 정확한 배치 구 조에 대해서는 전 체적인 이해와 정

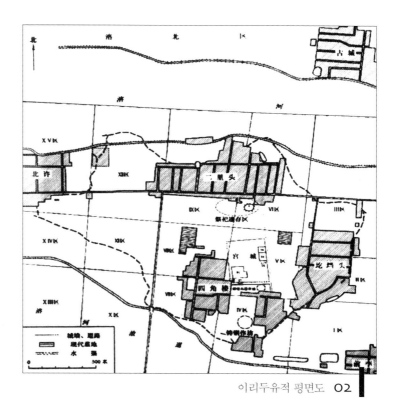

이리두유적 평면도 02

확한 파악이 부족하였는데, 최근 몇 년 사이에 이루어진 조사단(책임자:허안)의 발굴조사는 이 방면에 대한 새로운 연구 결과를 제시하였다. 도읍의 중간에 궁전이 비교적 집중된 구역을 발견했고, 그 주위는 폭 10~20m의 도로로 둘러싸여 있었다. 노면에는 지금까지 最古의 車轍(양륜 사이 거리가 1m로서 마차는 아님)이 발견되었다. 궁전건축은 대다수가 "四合院"의 구조를 띠었고, 다수 궁전의 正殿은 居北向南이고, 그 양측은 동서대칭이어서, 이미 中軸線 개념을 지니고 있음을 알 수 있다.

이 발견으로 인해 중국고대 궁전건축의 중축선, 좌우대칭, 정원이 앞뒤로 이어지는 배치의 특징이 출현한 시점이 기원전 1700년 무렵의 夏代 後期로 소급되었다.

이와 동시에 과제 공동연구원들은 또한 중심적인 성읍 주변 몇 곳을 '전체조사방식'으로 취락분포상황을 조사하였다. 새로 발견된 유지는 174곳으로, 이전에 알려졌던 숫자(48곳)보다 3.6배나 늘어났다.

취락분포조사 결과는 이 중심적인 城邑을 주변에 동 시기에 존재한 중소형 유지와 연관지어, 당시의 사회구조를 살펴볼 수 있게 하였다. 이러한 성과들은 중심적인 城邑 유적을 중심으로 계획적으로 고고 발굴과 구역 조사를 중점적으로 진행하는 것이 문명기원·형성과 초기 발전을 연구하는데 효과적인 방법임을 증명하였다.

二里頭유적의 중요 발견들은 夏代 後期에 왕권강화가 이미 미증유의 정도에 달했음을 드러낸다. 특히 최고의 宮城의 출현, 中軸線 이념의 형성과 宮殿封閉의 배치는 모두 후세의 도성 및 궁실제도의 선구를 열었고, 당시의 城市化 및 왕권과 국가의 발전이 이미 새로운 단계에 진입했음을 반영한다. 이 조사의 성과는 中心性 城邑遺址의 중요구역에 대한 계획적인 고고발굴과 계획적인 구역조사가 문명의 기원과 형성 및 조기발전을 연구하는 데 유효한 방법임을 충분히 증명하였다고 볼 수 있다.

중국사회과학원 고고연구소는 제1단계 연구의 결과를 종합하면서 중원지구 문명형성 시기의 환경 배경, 경제기술 발전상황 및 그 문명형성과정 중의 작용, 각 도읍성 유적의 연대 관계, 중원지구 문명형성시기의 취락형태가 반영하는 사회구조, 중원지구 조기 문명형태 등의 문제에 대한 토론과 초보적 성과를 획득하였으며, "十·五" 探源工程을 전면적으로 실시하기 위한 방안을 수립하는데 기여하였다고 종합적으로 평가하였다.

이상의 제1단계의 과제가 '기원전 2500~기원전 1500년 중원지구의 취락형태가 반영하는 사회구조연구'인 만큼 기존의 충분한 발굴 및 연구 성과를 토대로, 공정의 기초를 다지는 단계라 할 수 있다면, 이미 시작된 제2단계에서는 '기원전 3500~기원전 1500

년 黃河・長江・遼河流域의 취락형태연구'라는 과제명에서도 알 수 있듯이 시공간적 범위가 크게 확대되면서 연구과정 및 성과에서 적지 않은 문제점이 발생할 가능성이 있다. 요컨대 "探源工程"의 학술성이 어느 정도까지 담보될 수 있을지는 주관기관인 中國社會科學院 考古研究所가 얼마나 독립적인 연구 활동을 확보할 수 있고 다른 연구기관에 대해 어느 정도 영향력을 발휘할 수 있는가에 달려 있다고 할 수 있다.

(4) 탐원공정 제2단계(2006~2008년)

① 개요

제1단계 사업에 기초하여 과학기술부는 "탐원공정(제2단계)"을 국가 "11차 5개년 계획" 과학기술 기간산업으로 포함시켰다. 먼저 3년(2006~2008년)을 추진하되, 만약 순조롭게 진행된다면 다시 지원하기로 하였다. "탐원공정(제2단계)사업"은 중국사회과학원 고고연구소 王巍 소장과 북경대학교 고고문박학원 趙輝 원장이 책임을 맡았다. '탐원공정 2단계'의 기술적 방법은 제1단계와 같다. 즉 학제간 연구를 통해서 중화문명 기원에 대해 다양한 관점에서 다양한 층위로 전반적으로 연구하는 것이다. 그러나 제1단계를 토대로 연구대상 시기와 공간 범위는 더욱 확대되었다. 연구대상 시기는 위로 기원전 3500년까지 소급되었고, 공간 범위는 중원지구에서 문명화단계가 대체로 빠르고 자료가 풍부한 黃河 中・上流와 長江 中・下流 및 西遼河유역으로 확대되었다. 전체 구성원의 노력으로 사업은 순조롭게 진행되어 2009년 3월 사업이 마무리되었다.

제2단계 연구 계획의 가장 중요한 차이와 변화는 "탐원공정"의 연구대상 시기를 기원전 3500~기원전 1500년으로 설정하여 1000년을 소급하여 확대하였으며, 연구대상 지역도 중원지구에 한정하지 않고 장강유역 및 동북지구의 요하유역까지 포함하게 되었다는 점이다. 2006년 10월 중국의 國家文物局博物館社에서 발간한 "中華文明探源工程" 제2단계의 과제 신청지침에 따르면, 기원전 3500~기원전 1500년 기간의 중국 각지 고고학문화의 절대연대를 수립하고, 황하・장강・요하유역에서의 환경변화와 문명형성 및 발전과의 상호관계를 규명하여, 각 지역의 문명형성 및 발전과정에서 사회구조 및 정신문화의 발전과 변화 및 다원적 특징을 밝히는 것을 주요 목표로 하고 있다.

"中華文明探源工程" 제2단계(2006~2008년) 연구의 구체적인 제목은 "기원전 3500~기원전 1500년 중국문명형성과 초기발전단계의 고고학 문화계보 연대 연구"이며, 국가에서 지원하는 연구비의 총액은 500만 위안, 北京大學의 吳小紅이 책임을 맡고 있다.

"探源工程" 제2단계 연구에서는 방사성탄소 측정치의 데이터베이스를 구축하고, 실험실의 표본 오염문제, 측정 장비의 안전성 문제 및 질량가속 측정의 문제 등에 대한 연구를 실시하고, 고고학 "區系類型" 연구의 토대 위에서 앞에서 언급한 4개 중점 연구 지역의 고고학문화의 편년 체계를 확정하는 것을 목표로 하고 있다.

각 지역별로 방사성탄소연대 표본을 선택하여 이를 측정하고 방사성탄소 보정치 및 수륜 보정치를 활용하여 높은 정확도의 연대 값을 획득하려 노력하는 것이 중요하다. 특히 중원지구 고고학문화의 발전 맥락을 주축으로 하여 황하 하류, 장강 중류 및 하류 지구와 中原文化와의 밀접한 상호관련성의 맥락에서 고고학문화의 계보와 연대를 연구하는 것이다.

② 2단계 探源工程의 주요 연구

2단계 探源工程의 주요 연구는 1단계와 유사하게 크게 네 분야에서 이루어졌다.

㉠ 기원전 3500~기원전 1500년 中國文明形成과 早期發展段階의 고고학문화 系譜 年代 연구

㉡ 기원전 3500~1500년 중국문명형성과 조기발전단계의 環境 연구

이는 자연과학적 연구방법과 분석을 통해, 기원전 3500~기원전 1500년 시기 중원지 역을 포함하여 서북 감청지구와 동북 연산남북장성지대 및 장강지구에서 발생하는 지형, 기후, 식생, 토양, 수계 등의 자연환경요소의 변화 양상들을 파악하여, 이러한 생태 환경변화의 공통점과 지역적 차이를 규명하고 이것이 경제유형의 변화에 미치는 영향 관계를 밝히고자 하는 것이다.

또한 지진과 홍수 등의 자연재해들이 황하유역의 인류활동에 미친 영향 분석, 장강 중·하류지구의 자연환경의 변화(하호의 형성) 및 해수면의 변화가 선사문화의 발전에 미친 영향 분석, 자연환경이 중원지구를 비롯한 기타 지역의 문명화 진행과정에 미친 상이한 역할 분석 등을 통해, 자연환경의 변화형태가 중국문명형성과 조기발전단계에 서의 상관관계를 규명하고자 하는 것이다.

㉢ 기원전 3500~기원전 1500년 중국문명형성과 조기발전단계의 기술 및 경제 연구

㉣ 기원전 3500~기원전 1500년 중국문명형성과 조기발전단계의 사회 및 정신문화 연구

'探源工程 제2단계'에서는 대체로 다음과 같은 단계적 인식을 얻었다.

㉠ 대체로 기원전 2000년을 경계로 중화대지의 문화발전과 사회발전은 전후 두 단

계로 나뉜다. 기원전 2000년 이전에 遼西·海岱·長江 중하류 등지의 문화는 각자 자체적인 기원과 전통을 지니고 있으면서, 서로 교류하며, 대체로 독립적으로 변화·발전하였다. 각 지구는 문화 발전과 사회 발전이 매우 융성하며, 서로 경쟁하고 서로 영향을 받으며 서로 촉진시켰다. 각 지역의 선진 문화요소들은 中原으로 모여들어 중원문화와 사회를 발전시켰다. 이러한 추세는 기원전 2000년 전후 중대한 변화를 맞이하여, 점차 中原地區의 華夏文明만이 홀로 발전하는 상황이 되었다. 중원지구 夏·商 王朝의 문화가 주위로 전파되었고, 각지의 문화와 사회 발전은 점차 中原 王朝를 중심으로 이루어졌으며, 中華文明이라는 커다란 틀로 융합되었다.

ⓛ 문화구조는 기원전 2000년 전후에 중대한 변화를 발생시킨 물질 기초를 초래하였다.

문명사회의 탄생은 반드시 물질·정신·사회 등 분야의 조건을 갖추어야 한다. 그러나 가장 근본적으로는 역시 안정적으로 지속할 수 있는 경제 기초가 지탱되어야 한다. 기술·경제와 환경 두 과제에 대한 연구를 통해서 중원지구와 주변 지역과의 경제 기초 간에는 다양한 차이가 존재하고, 자연환경의 특징과 그 변화도 각 지역에 다양한 영향을 미쳤음을 알 수 있다.

中原地域의 지형경관유형은 다양하다. 이렇게 경관이 다양한 환경에서 기원전 2500년 이후 인류는 조(粟)·기장(黍)·물벼(手稻)·콩(大豆)·밀(大麥)을 포함한 '오곡농업'을 발전시켰다. 가축은 돼지·소·양 등이 있었다. 당시 인류의 활동지역은 주로 황토대지였다. 대지는 높고 평평하여 재해의 영향을 잘 받지 않았고, 농업 발전에 드넓은 공간을 제공하였으며, 상대적으로 편리한 교통조건도 문화의 융합에 유리하였다.

遼西地區는 농업경제지역의 북쪽 변두리에 속한다. 이곳에서 재배되는 농작물은 종류가 단일한데, 바로 밀이 대부분이다. 그 가축의 종류는 夏家店 下層 시기에 이미 돼지·소·양이 출현하였다. 기온이 비교적 온난하고 습하여 농업생산이 어느 정도 발전하였다. 그러나 기후가 건조하고 서늘해진 후에는 농업생산이 대체로 어려웠다. 이것 또한 이 지역에서 여러 번에 걸쳐 농목업의 변화가 생겼던 중요한 원인이다.

長江 中流와 下流지역은 대체로 비슷하다. 농업은 물벼 재배가 대부분이며, 가축은 주로 돼지였다. 그러나 사육 규모는 상대적으로 제한되었다. 벼 재배 농업은 물에 대한 조건이 까다로웠으므로 수도작 농업에 적당한 장소를 만들기 위해서 인류는 대부분 지세가 낮고 평평한 강변을 선택하여 거주하고 생산하였다. 따라서 기후 변동으로 형성된 가뭄과 수재는 문화 또는 사회에 대한 피해 정도가 상상을 초월하는 것이었다.

③ 文明化로 나가는 다양한 방법

기원전 2500년 전후, 중원의 陶寺 古城, 長江 하류의 良渚 古城과 長江 중류 石家河 古城의 출현을 표지로 하여, 이 지역의 선사사회 발전은 일반적으로 상당히 높다. 이 규모가 큰 城의 축조는 수많은 인력과 물력을 효과적으로 조직하고 동원할 수 있어야 하므로, 이들 古城의 출현은 수많은 인구를 통제하였음을 보여준다. 고고자료에 반영된 사회성원들 간의 두드러진 계급분화·귀족을 위한 수공업·폭력과 전쟁 등 관련 상황을 종합적으로 고려하면, 이들 지역은 당시 아마도 초기 문명사회로 접어들어 초기국가를 세웠을 것이다. 그러므로 중화문명이 5천년 역사라고 한 말은 근거가 있다고 보았다.

중화문명의 형성은 상당히 광활한 공간에 존재하는 일부 고고학 문화가 함께 변화·발전한 결과이다. 각지 문화가 가장 발전한 시기는 일정하지 않고, 그들 각자의 문명화 내용도 차이가 있음을 비교 연구를 통해서 알 수 있다. 이것은 그 문화가 문명화로 나아가는 과정에서 각자의 방식과 시스템·동인 등도 달랐을 것이므로, 중화문명의 형성이 꽤 복잡하고 심원한 문제가 되었음을 암시하는 것이다.

이상과 같은 "中華文明探源工程" 제2단계 연구 가운데 고고학문화 계보연대 연구의 구체적 과제를 살펴보면, 이 단계 "探源工程"의 관심이 제1단계의 황하 중류 중원지구에서 주변 지역으로 크게 확대되면서 동시에 중원지구와 주변 지역 사이의 불가분의 문화적 관계 및 중원지구의 핵심적 역할을 강조하고 있는 것을 짐작할 수 있다.

이와 같은 시도는 중국 정부의 최대 관심이 예전의 "華夏"에 대한 제한적 초점을 확대하여 이른바 모든 지역과 민족을 포괄하는 "中華民族"으로 확대되고 있음을 단적으로 보여준다고 할 수 있다.

④ 탐원공정 제3단계(2011~2015)

2011년 5월 6일 "중화문명탐원공정 및 상관문물 보호기술 연구" 회의가 북경에서 개최되었다. 여기에서는 중화문명 탐원공정 제3단계 사업을 정식으로 시작함을 선언하였다. 3단계 공정에서는 중화문명 기원과 조기 발전을 종합적으로 연구하는 데 집중하며, 중화문명탐원공정 가운데 현대과학기술 응용과 지탱 연구, 문물보호와 전시 관련 기술연구 작업을 전개하기로 계획을 세워 수행하고 있다.

3. 중국의 國家主義 歷史觀과 遼河文明論

1) 統一的 多民族國家論의 등장과 東北工程

중국 동북지방 문명의 형성에 대한 내용을 살펴보려면 기본적으로 중국 학계의 국가주의적인 입장, 구체적으로 말하면 '統一的 多民族國家論'에 대한 이해가 전제되어야 한다. 최근 중국은 중국 내 모든 민족의 융합과 통일을 표방하며, 이른바 '中華民族'이라는 새로운 민족 개념을 내세우고 있다. '統一的 多民族國家論'[1]이란 주장이 나타나게 된 배경이다. 사회주의 체제가 이완되고 소수민족의 정체성이 동요하는 상황에서, 중국 정부는 '애국주의 교육'을 강화하고 '국민적·영토적 통합'을 강화해서 사회 안정과 중국 국민으로서의 소수민족의 정체성을 확립시키려고 애써 왔다. 중국 정부의 그러한 노력은 소수민족의 역사관에도 투영되어 중화인민공화국 수립 초기 선언적 의미를 띠었던 '통일적 다민족국가론'이 중국의 국민적·영토적 통합을 강화시키기 위한 국가 이데올로기로 강화되기 시작했다. 이러한 중국의 국가주의 역사관인 '통일적 다민족국가론'이 동북지구에 적용되면서 추출된 역사적 산물이 東北工程이라고 할 수 있다.

그런데 동북공정의 출현과 추진과정에는 중국 정부의 또 다른 역사 프로젝트들도 한몫했다. 그 대표적인 프로젝트가 '夏商周斷代工程'(김경호 외 2008)과 '中華文明探源工程'(박양진 외 2008)이다. 중국 정부는 2001년부터 과기부와 국가문물국 등 유관기관의 연합으로 "중화문명탐원공정"을 개시했고, 중화문명 형성의 시간, 지역, 과정, 원인과 기제 등 기본 문제에 대한 연구를 진행하였다. 아울러 중화문명과 주변지구 문명화 과정의 상호관계를 탐구하고, 세계 기타 고대문명과 비교연구를 통해 이른 시기 중화문명의 특징 및 인류문명발전상의 위치를 종합하고자 노력하였다[2].

기존의 중국문명 기원연구는 주로 중국문명의 개념과 특징에 대한 논의를 비롯하

---

1 1980년 전반에 일반화된 '통일적 다민족 국가론'은 "중국은 현재뿐 아니라 2000년 전부터 통일적 다민족 국가를 형성했기 때문에, 현재 중국 영역 내에 위치한 소수민족은 다민족 국가인 중국의 구성원으로 중원 대륙의 통일과 분열에 관계없이 중원 왕조와 항상 정치·경제·문화적으로 밀접한 연계를 가지며, 중국 영역의 일부를 구성하고 중국사에 공헌했다"는 주장이다. 그런데 이 주장은 '현재(現在)의 논리'를 '과거(過去) 역사의 해석'에 적용함으로써 심각한 역사 왜곡의 폐해를 낳게 되었다.
2 본 내용은 王巍(2010)와 동북아역사재단의 박양진 외(2008)에 잘 정리되어 있다.

여, 문명형성과정의 시공간적 범위, 지역단위의 문명형성과정 및 성지(궁전), 능묘, 청동기, 문자, 체제건축을 비롯한 개별 문명요소의 출현과 발전과정을 중심으로 연구가 진행되었다.

'中華文明探源工程'은 중국 고고학계의 풍부한 경험과 자료 및 연구 성과, 그리고 확고한 이데올로기를 바탕으로 하여 중국 고고학계의 전반적인 입장 통일에 따라 계획, 진행되었다고 할 수 있다(박양진 2008). 여기에는 중국사회과학원 고고연구소의 전문연구자와 2단계에는 북경대학 고고학과의 전문연구자까지 대거 참여하여 국가적인 후원 하에 진행되었다. 중국 정부는 2000년대에 들어 '古代文明研究中心(센터)'이 中國社會科學院 산하에 설립(2000년 8월)된 것을 계기로 2002년부터 '中華文明探源工程'을 본격화하여 중국 전설에 대한 연구 및 華夏族(漢族의 선조)의 활동 중심지역에 대한 고증, 華夏族의 기원과 中華 民族의 형성과정에 대한 고증 등을 통해 중국 고대문명의 뿌리를 찾는다는 명분을 내세우고 있다.

중국문명의 기원과 형성과정에 대한 연구는 처음 夏鼐(1985)와 蘇秉琦(蘇秉琦 1997, 蘇秉琦·殷瑋璋 1981)에 의해 제안되었으며, 현재까지 중국문명 기원 연구의 전형으로 인식되고 있다. 특히 蘇秉琦의 "區系類型"설(蘇秉琦 1983)은 중국문명 기원에 대한 多源論的 시각으로 "中華民族多源一體格局" 이론을 원형으로 삼고 있어 최근까지 이와 관련한 논쟁의 중요한 의제가 되고 있다.

"中華文明探源工程"은 國家 "10차 5개년" 重點科技攻關項目(2001~2005년)으로 지정된 연구과제이며 '9차 5개년계획'(1996~2000년) 시기의 "夏商周斷代工程"과 함께 중국고대사와 문명기원 연구의 학제 간 종합연구와 집체연구를 표방하고 있는 대표적인 국가 중점연구 과제이다.

연구과제의 특징은 기존 문명기원 연구들이 都市, 文字, 靑銅器 및 禮制의 개별 문명요소의 기원과 발전과정(徐華苦 1995), 문명형성시기에 대한 연구들이 중심이었다면, "探源工程"에서는 주로 문명형성의 시기 문제를 비롯하여 자연환경 배경과 동인 및 취락구조의 변화에 기초한 사회경제 구조의 기제에 대한 연구가 중점으로 부각되었다. 이 사업은 2001년 예비연구를 시작하여, 2008년 말 제2단계 사업이 종료되었으며, 전체적으로 3단계, 즉 탐원공정을 위한 예비연구(2001~2003년), 탐원공정 제1단계(2004~2005년)와 탐원공정 제2단계(2006~2008년)를 거쳐, 지금 3단계 공정(2009~2011년)을 진행하고 있다.

제1단계의 과제가 '기원전 2500~기원전 1500년 중원지구의 취락형태가 반영하는 사회구조연구' 인 만큼 기존의 충분한 발굴 및 연구 성과를 토대로, 공정의 기초를 다지는 단계라 할 수 있다. 제2단계(2006~2008) 연구 계획의 가장 중요한 차이와 변화는 "探源工程"의 연구대상 시기를 기원전 3500~기원전 1500년으로 설정하여 1000년을 소급하여 확대하였으며, 연구대상 지역도 중원지구에 한정하지 않고 長江유역 및 東北지구의 遼河流域까지 포함하게 되었다는 점이다. 2006년 10월 중국의 國家文物局博物館社에서 발간한 "中華文明探源工程" 제2단계의 과제 신청지침에 따르면, 기원전 3500~기원전 1500년 기간의 중국 각지 고고학문화의 절대연대를 수립하고, 황하·장강·요하 유역에서의 환경변화와 문명형성 및 발전과의 상호관계를 규명하여, 각 지역의 문명형성 및 발전과정에서 사회구조 및 정신문화의 발전과 변화 및 다원적 특징을 밝히는 것을 주요 목표로 하고 있다.

'探源工程 제2단계' 에서는 대체로 다음과 같은 단계적 인식을 얻었다(王巍 2007·2010). 기원전 2000년 이전에 遼西·海岱·長江 중하류 등지의 문화는 각자 자체적인 기원과 전통을 지니고 있으면서, 서로 교류하며, 대체로 독립적으로 변화·발전하였다. 각 지역의 선진 문화요소들은 중원으로 모여들어 중원문화와 사회를 발전시켰다. 이러한 추세는 기원전 2000년 전후 중대한 변화를 맞이하여 점차 中原地區의 華夏文明만이 홀로 발전하는 상황이 되었다. 중원지구 夏·商 王朝의 문화가 주위로 전파되었고, 각지의 문화와 사회 발전은 점차 中原 王朝를 중심으로 이루어졌으며, 中華文明이라는 커다란 틀로 융합되었다. 이상과 같은 "中華文明探源工程" 제2단계 연구 가운데 고고학문화 계보연대 연구의 구체적 과제를 살펴보면, 이 단계 "探源工程"의 관심이 제1단계의 황하 중류 중원지구에서 주변 지역으로 크게 확대되면서 동시에 중원지구와 주변지역 사이의 불가분의 문화적 관계 및 중원지구의 핵심적 역할을 강조하고 있는 것을 짐작할 수 있다. 이와 같은 시도는 중국 정부의 최대 관심이 예전의 "華夏"에 대한 제한적 초점을 확대하여 이른바 모든 지역과 민족을 포괄하는 "中華民族"으로 확대되고 있음을 단적으로 보여준다.

2) 지역문명 만들기와 遼河文明論

중국학계에서 제기하는 '遼河文明論' 의 핵심은 요하 일대에서 발원한 모든 고대 민족을 黃帝族의 후예로 삼고, 이 지역의 고대 민족들이 이룬 모든 역사를 중국의 역사로

편입시키는 것이다. 나아가 黃河文明보다도 앞서고 발달된 요하문명을 中華文明의 시발점으로 삼는 것이다(遼寧省博物館 2006).

중국 학계의 시각은 기본적으로 중화민족의 기원을 〈중원의 염제 신농씨 華族 집단〉, 〈동남 연해안의 夏族 집단〉, 〈동북 燕山 남북의 黃帝族 집단〉으로 재정립하여, 기존의 東夷, 西戎, 南蠻, 北狄을 모두 중화민족 범주에 포괄하여 설명하는 것이다. 기존의 네 오랑캐[四夷]가 사라지고 '5帝 시대의 3代 집단'으로 재편한 것이다. 이러한 시각 하에 중국 학계에서는 요하문명이 구석기시대부터 청나라 시기의 역사 문명에 이르기까지 요하 일대를 중심으로 발전했다는 점을 부각시키고 있다.

遼河文明論의 序章은 孫守道·郭大順에 의해 시작되었다. 홍산문화 후기(기원전 3500~기원전 3000년)의 牛河梁유적이 발굴되고 곧바로 발표된 논문에서는 홍산문화 시기에 이미 사회적 등급이 나뉘고 일종의 권력 개념이 탄생했다고 보았다. 그리고 요하유역을 최초로 새로운 문명권으로 볼 수 있다고 주장하고, 요하유역에서 5000여년 이전에 '문명시대의 서광'이 비추기 시작했다고 보았다(孫守道·郭大順 1984).

1990년대에 들어서 蘇秉琦는 중국 전역의 초기 문명을 정리하면서 "중화문명 서광의 상징은 바로 홍산문화의 壇·廟·塚이다. (중략) 5천 년 전 혹은 5~6천 년간의 역사 과정에서 홍산문화의 영향은 넓고 시간의 연속에서 기이한 흔적을 남겼다. 따라서 홍산문화의 단, 묘, 총은 중화문명 서광의 상징이라 할 수 있다"(蘇秉琦 1997)고 하였다.

중국 학계에서 요하문명권을 세계 최고의 문명권으로 인식한 것은 1990년대 중반부터이다. 郭大順은 1995년도 『遼海文物學刊』에서 '요하문명'이라는 용어를 처음 사용하였다. 이후 홍산문화에 대한 많은 글이 나오면서 '요하문명권'이 그동안의 '紅山文化'라는 개념 대신 주목되기 시작하였다. 특히 문명기원의 다원성이 상소되고, 문명의 표지적 요소로서 금속기 발명, 문자 사용, 도시 출현 외에 옥기 등을 부장하는 禮制 출현이 더해지게 되었다. 이것은 홍산문화의 발굴과 연구 결과에 따른 것이다. 그리고 소병기가 제시한 古國, 方國, 帝國의 국가발전 모델에 따라 홍산문화를 古國의 문화로 인식하게 되었다[4]. 이후 2004년 7월 24일부터 28일까지 내몽고 赤峰에서 홍산문화 명명 50주년을 기념한 '제1회 홍산문화 국제학술대회'가 개최되었는데, 이 학술대회는 요하

---

4 1986년의 고문화고성고국론에서 고문화는 신석기시대의 제홍산문화, 고성은 하가점하층문화, 고국은 연문화로 대표되며 단계적인 발전과정으로 파악하였으나, 1990년대 이후 홍산문화를 고국, 하가점하층 문화를 방국단계로 파악하고 있다. 때문에 자연히 고성단계는 실체가 모호하게 되었다.

문명론을 본격적으로 부각시키는 데 중요한 전기가 되었다. 이 대회에서는 중국학자 100여명과 외국학자 15명을 초대하여 66편의 논문을 발표하였다[5]. 학술대회에서 중국 학자들은 홍산문화의 주인공이 황제족의 후예이고 顓頊과 帝嚳의 후예라고 주장하였다. 그리고 학술대회를 통해 홍산문화를 주도한 '황제족의 후예들인 濊·貊族' 들이 부여, 고구려, 발해 등을 세웠다는 논리를 전파하였다.

그 동안 홍산문화에 대한 지속적인 연구 성과는 田廣林의 『中國東北西遼河地區的 文名起源』 I (2004년)로 종합되었다. 그리고 2006년에 출간된 『中華文明史』(전5권, 北京大學出版社)에서는 요하문명을 「中華文明의 서광」을 밝힌 중요한 문명으로 서술하고 있다(嚴文明 主編 2006). 곽대순은 '遼河文明展' 도록의 序言에서 중화문명은 요하 일대의 '查海文化'와 '紅山文化'에서 시작되었다고 강조하였다(郭大順 2006).

요하문명론 주장의 가장 핵심은 홍산문화 연구이다. 중국학계에서는 홍산문화의 발견 이후 이것이 商文化의 원류이고, 따라서 商族이 요하유역에서 발원하였다는 주장이 강하게 대두하고 있다.

홍산문화의 초기 단계에 龍神을 믿던 시기는 대체로 전설상의 '三皇' 시대 말기로 추정한다. 홍산문화의 중기와 후기 이래 문화가 가장 번성했던 시기에는 墓葬에서 계층화가 보이며 사람들은 地母神과 天神, 게다가 祖上崇拜 전통이 확립된 것으로 보고 있다. 이 시기는 사마천의 『史記』「五帝本紀」의 기록 가운데 '五帝' 전설과 연관시켜 해석하고 있다. 시기상으로는 '五帝' 활동의 전기 단계에 해당한다고 본다(田廣林 2004, 郭大順 2007). 이후 오제 시대 말기에 이르면 용신숭배와 조상숭배, 그리고 天神 地祇 숭배 등의 禮俗 관념이 인구의 이동을 따라 中原地域으로 흘러 들어간 것으로 본다. 그리고 이것은 나중에 중국 禮制 전통의 핵심을 이루었다고 한다.

요하문명론의 요체와 특징은 2011년 『중원문명 기원전』 전시 도록에 실린 郭大順 선생의 글에 잘 나타나 있다. 근래 요하문명의 기원과 관련하여 중국 고고학계에서 집중적으로 탐구한 문제는 牛河梁유적을 중화5천년문명의 하나의 상징으로 만드는 것이라고 한다. "우하량과 부근 유지는 새로운 祭祀와 관련된 자료가 누적되었는데, 이는 당시에 "重死不重生"의 관념이 성행했음을 말해준다. 이로 말미암아 홍산문화는 중국 동북 지역이 문명사회로 진입했고, 그것은 주로 정신영역, 즉 宗敎祭祀의 발달로 표현

---

5 토론회에 실린 논문은 다음 책에 소개되어 있다(中國·赤峰學院 2004年 7月).

되었다(郭大順 2011)." 곽 선생은 우하량이라는 거대한 규모의 종교 제사성 건축군이 B.P. 5천년 전에 요령 서부에 출현한 것은 정신영역의 변혁을 반영한 것이고, 요하문명 기원의 하나의 특징을 이루었다고 본다. 우하량유적은 홍산문화 분포의 중심지대에 위치하여, 중원문화와 교류의 중심을 이루었다. 그리고 우하량유적이 문명을 형성한 지표로는 여신묘와 조상숭배, 옥기공예와 신과의 소통 노력, 최고 등급의 취락 혹은 제사 유적의 출현을 든다. 이러한 요소의 출현이 바로 古國 시대의 주요 표지의 하나로 진입했다는 것이다(郭大順 2011).

우하량 제2구역의 1호 무덤은 층을 달리하며 돌을 네모지게 돌려 돌무지무덤을 만들고 돌무지 사이에 원통모양 토기를 쭉 돌려 세웠다. 기원전 4000년경에 돌무덤을 썼다는 것은 "자신의 힘을 과시하고자 한 존재가 신석기시대 말기에 이미 등장하고 있었다"는 해석이 가능하다. 우하량유적의 예를 볼 때 다량의 玉器를 부장한 중심묘와 주변의 그렇지 못한 소형묘의 격차에서 계층화가 상당히 진전된 것으로 이해된다(鄭漢德 2000, 劉素俠 2007).

이후 西遼河유역은 夏家店下層文化 단계로 나가는데, 이때는 인구와 취락의 밀집과 靑銅 주조업의 발달, 土器의 대량 사용, 古長城이 입체적으로 분포하는 시기이다. 이는 '來龍去脉과 文化交匯'의 특징을 통해 강대한 方國을 형성했다고 한다. 그리고 이러한 사회는 결국 秦漢 帝國의 등장을 통해 中華統一多民族國家의 완성을 이루었다고 한다.

4. 중화문명 탐원공정의 전망과 과제

'중국 고대 문명의 근원을 탐구한다'는 의미의 '中國古代文明探源工程'은 (1) 신화와 전설의 시대로 알려진 '3皇 5帝'의 시대까지를 중국의 역사에 편입하여 중국의 역사를 끌어올리고, (2) 이를 통해 中華文明이 '世界 最古의 文明'임을 밝히려는 거대한 프로젝트라 할 수 있다.

"十-五" 國家科技支撑計劃의 중점항목으로 中國社會科學院 考古研究所를 중심으로 연구가 진행되고 있는 中華文明探源工程의 제2단계(2006~2008) 연구의 가장 뚜렷한 변화는 앞에서 지적한 것처럼 연구의 시간적 범위가 확대되어 기원전 3500~기원전 1500년을 다루고 있는 점이다. 또한 공간적 범위도 확대되어 황하 상·중·하류역과 장강 상·중·하류역 및 요하유역을 대상으로 하고 있다. 제2단계 연구과제는 제1단계와 유사하여 각 지구의 고고학문화 系譜와 정확한 시대 측정, 자연환경의 變遷, 경제기술의 발전 상황, 사회와 문화발전 상황 등의 네 가지 주제로 결정되었다.

이러한 종류의 연구가 2008년에 모두 종료될 것으로 생각되지도 않고 그럴 가능성도 없다. 중국 정부의 공식적 지원이 이후에도 계속될 것으로 예상되며, 그 지원여부와 관계없이 중국문명의 기원과 관련된 연구는 앞으로도 관련 연구자들에 의해 계속될 것이다.

探源工程은 학제 간 종합연구와 집체 연구를 두 축으로 하여 진행되고 있는 국가연구 과제이다. 과제의 구성은 대체로 연구대상의 시공간적 범위, 자연환경, 생산력(기술과 경제 형태), 생산 관계(사회구조와 정신문화)의 영역으로 구분되어 있다. 이는 과거 중국문명의 기원 연구가 주로 "中國"에 방점을 찍으면서 연구대상을 개체화한 특정한 범위 내에서 그 시기와 지성을 중심으로 독자발전 여부에 집착하였던 연구풍토와 상당히 차별화되어 진행되고 있다는 점은 긍정적으로 평가할 수 있을 것이다(정대영 2004). 그러나 일반적으로 "探源工程"에 대한 중국학계의 인식은 80년대 이후 내부적으로 진행되어 왔던 文明起源硏究와 夏文化 연구의 연장선상에서 이해하고 있다. 그리고 蘇秉琦의 중국문명기원에 대한 多角論的 시각과 "斷代" 연구의 차원에서 접근하고 있다. "史前史의 重建"이라는 구호 아래 진행되고 있는 이러한 학문적 풍토는 "夏商周斷代工程"에서도 지적되었던 바와 같이 고고학문화의 편년과 역사상의 절대연대라는 서로 다른 두 개념을 등치관계로 환원함으로써, 고고학문화의 편년을 통해 특정 왕조의 출현이나 역사적 사건의 발생연대를 비정하는 오류를 보여 준다.

1950년대 이후 전개되었던 몇 차례의 고고학 논쟁들과 중국문명 기원의 다원적 시각이 내포하고 있는 고고학 연구의 이념성과 국가주의적 지향은 현재의 "探源工程"을 이해하는 데 선행적으로 검토되어야 할 과제이다. 그리고 이러한 이념적 경향성의 연원은 사실상 근대 고고학의 도입과 함께 출발하였다고 볼 수 있다. '중화문명탐원공정'은 그 출발점에서는 '중국문명'의 세계사적 보편성과 정당성을 확보하려는 적극적인 학술적 의도를 담고 있다고 평가할 수 있다. 그러나 또 한편으로는 그것이 중국의 5천년 문명사를 부인하는 외국인의 편견을 바로잡기 위한 목적에서 추진된다는 측면을 중시할 때, 그것은 출발점에서부터 '대항적'이라 할 수 있고, 따라서 '학문외적 목적성'에 따른 왜곡의 가능성을 충분히 내재하고 있다고 하겠다(박양진 2008). 아울러 민족정신의 고취, 민족전통문화의 고양, 민족의 응집력 강화, 사회주의 정신문명의 건설의 촉진이라는 측면은 '중화문명탐원공정' 이 '중화민족' 의 문화를 흥양하기 위한 민족주의적인 입장을 뚜렷이 견지한다는 점을 드러내며, 따라서 현재의 체제를 유지, 강화하기 위한 수단으로 이용될 가능성도 분명하다고 볼 수 있다. 특히 국가의 주도와 지원 하에 이러한 연구 작업이 대대적으로 진행된다는 것 자체가 극히 '후진적' 이면서 위험한 발상이고, 이는 중국이 자본주의적 근대화에도 불구하고 여전히 '사회를 위해 복무하는' 사회주의식 어용 학문의 기본 역할에서 탈피하지 못했음을 웅변하는 것이다 (박양진 외 2008).

이에 대해 탐원공정을 주도한 王巍는 2010년 光明日報에서 다음과 같이 말하였다 (王巍 2010).

"중화문명의 형성은 매우 복잡하고 심각한 과정이므로, 探源工程의 전개에 따라 끊임없이 새로운 성과 · 새로운 인식을 얻는 동시에, 또한 끊임없이 더욱 많은 새로운 문제들이 생겨났다. 예를 들면 중화문명이 약간의 지역에 존재하는 문화가 공동으로 작용한 결과일지라도 반드시 이러한 곳의 문화가 도대체 어떠한 방식으로 이 거대한 역사과정에 참여하였고, 각각 어떠한 공헌을 하였는지를 대답할 필요가 있다. 또한 어째서 이러한 공헌이 다른 지역에서는 받아들여지고 계승되지 않았으며, 또한 어떤 내용이 중화문명의 특징인지도 대답해야 한다.

이러한 문제에 대한 대답은 전체 학계의 장기적이고 오랜 노력을 필요로 한다. 그나마 다행스러운 것은 지금까지 탐원공정을 진행하는 동안 우리들은 정확한 연구의 방향과 효과적인 연구 방법을 모색하였다는 것이다. 국가산업 형식으로 힘을 모으고, 자연과학과 사회과학을 결합하여 중요한 인문사회과학 과제를 탐구하였다. 또한 필요한 학제간 연구로 사업이 순조롭게 진행되도록 하였다. 개방적인 태도와 조치로 적극적으로 국제합작을 도모함으로써 중화문명연구를 전체 인류 문명기원의 국제적 과제로 융합되게 하였다.

탐원공정은 과학적인 연구와 인재의 유기적인 결합을 통해서, 일련의 후속세대와 수준 높은 연구생들의 지속적인 배양이 이루어져야 함도 매우 강조하였다. 그것은 그들에게 중국학술의 미래와 희망이 있기 때문이다."

5. 결론

중화문명 기원 연구 프로젝트들은 과학적 근거에서 시작되었다기보다는 중국 민족주의에서 비롯되었다는 비판뿐만 아니라 전설시대를 역사시대로 바꿔 중국 역사를 늘리려는 것에 불과하다는 비난을 받았다. 이 프로젝트들은 모두 중화문명의 유구함과

찬란함을 밝혀 중국 민족의 자긍심과 역사적 자부심을 고취시켜 중국 국민의 결속력을 강화시키려는 목적을 가지고 있다. 이러한 의미에서 이 프로젝트들은 동북공정과 마찬가지로 중국의 국가주의 역사관이라고 할 수 있으며, 자체의 추진과정에서 東北工程 논리를 강화시켜 주는 자극제 역할을 했다고도 볼 수 있다. 중화문명 기원 연구 프로젝트들은 과학적 근거에서 시작되었다기보다는 중국 민족주의에서 비롯되었다는 비판을 받을 수밖에 없다. 왜냐하면 그 내용을 보면 전설시대를 역사시대로 바꿔 중국 역사를 늘리려는 것에 불과하기 때문이다.

이러한 문명탐원공정은 중국 각지에서 활발하게 전개되는 지역문명 만들기 노력과 연계되어 그 배경으로 더욱 적극적으로 진행되고 있다. 구체적인 예를 들면, 요령성을 대표하는 요령성박물관에서는 2006년에 『遼河文明展』(遼寧省博物館 2006)을 시작으로 2009년과 2011년에 紅山文化를 핵심 내용으로 하여 遼河流域 早期文明의 기원과 발전을 주제로 전시를 하였다. 이 전시를 통해 중화문명기원의 다원성을 드러내 보이고자 노력하였고, 요하유역이 중화문명의 기원에 중요한 역할을 하였음을 널리 선전하였다. 그 결과 2011년 5월 심양의 요령성박물관에서는 『遼河尋根 文明溯源』이라는 주제로 '中華文明起源展'이 열렸다. 이 전시는 2011년 5월 18일 국제박물관일을 맞아 개최한 것으로 요하유역 史前 문명연구 성과의 총결이자 종합판이라 할 수 있다(國家文物局 2011). 이 전시회를 기획한 것은 국가문물국과 중화인민공화국 과학기술부, 그리고 요령성인민정부이다. 그리고 구체적으로 전시회를 준비하고 주최한 단위는 中國社會科學院 考古研究所와 遼寧省文化廳, 그리고 遼寧省文物局이었다.

이 전시는 이전 탐원공정의 목적에 따라 지역문화를 창달하고자하는 차원에서 기획되었다. 전시 도록에는 "중화전통문화를 전시하여 진일보 드러내기 위해, 중화문명탐원공정의 최신 과학 연구 성과를 사회에 선전 드러내기 위해" 중화문명기원전을 거행하였다고 한다.

전시의 내용은 요하문명의 발전 단계에 맞춰 크게 3개 부문으로 나누었다.

첫째 부문은 '경제생활, 環濠聚落, 원시종교'의 등장을 특징으로 하는 家園시대이다. 이 시기는 대략 B.P.8000여년부터 시작하였는데, 요하유역의 사람들은 이미 龍 숭배 관념과 玉器를 만들었고 문명 진보의 단계로 진입하였다고 보았다.

둘째 부문은 기원전 3500년 전후부터의 시기로, 이후 중국의 문명은 가속기에 들어갔다고 한다. 생산력의 부단한 제고에 따라 사회는 古國시대로 진입하였고, '神廟庄嚴, 祭地敬天, 以玉爲禮, 文化過渡'를 특징으로 하면서 점차 "多源竝進"의 상황을 형성하였다고 한다. 요령성 서부지구에서 발견된 우하량 홍산문화 "壇廟塚"의 제사의례 建築, 여신상과 용·봉황·사람 등이 製材가 된 玉器群을 통해 이곳이 종교성지이며 정치중심을 형성하였다고 보았다.

古國시대를 지나면 '古城棋布, 早期銅器, 禮樂之邦'를 특징으로 하여 각지 부족의 문화교류, 충돌과 융합을 거쳐 중원과 마찬가지로 요하유역도 夏家店下層文化를 주체로 하는 方國시대로 진입하였다고 한다. 대략 기원전 2100~기원전 1500년에 해당하며 중원 지역의 夏와 요하유역의 夏家店下層文化 지역이 方國으로 발전했다고 한다. 해당 문화는 城堡群이 있고, 彩繪토기, 청동기, 傍銅禮器 및 玉器가 출토하여 당시에 사회등급과 禮制가 이미 형성되었다고 보았다. 그리고 이 문화는 문헌상의 "燕亳"의 문화와 연관 가능성이 있다고 본다. 그러나 문헌상에 '燕亳'의 위치는 대개 북경과 그 동쪽으로 비정할 뿐 구체적인 위치는 비정하기 힘들다. 게다가 하가점하층문화의 분포 범위와 燕亳의 범위는 더욱 일치시키기가 쉽지 않다.

參考文獻

참고문헌

國文

김경호 외, 2008,『하상주단대공정-중국 고대문명 연구의 허와 실』, 동북아역사재단 연구총서 44.

김병준, 2008,「중국의 고대 지역문화 연구와 문제점」,『중국의 '지역문명 만들기'와 역사·고고학 자료
　　　이용 사례 분석』, 동북아역사재단 연구총서 42.

김진우 외, 2008,『중국의 '지역문명 만들기'와 역사·고고학자료 이용 사례 분석』, 동북아역사재단 연
　　　구총서 42.

박양진, 2008,「'중화문명탐원공정'과 고고학문화 계보 연대의 연구현황과 문제점」,『중화문명탐원공
　　　정과 중국 선사고고학 연구현황 분석』, 동북아역사재단 연구총서 46.

박양진 외, 2008,『중화문명탐원공정과 중국 선사고고학 연구현황 분석』, 동북아역사재단 연구총서 46.

우실하, 2007,『동북공정 넘어 요하문명론』, 소나무.

이명화, 2008,「장강 하류지역의 '지역문명' 만들기」,『중국의 '지역문명 만들기'와 역사·고고학자료
　　　이용 사례 분석』, 동북아역사재단 연구총서 42.

이재현, 2008,「요서지역의 문명 및 초기국가 형성에 관한 연구현황과 문제점」,『중국 동북지역 고고학
　　　연구현황과 문제점』, 동북아역사재단 연구총서 45.

이청규, 2011,「고조선과 요하문명」,『한국사 시민강좌』49집.

정대영, 2004,「중국문명기원연구의 동향과 성과」,『中國史硏究』33.

鄭漢德, 2000,「중국의 신석기시대」,『中國 考古學 硏究』, 學硏文化社.

中文

郭大順, 2006,『遼河文明展』.

_____, 2007,『龍出遼河源』, 百花文藝出版社.

_____, 2011,「遼河文明起源的道路與特點」,『中華文明起源展』, 文物出版社.

國家文物局, 2011,『遼河尋根 文明溯源-中華文明起源展』, 文物出版社.

徐苹芳, 1995,「中國文明起源考古學研究的回顧與展望」,『炎黃文化研究』2.

蘇秉琦, 1983,「關于考古學文化的區系類型問題」,『蘇秉琦考古學論述選集』, 文物出版社.

_____, 1997, 『中國文明起源新探』, 香港商務印書館.

蘇秉琦·殷瑋璋, 1981, 「關于考古學文化的區系類型問題」, 『文物』 5.

沈長云 張渭蓮 著, 2009, 『中國古代國家起原與形成研究』, 人民出版社.

安志敏, 2003, 「關于牛河梁遺址的重新認識」, 『考古與文物』 2003-1.

嚴文明 主編, 2006, 「中華文明的 曙光」, 『中華文明史』 第一卷, 北京大學出版社.

王巍, 2007, 「中國文明起源研究的新動向與新進展」, 『社會科學管理與評論』 2.

____, 2010, 「中華文明探源工程的主要收穫」, 『光明日報』 2010년 2월 23일자.

遼寧省博物館 遼寧省文物考古研究所, 2006, 『遼河文明展』, 文物出版社.

劉素俠, 2007, 「紅山文化與西遼河流域的原始文明」, 『赤峰博物館考古文集』, 遠方出版社.

李學勤 主編, 1997, 「文字的出現與文明社會」, 『中國古代文明與國家形成研究』, 中國社會科學出版社.

田廣林, 2004, 『中國東北西遼河地區的文明起源』, 中華書局.

中國·赤峰學院, 2004年 7月, 『紅山文化國際學術硏討會論文滙編』 I.

夏鼐, 1985, 『中國文明的起源』, 文物出版社.

IV.
植物의 고고학, 食物의 고고학

김 민 구 전남대학교

1. 서론

　먹을거리, 즉 식물(食物)은 인간 생존의 핵심적인 요소이다. 하지만 먹을거리를 둘러싼 개인과 사회의 결정은 장소와 시간에 따라 매우 가변적이다. 어떤 음식을 먹을 것인가? 먹지 않을 것인가? 먹을거리는 누가 구해 올 것인가? 어떻게 그리고 어느 장소에서 먹을거리를 조달할 것인가? 찾아낸 식량을 저장할 것인가 바로 소비할 것인가? 저장을 한다면 어떤 방법으로 할 것인가? 조리는 어디서 누가 할 것인가? 취식은 공동으로할 것인가 개인별로 할 것인가? 음식물 쓰레기는 어디에 어떤 방법으로 폐기할 것인가? 등등의 문제는 인류와 떼어내기 힘든 문제들이며 현대사회에 지속적으로 제기되는 이슈들이기도 하다.

　현생인류 출현 이후에 식물과 관련한 가장 큰 변화는 소위 "신석기혁명"이라고 불리는 수렵채집사회에서 농경사회로의 전환이다. 약 백만 년 전에 호모 에렉투스(Homo erectus)가 구대륙 각지로 퍼진 이후 적어도 만 년 전까지 지구상의 모든 인류는 수렵채집생활을 영유하였다. 즉 동식물을 재배하거나 길러서 음식을 조달하는 것이 아니라 인위적인 영향이 가해지지 않은 자연 상태에서 생산된 음식물을 섭취하는 것이다. 이른바 구석기시대의 생활이 여기에 해당한다. 하지만 빙하기가 끝나고 기후가 온난해지면서 신석기시대가 도래했다. 신석기문화의 가장 큰 특징 중 하나가 농경인데, 이 문화현상은 세계 각지에서 거의 동시다발적으로 생겨나기 시작하였다. 이전까지의 인류와는 다르게 식물을 재배하고 동물을 길러서 음식을 조달하는 생활이 시작된 것이다.

먹을거리는 무기물계와 생물계에서 조달된다. 하지만 물이나 소금 같은 몇몇 예를 제외하면 인간이 먹는 음식은 기본적으로 식물계와 동물계 두 개의 영역에서 구해진다. 환경고고학의 연구 자료는 유기물인 생물자료와 토양이나 암석과 같은 무기물 지질자료인데, 이 가운데 생물자료는 다시 동물성 잔존물과 식물성 잔존물로 구분된다 (Wilkinson and Stevens 2007). 이런 이유로 환경고고학의 주된 연구 주제 가운데 하나로 음식 문화에 관한 연구가 자연스럽게 포함된다.

유적에 잔존한 식물성(植物性) 잔존물을 분석하면 과거의 식물(食物) 및 이와 관련된 인간사회에 대한 정보를 얻을 수 있다. 영미권 고고학에서 이 분야는 paleoethnobotany 또는 archaeobotany로 불리고 있다. 직역하면 전자는 고민족식물학으로, 후자는 고식물학으로 번역할 수 있겠지만 현재는 식물고고학이라는 용어로 통일되어 사용되는 경향이 강하다. 식물고고학의 주된 연구 자료는 종자·목재·화분(꽃가루)·식물규산체·조류·녹말립(starch grain)·DNA 등이다(Pearsall 2000).

이 글에서는 식물유체의 종류·특성·보존 환경과 더불어 식물유체와 관련된 선사 및 고대의 식생활 연구에 관해 살펴보도록 하겠다. 식물고고학의 전통적인 연구 주제는 수렵채집사회에서 농경사회로의 전환에 관한 것이다. 한국학계에서도 식물자료와 관련한 연구는 벼농사 개시와 같은 농경 기원 문제와 그 전파 경로에 관한 논의가 중심이 되었다. 예를 들어 한반도에서 벼농사가 시작된 것은 언제부터인가? 한반도에 자생하지 않는 벼는 어떤 경로를 통해 유입되었는가? 조·기장·보리·밀·콩·팥 등의 주요 작물은 언제부터 재배되기 시작하였는가? 등의 주제이다. 이러한 질문들은 매우 중요한 주제이지만 고고학적 식물자료와 관련된 많은 연구 방향 가운데 일부일 뿐이다. 농경 전파 이후에도 그리고 그 이전에도 인간사회와 식물계의 상호 작용은 끊임없이 계속되었다. 따라서 식물자료는 인류사회 전 시기에 걸쳐 새로운 시각으로 조망될 필요가 있다.

2. 식물성 잔존물:종류와 보존 환경

앞에서도 언급했듯이 인간의 식물(食物) 자원 획득 영역은 크게 무기물계와 생물계로 나뉘고 후자는 다시 동물계와 식물계로 나뉜다. 무기물계의 식물은 물과 소금 같이 생존에 필수적인 기능을 하고 그 문화적 의미도 결코 작지 않지만 그 종류는 많은 편이 아니다. 사냥이나 어로의 대상이 되는 포유류 · 어류 · 패류는 동물계에 해당한다. 식물계 역시 씨앗 · 열매 · 줄기 · 꽃 등 다양한 영역에서 인간에게 필요한 자원을 제공한다. 동물유체나 식물유체 같은 자료들은 쉽게 부식되기 때문에 유적에 잔존하지 않는 경우가 많다. 이런 이유로 유기물계 물질은 그것이 인간 생활에서 차지했던 중요성에 비해 연구 자료를 많이 남기지 않는다는 단점이 있다.

식물성 잔존물, 즉 식물유체는 다시 대형식물유체와 미세(소형)식물유체로 세분된다 (Renfrew and Bahn 2004). 이 양자를 구분하는 것은 육안으로 확인이 가능한지의 여부이다. 대형식물유체에 포함되는 것은 씨앗 · 열매 · 나뭇가지 · 목재 · 나뭇잎 · 뿌리 등으로 동정 가능 여부와는 별도로 육안만으로도 존재 여부를 확인할 수 있는 것들이다. 유적에서 일반적으로 확인되는 것들은 종자와 목재이며 이들 자료는 주로 탄화나 수침의 보존환경에서 잔존한다. 반면 미세식물유체는 육안만으로는 존재 여부를 확인할 수 없는 것들이다. 대표적인 것은 화분(꽃가루)과 식물규산체이다. 이들 자료는 수백분의 일 밀리미터 정도의 작은 크기이기 때문에 육안만으로는 존재 확인이 불가능하다. 따라서 발굴 현장에서 토양시료를 채집하고 이를 실내에서 분석하는 과정을 거치게 된다.

당연한 얘기지만, 식물유체는 모두 과거에 식물체의 일부를 구성했던 물질들이다. 씨앗은 수정된 밑씨가 발달 · 성숙한 식물기관이며 인류가 이용하는 곡물이 여기에 해당한다. 화분은 수술의 꽃밥 속에서 만들어진 생식 세포를 가리킨다. 화분은 암술머리에 착상되는 수분 과정을 거쳐 씨앗을 만드는데, 식물들은 주로 곤충이나 바람을 이용하여 화분을 이동시킨다. 식물규산체는 phytolith 또는 plant opal이라고 불리는 물질로 식물의 세포 내에 축적된 실리카 성분으로 구성된다. 식물이 세포 내에 규산체를 축적하는 이유에 대해서는 다양한 이론이 있지만 식물체의 지지(支持)를 위해서라고 보는 견해가 우세하다. 하지만 모든 식물이 규산체를 만드는 것은 아니다. 규산체는 다른 식물류에 비해서 벼과(Poaceae) 식물이 많이 생산한다.

식물유체가 잔존할 수 있는 환경은 동결(凍結), 건조(乾燥), 탄화(炭化), 수침(水沈) 등으로 요약된다(Renfrew and Bahn 2004). 한반도와 같은 온대지방에서는 동결에 의

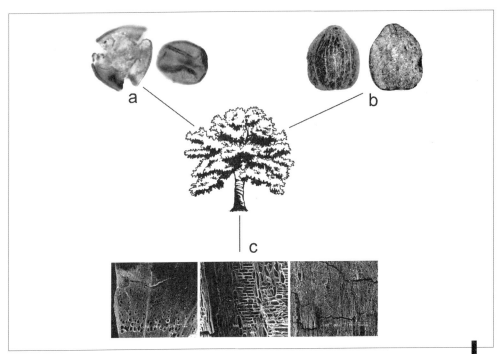

목본류(참나무) 식물성 잔존물의 예(a 화분, b 도토리 탄화물, c 목탄)   O1

초본류(벼) 식물성 잔존물의 예(a 식물규산체, b 화분, c 탄화미, d 압흔)   O2

한 보존은 사실상 불가능하고 건조로 구분할 수 있는 사례도 많지 않다. 따라서 가장 일반적인 보존 환경은 탄화와 수침이라고 할 수 있다.

탄화는 유기물이 산소 공급이 원활하지 않은 상태에서 가열되면서 비결정성탄소로 바뀌는 현상을 말한다. 일단 탄화되면 미생물에 의해 부패가 일어나지 않기 때문에 물리적인 충격이 없으면 거의 영구적으로 보존이 가능하다. 유적에서 흔하게 발견되는 탄화물은 대부분 이 과정을 거쳐 잔존한 식물성 유기물이다. 수침은 유기물이 물속에 가라앉아 있거나 젖은 진흙 속에 묻힌 상태로 있으면서 산소 공급이 차단되어 보존되는 현상을 말한다. 일반적으로 하천변 저습지, 호수 바닥, 우물 퇴적토 등에 수침 환경이 조성된다.

식물성 잔존물은 그 종류에 따라 보존될 수 있는 환경이 상이하다. 종자의 경우는 동결, 건조, 탄화, 수침 등 다양한 형태로 잔존할 수 있지만 한반도에서 가장 흔한 보존 환경은 탄화와 수침이다. 목재 역시 탄화와 수침에 의한 것이 가장 일반적이다. 화분, 즉 꽃가루는 수침된 상태에서만 보존된다. 따라서 일반적인 건지 유적에서는 발견을 기대할 수 없다. 아울러 대형식물유체 중에서도 나뭇잎이나 과육 같이 부드러운 유조직으로 구성된 부분은 수침상태에서만 잔존한다. 식물규산체는 실리카 성분이기 때문에 다양한 조건에서도 쉽게 잔존하여 식물유체 중 비교적 보존 조건이 까다롭지 않은 편에 해당한다.

모든 식물성 잔존물들은 가급적 발견되었을 때의 보존 상태를 그대로 유지시켜 주는 것이 바람직하다. 탄화 종자와 목재는 습도나 온도에 관계없이 잘 보존되는 장점이 있지만 대신 물리적인 충격을 가하지 않도록 주의하는 것이 중요하다. 수침된 목재는 발견시의 습도를 유지해 주고 필요에 따라 강화 처리를 하여야 한다. 아울러 보존 환경에 대한 고려는 오염된 시료를 구분할 수 있는 일차적인 기준을 제공한다. 예를 들어 주거지 내부 퇴적토에서 탄화되지 않은 상태로 발견된 씨앗이나 초본류는 최근에 혼입된 오염물일 가능성이 매우 높다. 반면 수침된 종자는 외형 관찰만으로는 후대의 오염물을 가려내기 힘들다. 탄화종자나 목재도 마찬가지지만 수침 상태의 식물유체도 AMS 연대측정이 오염 여부에 관한 결정적인 정보를 제공한다.

3. 분석방법

1) 샘플링

식물유체는 체계적인 샘플링 계획을 입안해서 수습하는 것이 바람직하다. 식물유체 분석을 위한 자료 수집 단계에서 가장 먼저 고민하게 되는 문제는 어떤 유구를 연구 대상으로 삼을 것인가와 선택된 유구에서 어떻게 식물유체를 샘플링할 것인가 등이다. 이 질문들에 대한 절대적인 답은 없으며 샘플링의 구체적인 방법은 연구 주제와 현장 상황에 따라 연구자가 결정하는 수밖에 없다.

발굴과정에서 확인된 모든 유구에서 토양시료를 채집하고 이를 분석 대상으로 삼는 것이 가장 이상적이겠지만, 이런 접근 방법은 지나치게 많은 비용과 시간을 들게 하는 문제점을 가져온다. 예를 들어 발굴과정에서 확인된 주거지 모두에서 토양시료를 채집 한다든가, 저습지층의 지층 전부를 물체질하는 것과 같은 상황이다. 이런 문제점 때문에 필연적으로 어떤 유구를 선택할 것인지의 문제가 제기된다.

샘플링 시 유구 선별의 중요성은 다음과 같은 예를 통해 생각해 볼 수 있다. 사회적 위계에 따른 음식물 섭취의 차이는 식물고고학자들이 중요하게 생각하는 주제이다. 하지만 대형의 수혈주거지가 수장급 인물의 거주지로 판단되고 여기에서 탄화미가 다량으로 발견되었다 하더라도 벼의 이용이 수장급 인물에게 국한된 행위였는지를 입증하기는 어렵다. 이는 대형이 아닌 다른 소형 주거지에서의 식물이용 양식을 말해주는 자료가 없기 때문이다. 사회적 위계와 음식물의 상관관계를 규정하는 가설을 검토하는 데에는 '대형 주거지에서 쌀이 많이 발견되었나'라는 사실뿐 아니라 '소형 주거지에서는 쌀이 많이 발견되지 않았다'라는 사실을 보이는 것이 중요하다. 대형 주거지에 거주하던 인물이 다른 주거지에 거주하던 인물보다 쌀을 더 많이 먹었다는 가설의 입증은 대형 주거지는 물론이고 소형 주거지에서도 샘플링을 실시했을 때에만 밝힐 수 있는 문제이다. 발굴 과정에서 확인된 유구 전체에서 토양시료를 채집할 수 없다면 이 가운데 일부를 선택할 수밖에 없는데, 유구 선별 방법에는 단순 무작위 표본추출(random sampling), 일정한 규칙에 의한 체계 표본추출(systematic sampling), 층화 무작위 표본 추출(stratified random sampling) 등이 있다(Renfrew and Bahn 2004).

첫 번째 질문에 대한 답이 내려지면 그 다음 문제, 즉 선택된 유구 내에서 어떻게 식물유체를 샘플링할 것인가의 문제가 제기된다. 현재 발굴 현장에서 대부분의 식물유체

채집은 체계적인 샘플링에 의한 것이라기보다는 유구조사 과정에서 우연히 식물유체의 밀집 지점이 확인되고 여기에서 소량의 시료를 채집하는 방식으로 이루어진다. 가장 일반적인 사례는 수혈주거지의 바닥면 조사 과정에서 탄화물 밀집 지점이 육안으로 확인되고 확인된 지점의 토양을 일부 채집하는 것이다. 이런 샘플링 방식도 과거의 식물 이용과 관련한 중요한 정보를 준다는 점에는 의심의 여지가 없지만 동시에 몇 가지 문제점을 내포하고 있다.

가장 중요한 문제는 육안에 의해 확인된 지점에서만 샘플링이 이루어지다보니 상대적으로 큰 탄화물만이 발견된다는 점이다. 콩·팥·견과 등 비교적 크기가 큰 탄화물들은 이 방법으로 쉽게 확인되기도 한다. 하지만 조나 기장 같이 크기가 작은 작물들은 이 방법으로 찾아낸다는 것이 매우 힘들다. 따라서 육안으로 탄화물이 확인되는 지점만을 샘플링하면 상대적으로 작은 크기의 탄화물이 소홀히 다루어지기 쉽다. 또 다른 문제점은 탄화물이 밀집한 지점을 주로 샘플링하다 보니 식물유체 분포의 공간적인 상이성·상사성을 파악하는데 매우 취약하다는 점이다. 한 유구 내에 식물유체가 동일한 밀도로 분포하는지 아니면 특정 장소에 밀집되어 분포하는지, 그리고 장소별로 출토되는 식물상에 차이는 없는지 등의 문제는 한 지점만 샘플링 하여서는 규명하기 힘들다 (Pearsall 2000).

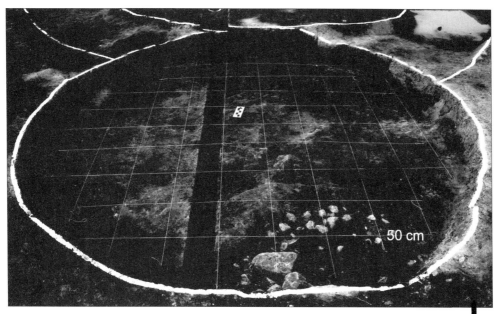

주거지 탄화물 샘플링의 예(광주광역시 월전동 원두유적) 03

전형적인 토양시료 샘플링은 샘플링 공간의 구획으로부터 시작한다. 도 03은 호남문화재연구원이 발굴한 광주광역시 월전동 원두유적의 청동기시대 주거지에서 실시한 토양시료의 채집 구획의 사례를 보여준다. 주거지 바닥면을 80여개의 50×50cm의 소구획으로 세분하고 토양을 채집하였다. 실제 연구계획 입안 단계에서 계획했던 것은 무작위 표본추출(random sampling)이었다. 즉 80여개의 구획 가운데 무작위로 수십 개의 구획을 선별하여 샘플링하는 것이다. 하지만 내부조사 과정에서 탄화물이 많이 잔존하는 지점과 그렇지 않은 지점이 확연히 구분되었다. 따라서 샘플링은 탄화물이 밀집하여 분포하는 곳에서 집중적으로 실시하고 그렇지 않은 부분에서는 상대적으로 적은 수의 구획에서 샘플링을 실시하였다. 이는 층화 무작위 표본추출(stratified random sampling)방법을 이용한 것으로 볼 수 있다.

식물유체의 샘플링 방법은 자료 및 유구의 성격에 따라 여러 가지로 변형될 수 있다. 도 04는 호남문화재연구원이 발굴한 광주광역시 화전유적의 목재 샘플링 사례이다. 신석기시대 저습지층에 수침상태로 보존된 목재들이 노출되어 있었는데, 이 경우

목재 시료 채집(광주광역시 화전유적) 04

는 토양시료가 아닌 목재를 직접 샘플링하는 경우이기 때문에 확인된 목재에 일련번호를 부여하고 가급적 전량을 채집하였다. 도 05는 부여군문화재보존센터가 발굴한 부여군 구아리 319번지 유적의 화분분석 시료 채집 사례이다. 유적 중앙에 깊이 160cm 정도의 퇴적층이 발견되었는데, 수분을 많이 함유한 퇴적토이고 층위가 확연히 구분되어 시기적인 식생변화를 반영할 것으로 예상되었다. 이에 단면을 10cm 씩 총 16개로 나누고 시료를 채집하였다.

화분 시료 채집(부여군 구아리 319번지 유적) **O5**

2) 추출과 동정

연구에 필요한 토양시료가 채집되면 토양의 무게와 부피를 측정하는 것이 바람직하다. 이는 같은 양의 식물유체가 발견되었다 하더라도 어느 분량의 토양에서 검출된 것인가에 따라 해석이 달라질 수 있기 때문이다. 이 작업이 완료되면 몇 가지 방법을 통해서 토양에서 식물유체를 추출해 낼 수 있다. 가장 일반적인 방법은 물을 매개로 한 플로테이션(water flotation)기법이다. 이 방법은 토양에 섞여 있는 물질들의 비중 차이를 이용한 방법이다. 물의 비중은 1기압 4℃에서 1인데, 물을 매개로 하면 이보다 무거운 물질은 가라앉고 가벼운 것은 뜬다. 따라서 토양과 물을 섞고 부드럽게 저어 주면 탄화물

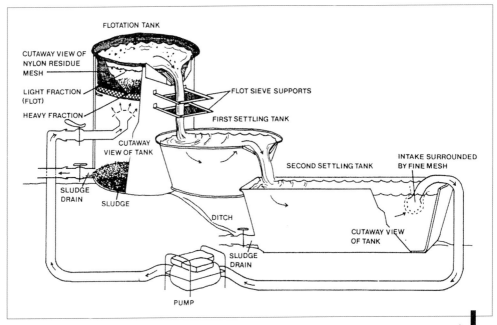

플로테이션 시스템(Pearsall 2000:Figure 2.23)　06 ▍

은 물보다 가볍기 때문에 뜨지만 물보다 무거운 모래, 흙, 자갈 등은 가라앉는다. 이후에 물 위에 뜬 탄화물을 체로 걸러주면 효과적으로 탄화물을 검출해 낼 수 있다. 이 작업은 특수하게 고안된 플로테이션 시스템(도 06)을 이용하기도 하지만 체나 양동이 등 주변에서 쉽게 구할 수 있는 저가의 생활용품을 이용해서도 실시할 수 있다.

　매우 간단한 원리에 의한 플로테이션 기법은 고고학 연구에서 획기적인 전환을 가져온 것으로 평가되는데, 이는 제한된 시간에 많은 양의 탄화물을 수습할 수 있기 때문이다. 하지만 이 방법도 일률적으로 모든 유적에 적용할 수는 없다. 가장 대표적인 예가 수침된 저습지 유적이다. 이런 환경에서는 식물유체가 장시간 물속에 잠겨있었기 때문에 물과의 비중 차이를 이용한 방법이 효과적이지 않을 수 있다. 수침된 상태의 식물유체는 플로테이션보다는 물체질에 의한 선별이 더 효과적일 수 있다. 어떠한 방법을 선택해서 식물유체를 토양에서 분리해 낼 것인가 하는 문제는 토양의 성질과 연구 주제를 동시에 고려하여 결정하여야 한다.

　유적에서 발견된 식물유체는 이후 실험실에서 분류와 동정(同定) 작업을 거치게 된다. 식물유체는 대·소형을 불문하고 현생 식물표본과 유적에서 발견된 과거 식물유체

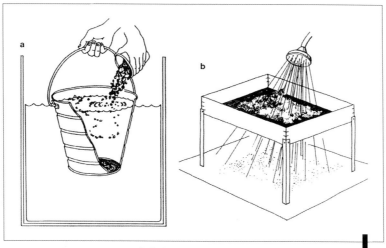

플로테이션과 물체질(Pearsall 2000:Figure 2.3)   **07**

의 형태 비교를 통해서 이루어진다. 따라서 가급적 다양한 비교 샘플을 참고하는 것이 동정의 신뢰성을 높이는데 도움이 된다. 이를 위한 현생 비교 표본을 채집하고 보관하는 것도 식물고고학의 중요한 작업 중의 하나이다.

식물유체 분석은 가능성과 동시에 많은 문제점을 노출하였음은 주지의 사실이다. 가장 많이 언급되는 문제는 보고서에 실린 식물종의 동정을 어느 정도 신뢰할 수 있는가 하는 점이다(안승모 2009:270~301). 식물유체 동정의 난이성은 유적에서 발견되는 식물 잔존물이 대부분 탄화(炭化)라고 하는 특수한 과정을 거쳐 보존되기 때문이다. 탄화 과정을 거치는 동안 식물 동정에 기준이 되는 특징적인 조직구조들이 소실되거나 외형이 변하는 것이 일반적이다. 따라서 식물유체의 정확한 동정을 위해서는 식물의 조직구조에 대한 세밀한 관찰뿐 아니라 탄화과정 상의 변화를 규명할 필요가 있다. 이를 위해서 전기로(電氣爐)등을 이용해서 현생 식물을 인위적으로 탄화시키고 이 과정에서 보이는 형태상의 변화를 모델화할 필요성이 있다(cf. Braadbaart 2008).

식물규산체는 그 자체는 실리카 성분이기 때문에 다양한 조건에서도 쉽게 잔존한다. 하지만 동정이 용이하지 않다는 점이 큰 단점이다. 또 동일한 식물이라고 하더라도 부위에 따라 잔존하는 규산체의 형태가 매우 다양하다. 이런 이유로 규산체는 제한적인 경우에서만 연구 자료로 활용될 수 있다.

4. 식물고고학 연구 주제

1) 수렵채집사회의 식물 이용

앞에서도 언급했듯이 인류 역사상 있었던 가장 중요한 사건 중의 하나는 농경의 시작이다. 식량을 자연 상태에서 조달하는 수렵채집사회가 종말을 고하고 농작물이나 가축에 의존하여 먹을거리를 해결하는 생업경제가 형성된 것이다. 하지만 수렵채집사회와 농경사회는 뚜렷하게 구분되지 않는 경우가 많다. 수렵채집사회로 생각되었던 문화에서 재배와 비슷한 행위가 성행하기도 하고 재배종에 의존하는 사회에 들어섰지만 야생종에 대한 이용이 감소하지 않기도 한다. 이른바 수렵채집과 농경의 중간적인 형태의 사회라고 할 수 있다.

여기에 해당하는 대표적인 사례가 일본 죠몽시대(繩文時代)의 산나이마루야마(三內丸山)유적이다. 이 유적은 1992년부터 시작된 대규모 구제발굴로 그 유적의 면면이 밝혀지기 시작하였다. 1992~1994년에 실시된 초기 발굴을 통하여 다수의 수혈주거지, 고상가옥, 매장유구, 생활폐기장 등으로 구성된 대형의 거주지 유적임이 밝혀졌다. 1992년과 2001년 사이의 발굴을 통해서 발견된 유구는 600여개의 수혈주거지, 120여개의 고상가옥에 해당하는 주공, 380여개의 성인 매장유구, 800여개의 소아 매장유구 등이다(Habu et al. 2001).

마을의 등장은 주변의 식생을 변화시키기 마련이다. 따라서 유적 주변의 경관은 자연 상태의 것이 아니라 항상 인간의 영향력 하에 있다. 산나이마루야마유적의 연구는 인간에 의한 식생변화 양상을 극명하게 보여준다. 이 유적의 70개의 토양시료 내 종자군에서는 뚜렷한 시기적인 변화가 존재하였다. 산딸기·뽕나무·덧나무·두릅나무·다래·황벽나무 등은 시기에 영향을 크게 받지 않고 죠몽시대 전기의 시료 모두에서 빈번하게 출현하였다. 하지만 머루·층층나무·박쥐나무·팽나무·목련·하늘타리·개비자나무·일본목련 등의 종자는 이른 시기(죠몽시대 전기 초반)에만 출현하였고, 방동사니·모시풀·애기똥풀·으름난초·명아주·자난초·땅두릅·쐐기풀·마디풀 등의 종자는 늦은 시기(죠몽시대 전기 후반)에만 출현하였다(김민구 2009a:346~347). 후기에 번성하는 식물은 잡초성 식물로 분류할 수 있고 이들의 등장은 마을 형성에 따른 식생의 변화를 나타내는 것으로 해석할 수 있다.

잡초성 식물의 번성은 인간에 의해 의도된 변화는 아닐 수 있다. 하지만 밤나무 같은 경우는 인간에 의해 의도적으로 번식이 촉진되었을 가능성이 있다. 산나이마루야마 유적에서 밤 열매는 거의 모든 시료에서 탄화된 상태의 파편으로 출토되며 그 양도 비교적 많다. 그리고 화분이나 목재의 흔적으로도 많이 발견되었다. 이렇게 밤나무가 다양한 형태의 식물유체로 잔존하는 것은 밤나무의 경제적 이용가치가 높았다는 사실과 더불어 주변 식생에서 이 식물이 우점종이었음을 나타낸다. 일본의 죠몽사회에서는 인간간섭에 의한 견과류의 증식이 있었을 것으로 상정된다. 밤나무 같은 종은 다른 식물에 비해 화기(火氣)를 잘 견디기 때문에 산불과 같은 재해 이후에도 왕성하게 번식하고, 3년생 정도의 어린 나무부터 열매를 맺기 시작하기 때문에 효율성도 비교적 높다고 한다(Koyama 1978:27). 일부 학자들은 죠몽인들이 밤나무의 왕성한 번식을 위하여 유적 주변 식생의 일부분을 의도적으로 태웠을 가능성을 제시한 바 있다(Imamura 1996:106).

산나이마루야마유적과 시기와 지역에서는 큰 차이가 있지만 한반도에서도 역사시대에 들어서면 밤나무의 이용이 늘어났던 것으로 보인다. 주지하는 바와 같이 신석기시대에는 참나무 열매, 즉 도토리가 많이 식용되었다. 도토리의 이용은 농경이 시작되면서 줄어들었을 것으로 생각되는데, 목재 분석 결과를 보면 역사시대에는 이를 대체하는 자원으로 밤나무가 들어선 것으로 생각된다. 특히 소위 마한계 유적에서 밤나무 목재의 검출 비율은 매우 높은 편이다(Kim 2011). 아울러 일본 죠몽의 사례와 마찬가지로 한 유적에서 밤나무의 목재와 화분이 동시에 다량 검출되는 사례도 있다(Park and Kim in prep.). 화분이 식생을, 목재가 인간의 선택을 반영한다면 주변 식생에 밤나무가 이상적인 수치로 많았으며 거주민이 밤나무 목재를 선호했다는 것을 의미한다. 이러한 출현 양상은 밤나무의 인위적 육성과 관련이 있을 것이라 추정할 수 있다.

백제·마한지역에서 밤을 포함하는 견과류는 국가단계에 들어선 이후에도 문헌 기록에서 확인된다. 『삼국지』 위서 동이전에는 "마한에서 큰 밤이 생산되는데 그 크기가 배만큼 크다(出大栗, 大如梨)"는 기록이 있다. 『후한서』 동이열전에도 "出大栗如梨"란 언급이 보이며 당의 『隋書』 동이열전, 『北史』 열전 등에도 백제에서 굵은 밤(巨栗)이 산출된다고 적혀 있다(국사편찬위원회 2010). 이런 언급은 고고학 자료와 비교하여 고찰할 필요가 있다.

2) 작물의 전파

현재 한반도에서 식용되는 식물의 대부분은 다른 곳에서 기원하여 한반도로 전파된 작물이다. 재배식물은 크게 구대륙 기원 작물과 신대륙 기원 작물로 나눌 수 있다. 구대륙 기원 작물은 유라시아대륙과 아프리카 등지에서 기원한 것을 말하고 신대륙은 주로 남북아메리카지역을 말한다.

신대륙에서 기원한 작물의 대표적인 것은 옥수수, 감자, 토마토 등이 있다. 아메리카대륙은 후빙기 기후 변화의 영향으로 소위 베린지아라고 하는 육지가 없어진 이후에는 구대륙과 단절된 상태로 있었다. 그래서 신대륙에서 기원한 작물들은 아무리 빨라도 콜롬부스가 아메리카로 간 1492년 이전에는 구대륙 쪽으로 전파될 수 없었다. 이 작물들은 대부분 유럽인들에 의해서 신대륙으로 전파된 후에 중국·일본 등을 거쳐 한반도로 들어온 것으로 볼 수 있다. 최근에 한반도에서 옥수수가 식용되기 시작한 것이 삼국시대라는 내용의 논문(이상헌 2009:697~709)이 발표된 바 있는데 이는 벼과화분의 잘못된 동정에 근거한 것으로 생각된다.

구대륙에서 기원한 작물이라도 한반도에서 기원한 것이 아닌 이상 역사상 어떤 시점에 한반도로 전파되어 들어온 것일 수밖에 없다. 이에 해당하는 예들은 청동기시대 이른 시기부터 보이는 벼·밀·보리 등이다. 주지하는 바와 같이 벼는 한반도에 자생하는 식물이 아닌 외래 작물이다. 그 재배화는 양자강 중하류에서 충적세 초기부터 시작되었다(Liu et. al. 2007). 한반도에서는 청동기시대 전기에 이르면 다수의 유적에서 확인된다. 밀과 보리는 대표적인 서아시아 작물이다. 근동지역의 이른바 비옥한 초생달 지역에서 재배되기 시작한 식물로 중국을 거쳐 한반도로 전래되었다. 중국의 경우에는 이른 시기의 것은 기원전 1500년 전으로 비정(Flad et. al 2010)되고 벼와 마찬가지로 한반도에는 청동기시대부터 본격적으로 등장한다.

이들 작물은 식물유체로 발견된다는 사실 자체가 외부로부터 문화적 파급을 의미한다. 한편 자료를 자세히 살펴보면 동북아시아 지역에 다양한 품종이 존재했음을 알 수 있다. 일본측 자료에 의하면 야요이시대 전기와 후기의 탄화미 크기가 다르다(和佐野喜久生 1995:3~52). 이른 시기의 것은 길이가 4.3mm를 넘지 않지만 후기에 가면 대부분 4.3mm를 초과하는 양상을 보인다. 이런 현상이 일어나는 이유로는 환경적 요인이나 농경기술의 변화 등 여러 가지 요인을 상정할 수 있다. 하지만 비교적 짧은 시기에 급격하게 크기가 변했다는 점에서 신품종의 도입이 타당한 가설 중의 하나라고 판단된다.

　이와 관련하여 주목되는 자료 중의 하나는 초기철기시대로 비정되는 광주 신창동 유적의 탄화미이다. 조현종(2008)의 연구에 의하면 이 유적의 탄화미는 평균 길이 4.6mm로 이전 시기의 탄화미에 비해 장립에 속한다. 청동기시대의 탄화미는 대체로 평균 길이 4.3mm 미만의 단립이다. 한반도 남부지역에서 평균 길이 4.3mm를 넘어서는 탄화미 개체군이 처음 나타나는 유적이 신창동이며 이후 원삼국시대의 탄화미는 청동기시대의 것에 비하면 대부분 장립에 속한다. 신창동의 탄화미는 그 형태가 이전 시기의 탄화미와 현저하게 다르다는 점에서 새로운 품종의 출현 가능성을 상정하게 한다. 신창동의 탄화미는 영산강유역은 물론이고 동북아시아 일대의 벼 품종 도입 및 변화 양상을 반영할 가능성이 있다(김민구 2010:46~71).

　이 주제와 관련하여 주목되는 또 다른 자료는 밀이다. 밀은 서아시아에서 기원한 작물로 한반도에는 청동기시대에 유입되었다. 선사시대의 밀과 관련해서는 일본열도에서 발견되는 밀이 소립형에 속한다는 연구 결과가 있었다(Crawford and Yoshizaki 1987). 하지만 한반도 유적에서 출현하는 밀의 크기를 계측한 결과, 다양한 크기의 밀이 혼재하며 적어도 소립형·대립형의 두 가지로 나눌 수 있음을 알 수 있었다(김민구 2009b:4~37). 대립형은 늦어도 국가단계 사회가 성립하기 이전에는 등장하는 것으로 보이며 이 역시 새로운 품종의 유입을 의미할 수 있다.

3) 농경지 확장

　식물유체의 분석은 먹을거리 그 자체에 관한 정보를 주기도 하지만 보다 넓게 작물 생산과 관련한 유적 인근의 환경 변화에 대한 정보를 제공하기도 한다. 경작지의 조영은 마을 주변의 환경 변화를 유발한다. 경작지를 만들기 위해서는 반드시 기존의 식생을 제거하는 작업이 수반되어야 하고 이 과정을 거치면서 경작지 인근의 환경이 자연식생 위주에서 작물과 이차림 중심으로 변화한다.

　농경의 확대는 해당 지역의 화분조성상의 변화를 유발하게 된다. 벼농사 확대와 수전의 조영은 화분조성상 (1) 재배벼에서 기원한 것으로 볼 수 있는 대형 벼속(Oryza) 타입 화분의 증가, (2) 화본과(Poaceae) 화분의 증가, (3) 잡초성 식물 화분의 증가, (4) 인간 활동과 교란을 의미하는 소나무속(Pinus) 화분의 증가, (5) 저지대 습지성 수목인 오리나무속(Alnus)의 감소, (6) 참나무속(Quercus) 화분의 감소 등의 변화를 가져오는 것이 일반적이다(김민구 2010:46~71).

최기룡 외(2005:37~43)에 의한 광주광역시 봉산들의 화분연구 결과는 인근의 벼농사 전개 과정은 물론이고 홀로세 전반의 식생 변화 양상을 보여준다. 봉산들 자료는 총 네 개의 화분대로 나누어지며 2기에서 3기로 전환하는 시기에 벼속 화분이 검출되기 시작한다. 3기에 오리나무는 감소되어 4기에 이르면 거의 소멸한다. 이와 동시에 소나무속 화분이 증가하고 참나무속은 감소한다. 이 자료는 광주광역시 인근에서 3,100±40 uncal. B.P. (1540~1260 B.C. [95.4%]; Lab# SNU 00-103)라는 연대를 전후한 시기에 벼농사가 시작되었음을 나타낸다. 이는 청동기시대 전기에 해당하는 연대이다.

광주광역시 동림동유적도 봉산들과 비슷한 양상의 화분 변화를 보인다. 동림동의 화분연구에 의하면 약 3400년 전부터 식생 변화가 감지된다(호남문화재연구원 2007). I기(4000~3400년 전)에는 오리나무속과 참나무속과 같은 수목류 화분이 다량 검출된다. II기(3400~2700년 전)에는 수목류가 우세하지만 오리나무속이 감소하고 초본류 화분이 증가한다. 특히 화본과와 쑥속의 점유율이 증가한다. III기(2700~2000년 전)에는 참나무속과 화본과 화분이 우세하다. 특히 이 시기에 초본류가 증가하고 마디풀속과 명아주과 등이 많이 검출된다. 봉산들과 동림동유적 자료는 광주광역시 일대에서 농경과 관련한 식생 교란의 흔적이 처음 나타나는 시기를 청동기시대 전기로 나타내고 있다.

청동기시대에 영산강유역에서 보이는 식생 변화는 오리나무속·참나무속의 감소와 화본과·잡초성 초본류·소나무속의 증가로 요약할 수 있다. 이런 변화들이 나타나는 시점은 재배벼 타입의 대형 화본과 화분이 나타나는 시점과 일치한다. 화분조성상의 변화는 경지 개간과 벌목 등 벼농사가 시작되면서 활발해진 인간 활동을 나타낸다. 봉산들이나 동림동 자료의 연대 비정에 문제가 없다면 벼농사에서 비롯된 식생 변화가 처음 나타나는 시점이 광주광역시 일대에서는 청동기시대 전기까지 소급될 수 있다.

4) 음식과 상징(象徵):복숭아

식물은 섭취의 대상이 아닌 상징적 의미를 투영하는 매개체이다. 과정주의(processual) 고고학에서는 환경에 대한 적응을 강조하면서 음식물을 환경에 적응하기 위한 수단으로 간주한 측면이 많다. 후기과정주의(post-processual) 고고학에서는 물질문화의 상징적 의미를 파악하려는 노력이 계속되고 있다. 역사시대의 식물유체는 고고 및 문헌자료가 풍부하여 음식물의 상징적 의미 파악을 위한 연구의 장이 된다.

이와 관련하여 주목할 수 있는 식물의 하나로 복숭아(Prunus persica L.)를 들 수 있다. 복숭아는 중국에서 재배되기 시작한 식물로 원산지는 티벳과 중국 서부의 고원지대로 알려져 있다. 중국에서 페르시아에 전파된 후 기원전 400년경에 그리스로 전파된 것으로 알려져 있지만 이보다 이른 시기로 비정되는 발견 예도 있다(Zohary and Hopf 2004). 페르시아에서 전파되었다고 오해되어 "페르시아의 사과"로 불리기도 하였다. 강릉 안인리, 태안 고남리패총, 단양 수양개 등 한국의 청동기시대 유적에서도 출토된 예가 있다(국립중앙박물관 2006). 재배종은 평양 낙랑구역 정백동, 정오동 무덤, 평양 오야리 등 낙랑 고분에서 출현하였다. 낙랑군 설치 이후에 한반도 남부지역에서도 복숭아 핵의 발견 비율이 증가한다. 특히 저습지 유적이나 우물 퇴적토에서 많이 발견된다(권오영 2008:211~241).

서왕모의 천도복숭아 설화에서 보듯이 복숭아는 장수를 의미하는 식물로 여겨진다. 복숭아는 『삼국사기』와 같은 역사기록에서도 빈번하게 나타나는데 일반적으로 이상기후를 나타내는 대목에서 등장한다. 『삼국사기』에는 "겨울에 우레가 일어나고 복숭아, 오얏꽃이 피다"(온조왕 3년 겨울 10월), "복숭아꽃과 오얏꽃이 피었다"(파사이사금 23년 겨울 10월), "복숭아꽃과 오얏꽃이 피었다"(나해이사금 8년 겨울 10월) 등 총 19회 이상 언급되었다(국사편찬위원회 2010).

복숭아의 고고학적 출현 예가 급증하고 역사 기록에서도 자주 등장하는 시점은 중국 문화와의 접촉이 빈번해지는 한사군 설치 이후에 해당한다. 복숭아의 식용이 생업 경제에서 가지는 의미는 미미할 것으로 판단된다. 복숭아는 유럽에서는 위세품(luxury food)의 성격을 강하게 가지며 전파되었다(Bakels and Jacomet 2003). 한반도 남부에서도 상징적 의미에 대한 수용 내지는 용인의 과정을 거쳤을 가능성이 있다.

5. 결론

이 글에서는 식물유체의 종류, 특성, 보존 환경과 더불어 식물자료를 통해서 음식문화를 연구하는 방법 및 연구 사례에 대해서 살펴보았다. 식물유체 분석의 궁극적인 목적은 식물(植物) 그 자체에 대한 연구가 아니라 과거 문화에 대한 새로운 이해를 도모하는 것이다. 식물자료(植物資料)가 밝힐 수 있는 새로운 영역의 하나는 식물(食物)에 관한 것이다. 식물고고학 연구의 전통적인 주제는 수렵채집사회에서 농경사회로의 전환에 관한 것이며 더 좁게는 작물의 동정에 중점을 두어 이루어졌다. 이러한 주제들은 매우 중요한 주제이지만 고고학적 식물자료와 관련된 많은 연구 방향 가운데 일부일 뿐이다. 농경 실시 여부와 상관없이 인간사회는 식물계와 끊임없이 상호 작용하며 발전하였다. 고고학적 식물자료의 의미는 선·역사시대를 불문하고 새로운 시각에서 조망될 필요가 있다.

參考文獻

참고문헌

國文

국립중앙박물관, 2006, 『한국선사유적출토 곡물자료집성』, 동북아선사문화연구총서.

국사편찬위원회, 2010, 중국정사조선전 역주 1~4(1987~1990년, 국사편찬위원회 간행) 디지털화 자료, http://db.history.go.kr. 마지막 접속일 2012년 8월 17일.

권오영, 2008, 「성스러운 우물의 제사:풍납토성 경당지구 206호 유구의 성격을 중심으로」, 『지방사와 지방문화』 11(2).

김민구, 2009a, 「조몬사회의 식물 이용과 인위개변에 의한 유적 주변 식물군의 변화」, 『선사 농경 연구의 새로운 동향』, 사회평론.

_____, 2009b, 「탄화 밀을 이용한 작물 생산성의 이해 - 전남지역 마한계 유적을 중심으로」, 『한국고고학보』 68집, 한국고고학회.

_____, 2010, 「영산강 유역 초기 벼농사의 전개」, 『한국고고학보』 75, 한국고고학회.

안승모, 2009, 「작물유체 분석의 문제점」, 『선사 농경 연구의 새로운 동향』, 사회평론.

이상헌, 2009, 「한국 중서부지역의 홀로세 후기 옥수수 화분화석에 대한 고고화분학적 예비고찰」, 『지질학회지』 45권 6호.

조현종, 2008, 「광주 신창동 출토 탄화미의 계측」, 『호남고고학보』 30, 호남고고학회.

최기룡 · 김기헌 · 김종원 · 김종찬 · 이기길 · 양동윤 · 남욱현, 2005, 「영산강 유역 범람원 퇴적물의 화분분석 연구」, 『한국생태학회지』 28(1).

호남문화재연구원, 2007, 「유적지 퇴적층의 고식생(화분) 분석」, 『광주 동림동유적 I -저습지 · 목조구조물 · 도로-』.

日文

和佐野喜久生, 1995, 「東アジアの古代と稲作起源」, 『東アジアの稲作起源と古代稲作文化』, 佐賀:佐賀大学農学部.

英文

Bakels, C. and S. Jacomet, 2003, Access to Luxury Foods in Central Europe during the Roman Period: The Archaeobotanical Evidence, World Archaeology 34(3).

Braadbaart, F., 2008, Carbonisation and morphological changes in modern dehusked and husked Triticum dicoccum and Triticum aestivum grains, Vegetation History and Archaeobotany 17:155~166.

Crawford, G. W. and Yoshizaki, M., 1987, Ainu ancestors and prehistoric Asian agriculture, Journal of Archaeological Science 14:201~213.

Flad, R., S. Li, X. Wu and Z, Zhao, 2010, Early wheat in China: Results from new studies at Donghuishan in the Hexi Corridor, The Holocene 20(6):955~965.

Habu, J., M. Kim, M. Katayama and H. Komiya, 2001, Jomon subsistence-settlement systems at the Sannai Maruyama site. Bulletin of the Indo-Pacific Prehistory Association 21:9~21.

Imamura, K., 1996, Prehistoric Japan:New Perspectives on Insular East Asia. Honolulu:University of Hawaii Press.

Kim, M., 2011, Woodland management in the ancient Mahan statelets of Korea:an examination of carbonized and waterlogged wood. Journal of Archaeological Science 38:1967~1976.

Koyama, S., 1978, Jomon subsistence and population. Senri Ethnological Studies 2:1~65.

Liu, L., G. A. Lee, L. Jiang and J. Zhang, 2007, Evidence for the early beginning(c. 9000 cal. BP) of rice domestication in China:a response, The Holocene 17(8):1059~1068.

Park, J. and M. Kim, (in prep.), Ancient Woodland of Seonam-dong, Korea:Archaeobotanical Investigations on Wood and Pollen.

Pearsall, D., 2000, Paleoethnobotany:A Handbook of Procedures, Acaedmic Press.

Renfrew, C. and P. Bahn, 2004, Archaeology:Theories, Methods and Practice, Thames & Hudson. [이희준 역, 2006, 『현대고고학의 이해』, 사회평론].

Smith, E., 1994, The Emergence of Agriculture, W H Freeman & Co.

Wilkinson, K. and C. Stevens, 2007, Environmental Archaeology:Approaches, Techniques & Applications, Tempus Publishing. [안승모 · 안덕임 역, 2007, 『환경고고학』, 학연문화사].

Zohary, D, and M. Hopf, 2004, Domestication of Plants in the Old World, 3rd ed., Oxford University Press.

V. 움직이는 공간, 서있는 고고학
- 한국 GIS고고학의 과제와 전망 -

김 범 철 충북대학교

1. 서론

고고학에서 공간 정보가 중요하다는 사실을 반복하여 강조하는 것은 지면 낭비일 것이다. 이미 18세기부터 고고학조사에서 상세한 지도와 유구배치도 등을 통해 공간정보를 기록하고 있음을 볼 때 공간 정보의 중요성에 대한 인식만큼이나 공간 정보를 분석 · 가공하는 작업에 대한 고고학자의 관심과 노력은 근 · 현대 고고학의 발달과 궤를 같이 한다고 해도 과언이 아니다. 그런 측면에서 보자면, 공간정보의 획득, 관리 및 공표의 과정에서 GIS기법이 널리 활용되고 있는 것은 어찌 보면 당연한 귀결일 수 있다. 최근 한국 고고학에서 GIS의 활용이 중요한 화두가 되고 있는 것 또한 그런 맥락에서 쉽게 이해된다.

그러나 GIS를 고고학의 공간정보 이해에 도입하는 과정에서 대두된 몇 가지 문제를 우려했던 것도 부정할 수 없는 사실이다. 1970년대 말 구미학계에서 초보적인 GIS기법을 조사, 분석, 문화유산관리에 활용하기 시작한 것이 그 시초라고 한다면, 고고학의 다른 방법적 기제에 비해 그 역사가 오래다고 할 수는 없다. 구미학계에서도 어느 정도는 그러하거니와 우리의 경우도 관주도의 사업 목적으로 도입한 것이 고고학이 GIS기법을 접하게 된 계기가 되었다. 그것이 2000년대 들어서이다. 두 가지 생각이 교차할 수 있다. GIS기법을 고고학자료의 관리와 분석에 활용하기 시작한지가 구미 선진학계에 비해 20년 정도 밖에 늦지 않았다고 할 수도 있겠다. 최근의 몇몇 국가적 사업을 보자면, 그러한 시간적 차이는 압축적인 성장을 통해 만회할 수도 있다고 느끼게도 한다. 그러나 신기술 혹은 첨단기법은 물론 이론적 사조의 전파가 급속하게 이루어지는 현대사회의 특징을 감안한다면 GIS기법에 대한 우리 고고학계의 관심과 활용은 다소의 위기를 느낄 만큼 늦은 편에 속한다고도 할 것이다. 또한 관주도의 압축적인 성장을 하다 보니 문제가 적지 않다. 연구자 일반의 이해수준이 그에 따르지 못한다는 점이 대표적일 것이다. 공간에 대한 분석기술은 속도를 내며 진보해가지만 그것을 활용하고자 하는 우리의 인식은 다소 뒤쳐진 감이 없지 않다.

다른 분야도 마찬가지겠지만, GIS기법의 고고학적 활용의 후발주자로서 지금 우리가 겪고 있는 문제점은 선진학계가 이미 경험했던 것이기도 하고 그 중 상당부분은 극복되기도 하였다. 결국 그들의 경험을 되짚어보는 작업은 우리의 앞길에 놓일 수도 있는 과제와 그 해결 모색의 전향적 기초를 마련하는 것일 수 있다. 선진사례, 특히 북미대륙의 사례를 중심으로 그러한 작업을 진행하도록 한다. 진행과정에서 그간의 우리 성과를 비교하는 작업을 병행하여 우리의 현 위치를 점검해 봄으로써 그러한 해결책 모색의 효과를 제고하고자 한다.

2. 왜 GIS인가?:
공간정보에 대한 고고학적 이해의 변화와 GIS의 도입

공간적인 정보는 절대적인 것과 관계적인 것으로 대별할 수 있는데, 그 중 고고학적 해석과 설명에서 보다 밀도 있게 다루어지는 것은 후자일 것이다. 소위 '관계'는 특정 고고학적 실체(유물, 유구, 유적 등)와 자연환경적 요소, 이념적인 현상 혹은 다른 고고학적 실체와의 사이에 형성되는 것이다. 예를 들어 고고학에서 중요하게 여기는 광역적 취락의 분포 유형(regional settlement patterns)은 결국 고고학적 실체로서 유적과 유적이 가지는 관계에 주목하는 것이고, 특정 유적의 잠재적 생산성 평가는 유적과 토양 혹은 수원 등 자연자원의 관계를 대상으로 한 것이다.

북미 고고학에서 이러한 관계성 공간정보의 수집, 분석, 설명의 초점은 이론적 사조나 가용할 수 있는 기술의 발달 정도에 따라 진화하게 된다.

1) 文化史的 接近과 평면적 공간 이해

新考古學의 등장 이전, 북미 고고학의 중요한 목표는 '전파(diffusion)'라는 메커니즘을 통해 어떻게 동질적인 문화권(culture area)이 형성되고, 타 문화권과는 구별되는지를 밝히는 것이었다. 그러한 이론적 목표는 교차편년이 가능한 문화요소들의 공간적 분포를 정리하고 관찰하는 작업을 통해 달성되었다. 그 과정에서 활용된 주된 기법은 특정 문화요소(들)를 기호화하여 이차원의 분포지도를 작성하는 것이었다.

단순한 평면지도를 통해 전달되는 공간정보를 임의로 재단하는 작업을 통해 설정된 개별문화권은 곧 특정 (종족)집단과 등치인 것으로 인식되게 된다. 결국 종족성을 대변할 유물이나 유구의 이차원적 위치정보만이 중요시되는 바, 다양한 관계성 공간정보는 그다지 중요하게 다루어지지 않게 된다.

2) 新考古學의 발달과 공간정보의 위상 및 처리능력의 발전

1960년 대 초 소위 '新考古學(New Archaeology)'이 등장하면서 각종의 공간정보에 대한 위상과 처리능력은 획기적인 변화를 보이게 된다. 우선 이러한 경향은 이전의 전통고고학과는 다른 '문화' 인식이 영향을 미치게 된다. 전통고고학자들이 문화를 규범(norm)과 같이 공유되는 기제이고, 그 결과로 남은 고고학적 물질문화는 비개연적(non-problematic), 고정적 실체로 특정 종족집단을 직접적으로 반영하는 것이라 생각했던 반면, 신고고학에서는 문화를 구성원이 차별적으로 참여하는 적응의 과정(process)과 체계(system)로 규정하면서 고고학적 물질문화라는 현상의 형성에 영향을 미친 인간집단의 행위에 주목하게 된다.

이론적 틀의 변화는 공간정보의 이해에도 변화를 미치게 된다. 전통고고학이 수행하던 임의적이고 단순도상적인 접근의 모호성과 불확실성을 강조(Hodder and Orton 1976:4, Clarke 1977:5)하면서 객관적이고 검증 가능한 공간정보 분석을 시도하게 된다. 이는 (자연)과학적인 논리를 고고학적 해석에 적용하고자 했던 신고고학자의 기본적 기조는 물론 컴퓨터 그래픽기술 및 통계기법의 발달에 힘입은 바 크다. 고정적 실체가 아닌, 가변적 적응체계로서 문화를 대하고, 문화변동을 유발하는 인간행위에 영향을 미치는 요인—주로 적응의 원인이 되는 환경적 요인—에 초점을 맞추면서 처리해야 할 정보의 양은 급증하게 된다. 특히 적응을 통해 문화변동을 유발하는 행위의 주체인 인간은 비용을 최소화하고, 효율을 극대화하며, 선호하는 가치에 접근성을 최대화하는 실용적이고 기능적인 존재로 인식되는 바, 특정 유적이 속한 환경의 다양한 변수들을 객관적이고 계량적으로 분석하다보면 그러한 입지 선택의 원인(causal factor)을 알 수 있다는 과학적 낙관론이 기저를 이루는 상황에서는 더욱 그러할 것이다.

아울러 경성과학(hard science)적 논리와 자연과학적 분석기법의 도입은 특정 고고학적 현상에 대한 분석 결과의 종류는 물론 양 또한 급격히 증대시켜 공간성에 결부시켜 처리해야 할 정보의 양이 폭증하는 결과가 초래되었다.

3) 後期過程考古學의 파급과 인지적 공간 이해

新考古學(혹은 過程考古學)이 팽배했던 1960 · 70년대, 북미 고고학계는 공간정보 분석의 양과 질, 두 측면 모두에서 비약적인 발전을 경험하게 된다. 그럼에도 불구하고 공간에 대한 인식에 있어서는 근본적으로 이전의 전통고고학과 다르지 않은 점이 있다. 그것은 양자 모두 공간을 인간의 활동이 벌어지는 '중립적 혹은 몰가치적(neutral)', '추상적(abstract)' 영역으로 이해한다는 것이다.

그러나 1980년대 전반 이후 後期過程考古學(post-processual archaeology)의 사조가 북미대륙에 파급되면서 그러한 공간 인식에도 변화가 생겨나게 된다. 더 이상 공간은 문화적 행위에 대한 항상적이고 추상적인 배경이 아니라, 사회 · 문화적 행위에 내재하거나 암시되어 있는 존재라는 인식이 확산된다. 즉 공간과 사회 · 문화적 활동이 구성이나 구체화의 과정에서 쌍방적이고 순환적인 관계를 맺음과 동시에, 공간은 사회 · 문화적 활동의 '의미 있는(meaningful)' 매개로 인식하게 된다는 것이다. 결국 물리적으로 동일하더라도 각 시대의 공간이 서로 분리되어 있고 상이한 바, 고고학연구에서 공간은 더 이상 항상적이고 추상적인 객체로 다루어져서는 곤란하게 되었다.

그러나 유럽에서부터 시작된 후기과정고고학의 움직임이 북미 고고학에 영향을 미치는 것은 신고고학이 가졌던 파급력에 비하면 그다지 크지 않다는 것이 일반적이다. 그것은 신고고학의 발달과정에서 성취되었던 방법론적 성숙이 현재 고고학에 미친 영향은 가히 절대적이라 할 수 있기 때문이다. 사실 후기과정고고학자들이 그러한 방법론적 발전을 문제 삼는 것이 아니고, 그를 활용한 해석의 문제를 지적하고 있다는 점은 분명히 할 필요가 있어 보인다. 따라서 이론과 방법론 모두에서 대안을 제시했던 전통고고학-신고고학의 전환과정과 같은 획기성은 다소 약하다 할 수 있다.

그럼에도 불구하고 과도하게 경성과학적 논증을 지향했다든지, 개별 문화의 특수성은 무시한 채 보편적 법칙성을 추구했다든지, 개인의 능동성을 경시한 채 체계를 과도하게 강조했던 경향 등 후기과정고고학에서 제기되었던 신고고학 혹은 과정고고학의 문제점을 상당히 개선하는 정도의 대안이 찾아지고 있다. 그러한 점은 후술할 GIS기법의 고고학적 활용에서도 찾아볼 수 있다.

4) 고고학의 GIS 수용 : 이론적 변화와의 관련

현재 GIS는 여러 학문분야는 물론 실생활에도 널리, 깊이 수용되어 있다. 수용의 범위와 심도가 큰 만큼 사실 정확하고 의미 있는 정의를 몇 마디로 풀기는 어렵다. 그러나 '실재적인 공간자료(spatial data)를 특정 목적에 따라, 수집 · 저장 · 재생 · 변형 · 제시하는 일련의 방법적 도구' 라는 교과서적 정의(Burrough 1986)에 따르자면, 북미 고고학에서 GIS 활용은 신고고학적 기조가 농후하던 1970년대 후반으로 거슬러 올라간다. 극히 소수이지만 미국 고고학자들은 이때부터 이미 고고학자료의 분포경향을 파악하고 표현할 목적으로 경향면분석(trend surface analysis)을 비롯한 다양한 고고학적 표면모형(surface model)을 활용하는 작업을 시도한다. 아울러 지역적인 수준의 고고학자료 및 환경자료 등의 분포를 현시적으로 표현하기 위해 DEM(digital elevation model)도 적극적으로 활용하게 된다. 이런 시도와 동시에 컴퓨터를 이용한 지도의 작성이나 광역적인 수준의 고고학자료 DB화가 이루어지기도 한다.

북미 고고학에서 GIS의 도입은 신고고학이 지향하는 분석방향과 논리적 기조에 정확히 부합하면서 자연스럽게 이루어진다. 그러한 이론적 조류 못지않게 현실적인 분야의 요구도 GIS의 유입을 촉발하게 되는데, 국토개발의 과정에서 효율적인 문화유산의 보존과 관리를 위한 유적입지 분석 및 예측모형이 비교적 이른 시기부터 정착하게 된다.

후기과정고고학의 영향이 증대되는 1990년대 이후 공간의 인식이 변화하면서 인지의 고고학적 분석과 해석의 중요한 부분으로 자리하게 된다. 서유럽의 인지적 경관고고학과는 다른 경제적 측면을 강조하는 것이 북미 고고학의 특징이기는 하지만 이전에 비해 정치적, 이념적, 인지적 측면에 대한 배려와 이해가 증대되기도 한다(Kvamme 2003).

3. GIS로 무엇을 하는가? : 고고학에서 GIS활용의 주요 분야 · 주제 · 성과

선진 사례를 볼 때 고고학에서 GIS를 활용하는 목적은 고고학적 질문 혹은 주제에 답하기 위해서이다. 『New Methods, Old Problems』(Maschner 1996b)라는 책 제목처럼 현재 GIS를 이용하여 얻어진 결과로 고고학자가 답을 얻고자 하는 주제는 이미 오래전 부터 있었던 것들이다. 한마디로 요약하자면 '고고학적 GIS'의 의미가 강하다. 그런데 새로운 기법으로서 GIS기술은 이런 주제에 답하기 위해서 만들어진 것은 아니며 한 기법이 여러 가지 주제 혹은 연구과제에 활용될 수 있는 점은 분명하다. 그 대표적인 예 중의 하나가 DEM이다. 하나의 모형으로 혹은 기법으로 DEM은 1) 지형 자체 혹은 지세와의 관계 속에서 여타 정보를 현시화하는 작업, 2) 비용거리나 최소비용경로를 분석하는 작업, 3) 학술적 연구나 문화유산관리를 위한 유적예측작업, 4) 시계를 분석하는 작업, 5) 범람이나 침식 등 자연현상을 시뮬레이션하는 작업, 6) 고고학적 경관의 증강현실(virtual reality)화 작업 등 다양한 분야에서 활용되고 있음(Wheatley and Gillings 2002)을 알 수 있다. 또한 한 주제를 설명하기 위해 다른 방법을 쓰기도 한다. 게다가 특정방법의 활용분야가 앞으로 늘어나거나 줄어들 수도, 현재까지 사용하지 않던 방법이 쓰일 수도 있다. 따라서 특정 방법이 어디에 쓰이는지를 일일이 열거하기 보다는 어떤 분야에서 혹은 어떤 주제에 답하기 위해 어떤 방법들이 활용되고 있으며, 얼마나 설득력 있는 성과를 내고 있는지를 살펴보는 것이 나을 것으로 판단된다.

1) 고고학 자료의 인지와 기록 : 이동성과 현장성의 제고

고고학 조사, 특히 이동성을 요하는 지표조사과정에서 유적의 위치를 정확하고 간편하게 파악하는 것은 현장조사자에게 더할 나위 없이 중요한 작업이다. 그런 연유로 고고학자들이 GPS (Global Positioning System)기기를 이용하는 것은 상당히 보편화되어 있다. GPS기기와 휴대용 디지털기기―예를 들어 노트북, PDA 등―에 적합한 몇몇 GIS프로그램―예를 들어 ArcGIS, ArcPad 등―을 결합하여 현장에서 얻어진 정보를 효율적으로 관리하고 있기도 하다(도 01 참조). 사실 이러한 작업은 일일이 수기로 기재

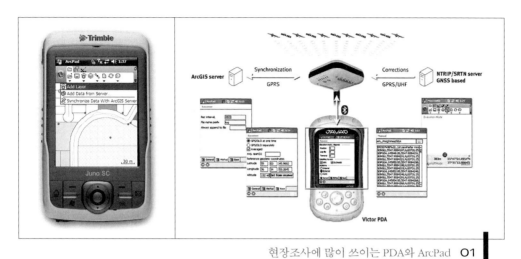

현장조사에 많이 쓰이는 PDA와 ArcPad　**01**

(左-PDA기기에 구현된 ArcPad, 右-이동형 GIS기기의 정보전달의 체계)

하여 일과 후 숙소에서 다시 수치화하는 등 전산입력과정을 거치던 것이다. GIS프로그램과 주변기기의 발달은 그러한 번거로움을 덜어주고 있다.

시·발굴의 사전단계의 성격이 강한 우리의 경우와는 달리 구미, 특히 미국에서는 지표조사만으로도 중요한 고고학적 문제에 답하고 있다. 예를 들어 광범한 지역의 관개체계나 경지활용양상을 복원·분석하는 작업이 있다. 디지털기기와 GIS프로그램의 발달은 그러한 작업의 효율성을 제고하고 있다(Friedman, Stein and Blackhorse Jr. 2003). 도 02는 GPS와 GIS프로그램을 이용한 지표조사를 통해 복원된 미국 New Mexico州 Newcomb지역의 선사(Pre-Columbian)시대 광역적 관개체계나 경지활용양상을 복원한 예를 보여주고 있다.

우리의 경우도 최근 유사한 시도들이 있다. GPS―좀 더 포괄적 의미에서 Real Time Kinematic Global Navigation Satellite System (약칭 RTK-GNSS)―를 활용하여 慶州지역 신라고분의 분포를 조사한 사례가 대표적인 예가 되겠다(국립경주문화재연구소·경주시 2011, 차순철 2011).

지표조사뿐만 아니라 최근에는 발굴조사에서도 GIS기법을 활용하면서 현장성을 제고하고 있는 사례가 속속 보고되고 있다. 발굴기술이 진화하고 문제의식이 다양한 분야로 확장되면서 고고학자료의 수집과정에서 얻어지는 정보는 날로 증가하게 되었다. 유적의 발굴과정에서 GIS 전용 프로그램을 이용하여 유물·유구의 공간정보를 실시간으로 획득·관리(Real Time Digital Data Recording)하고자 하는 최근의 시도(Craig and

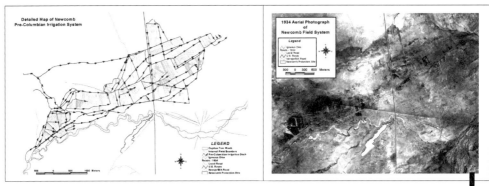

New Mexico 선사 관개체계와 경지이용양상 복원 (Friedman, Stein and Blackhorse Jr. 2003) **02**

(左-관개체계, 右-경지이용양상)

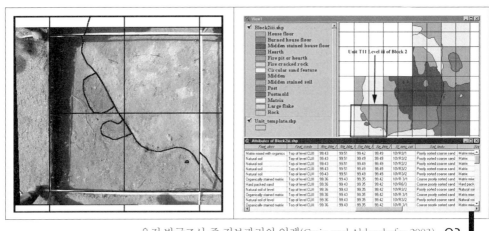

유적 발굴조사 중 정보관리의 일례(Craig and Aldenderfer 2003) **03**

(左-유구윤곽선에 대한 기록, 右-특정구역 내의 유구 목록)

Aldenderfer 2003)는 발굴 시 공간정보관리에 GIS기술이 잘 활용된 예이다(도 03 참조). 이러한 작업은 단지 발굴 진행과정에서의 정보관리는 물론 차후 진행방향 결정에 중요한 기초를 제공한다는 효과도 있다.

원격탐사(remote sensing) 자료나 기법 또한 고고학자료의 인지와 기록에 널리 활용되고 있다. 상세한 지도가 불비한 지역에서 위성사진은 소축척지도와 함께 발달한 분야이다. 또한 지상의 관찰로도 상당한 정보를 획득할 수 있는 방어유적과 대규모 灌漑유적 등은 원격탐사를 통해 정보를 획득하고 활용하기도 한다. 특히 위험지역, 접근이 지난한 지역의 경우 그 활용도는 배가 된다(Kvamme 1999). 우리의 경우 지질학적 조

사를 겸비하여 지석묘의 상석 채굴지를 찾기 위한 작업에 활용된 바 있다(하문식 · 김
주용 2001).

2) 탐색적 자료 분석과 자료 전달의 현시성 강화

아마도 숙련도나 전공영역에 상관없이 고고학자들이 GIS기술을 가장 많이 활용하
는 주제 혹은 분야는 탐색적 자료 분석(explanatory data analysis, 약칭 EDA)과 관련된
정보의 전달과정에 현시성을 제고하는 작업일 것이다. 그 대표적인 사례가 경향면분석
(trend surface analysis)으로 고고학에서 활용된 GIS기법 중 그 역사도 가장 긴 편에 속
한다(Kvamme 1995). 이러한 분석은 유적 내의 특정 유물이나 유구의 분포경향을 보여
주는데 활용되기도 하지만 주로 지역적 수준에서 특정 유구나 유물의 밀도 혹은 절대
량을 값으로 하여 분포경향을 파악하는 작업에 활용되어왔다. 우리의 경우도 2000년대
초부터 유구—특히 분묘—의 분포경향을 파악하는 시도에 이용되고 있다(權鶴洙 2001,
도 04 참조).

이러한 작업은 기존의 모호하고 다소 작위적인 '유적' 개념을 고고학의 인지 · 분석
단위로 사용하는 것에 대한 한계를 지적하면서 나타난 탈유적적 조사(siteless survey)

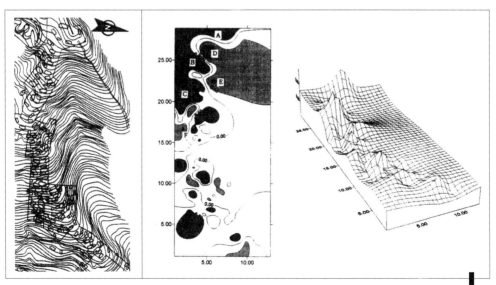

清州 新鳳洞古墳群의 경향면분석(權鶴洙 2001) (左-유구배치도, 右-경향면분석 결과) **04**

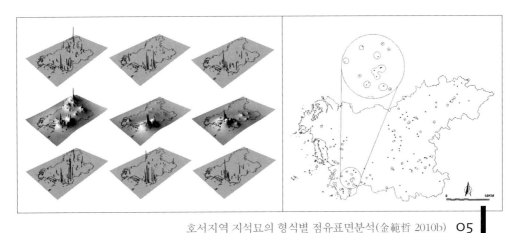

호서지역 지석묘의 형식별 점유표면분석(金範哲 2010b) 05

(左-지석묘 형식별(좌로부터 개석식, 기반식, 개석식) 점유표면, 右-군집파악의 실례)

의 움직임(Dunnell and Dancey 1983)을 반영하는 특히 적합한 방법으로 인식되고 있다(Ebert, Camilli and Berman 1996, Kvamme 1996). 기왕의 '유적' 개념에 대한 비판은 인지 및 분석단위로 '국소적 공동체(local community)' 를 파악하는 작업으로 이어진다(Drennan and Peterson 2005, 김범철 2005a · 2005b). 이 또한 경향면분석을 원용한 것에 해당하는데 인접한 단위유적—단순히 물리적으로 구분되는 유물 · 유구의 집중산포지점—의 군집으로 이루어진 고고학적 분석단위로서 '공동체' 를 파악하는 작업에 단순 buffer나 corridor와 같은 획일적 방법이 아니라, 유물 · 유구의 밀도를 (상호)작용력 강도의 擬似指標로 활용하여 경향면을 구성하고 이를 특정 공동체의 범위 파악의 기초로 삼는 기법이다. 이 기법은 종종 점유표면분석이라고 불리기도 하는데, 취락사료에만 이용되는 것이 아니라 군집을 파악하고자 하는 어떤 자료에도 이용될 수 있다. 지석묘의 군집파악에 이용한 연구(김범철 2010b)는 그 일례가 될 것이다(도 05 참조).

3) 각종 경제 · 지리적 분석모형의 활용

자료의 획득과 요약을 넘어서 고고학이 좀 더 궁극적으로 관심을 갖는 부분은 과거 사회의 사회적, 경제적 경관의 복원과 변화에 대한 이해일 것이다(Howey 2007). 그 도입 초기부터 GIS의 유용성에 대해 강조해 온 중요한 이유 중의 하나가 그러한 사회 · 경제적 경관을 복원하는 효과적인 방법이라는 기대감 때문이다(Aldenderfer and Maschner 1996, Allen et al. 1990, Kvamme 1999, Llobera 2003, Lock and Stancic 1995). 따라서 직접적으로 고고학적 질문에 답할 GIS기법에 기반한 경제적·지리적 모형들이, 특히 1990년대 이후 매우 적극적으로 이용된다(Maschner 1996c). 그 대표적인 예는 시계분석, 비용면분석, 가용자원역분석 등이다.

(1) 시계분석

視界(viewsheds)는 한 지점에서 볼 수 있는 경관의 범위로 이해될 수 있다. 視界分析(viewsheds analysis 혹은 line of sight analysis : 약칭 LOS 혹은 LOSA)은 방법적으로는 주로 DEM을 통해 달성된다. GIS기법이 고고학에 도입된 이른 시기부터 주목받던 분야이지만 관심이 본격적으로 증대되는 것은 과거인의 인지(cognition)와 고고학적 구조물의 관계가 중요한 주제로 부각되면서 부터라고 해도 과언이 아니다. 흔히 최근 주목받고 있는 경관고고학(landscape archaeology)의 중요한 부분이 바로 그러한 주제와 밀접하게 관련된다. 대체로 서유럽 거석기념물과 경관, 축조자들의 인지 등을 연결한 연구(Gaffney, Stancic and Watson 1996, Lock and Harris 1996)나 정치적 지형(political landscapes)의 이해(Maschner 1996a)에 활용되어 흥미로운 성과를 내기도 한다.

특히 비용면분석과 연계한 활용은 그 설명력을 배가하고 있다. 도 06은 프랑스 Arroux江유역에 위치하는 7개 Celtic 산상요새(hillfort)유적들 간 교통로를 비용면과 시계의 측면에서 분석한 결과를 보여주고 있다(Madry and Rakos 1996). 그 결과 이 요새들 간의 교통로는 비용이 더 많이 소요되거나 설혹 훨씬 가파른 지역을 통과하더라도 시계를 중시하여 개척되었던 것으로 밝혀졌다.

우리의 경우 관방유적 시계 혹은 가시·조망권에 대한 논의의 역사가 짧지는 않으나 이를 GIS기법을 이용한 분석을 토대로 한 연구(이정범 2010, 李販燮 2007)가 많지는 않다. 역사시대 관방유적과 관련된 시계 혹은 조망권의 중요성을 강조하는 것과 유사한 맥락에서 청동기시대 취락의 입지 선택에서 그 역할을 주목한 연구(이홍종·허의행 2010)도 있다.

한편 후기과정고고학의 발달은 물론 GIS연구 자체의 인식변화가 고고학에 전달되면서 인지적 공간에 대한 이해에 있어 바라보는 자의 입장이나 그 시선의 통제에 주목하기도 한다. Wessex의 신석기시대 거석기념물의 분포에 관한 Renfrew의 정치·경제적 모형(1973)을 검토하면서 인지적 공간에서의 척도의 문제를 거론한 연구(Wheatley

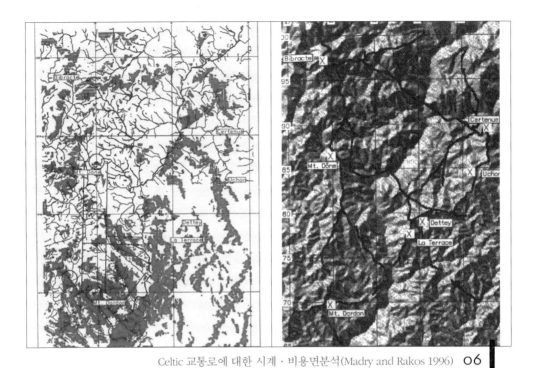

Celtic 교통로에 대한 시계 · 비용면분석(Madry and Rakos 1996) 06
(左-유적위치가 표시된 일반지형도, 右-시계분석을 통해 상정된 유적을 표시한 DEM)

1996)는 후기과정고고학으로의 전이가 고고학 자료의 해석에 어떠한 변화를 미치는지를 보여주는 좋은 사례가 되고 있다. 시계분석을 통해 Wessex에 속하는 별도의 두 지역에서 보이는 long barrow의 입지 차이는 그것을 바라보았던 당시인의 의례전통의 차이임을 역설하고 있다.

우리의 경우 扶餘 松菊里遺蹟의 목책시설의 의미를 단순히 방어시설만이 아니라 그것을 바라보는 자의 시각 혹은 통제하는 차원에서의 경관 지배라는 관점에서 파악하고자 한 시도(김종일 2005)도 그러한 연장선에서 이해해 볼 수 있겠다.

⑵ 비용면분석

'거리' 는 공간정보의 가장 근원적인 속성으로 인간행위의 최적성(optimality)을 인지하고 평가하는 중요한 지표가 될 수 있다. 특정 유적선택의 이유를 인문 · 자연환경적 최적성에서 찾고자 하는 고고학 연구에서, 이동에 소요되는 '시간(time)' 과 '동력(energy)' 을 구체적으로 분석하여 최적의 경로(optimal path)를 찾고자하는 것은 그런 이유 때문이다. 발단지점(seed locations)과 마찰면(friction surface:지형적 굴곡)을 수학적 모형으로 복원하는 작업에 기초한 '費用面分析(cost surface analysis : 약칭 CSA)'은 흔히, 고고학에서 최소비용거리(least-cost distance)를 산정하는 데에 활용되고 있다.

추정된 최소비용거리가 선사·고대의 방어시설이나 시장의 발달, 고대교통로 복원에 활용된 사례를 적지 않게 발견할 수 있다(Madry and Rakos 1996). 우리의 경우 채굴지를 원격탐사를 통해 상정하고 유적까지의 최소비용거리를 계산하여 지석묘 상석의 운반경로를 추정하는 작업이 이루어진 바 있다(하문식·김주용 2001).

그런데 비용면분석은 시계분석에 비해서는 매우 복잡한 논의를 필요로 할 수 밖에 없다. GIS분석에서 전제하는 최적경로란 두 지점을 이동하는 다중·다양할 수 있는 경로들 중 비용이 가장 적게 소요되는, 즉 지형적 마찰이 가장 적은 경로이다. 따라서 기계적인 분석의 결과는 육로가 있음에도 불구하고 적잖게 해양을 통한 이동경로를 제시한다. 정황적인 증거로 볼 때 과거의 양상과는 사뭇 차이가 있을 수 있다. 더구나 최근 '인지(cognition)'나 이념적 측면에 대해 단순한 계산상의 접근성 이외에 선사·고대인들이 금기나 위험을 상정한 경우, 경로의 선택이 훨씬 복잡해질 수 있음이 제기되고 있다. 일상의 예로 보자면, 자동차에 장착되는 '네비게이션'의 길안내를 예로 들 수 있겠다. 최단거리 혹은 최소비용거리가 최적의 경로는 아닐 수 있다. 더구나 어떤 사람은 속도감을 위해 비용과 실제 시간이 더 소요되더라도 고속도로를 선호―필자는 종종 그렇게 하기도 함―하기도 하며, 특정 지역은 피하고자 하는 바람에 비용과 시간을 더 써서 우회하는 사람도 있을 수 있게 되는데, 과연 이 경우 단순한 계산식이 인간의 인지와

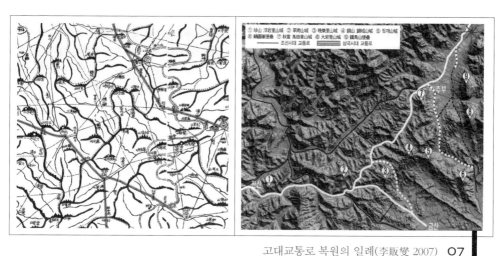

고대교통로 복원의 일례(李販燮 2007) O7
(左-대상지역의 大東輿地圖, 右-DEM을 이용한 복원도)

행위를 온전하게 반영할지는 다소 의문스럽다.

물론 모든 상황을 만족시키는 기법의 개발을 단번에 기대하기는 어렵지만 복잡·다중한 인간행위를 복원하기 위해서는 좀 더 많은 변수를 고려하는 작업이 필요해 보인다. 일례로 지형 외에도 식생 혹은 수목의 번성도, (특히 장거리이동의 경우) 용수의 분포 등이 중요하게 작용할 수 있다. 그 결과 지형상의 마찰만을 강조하기보다는 과거인의 이동에 중요하게 작용했을 다양한 요소들이 분석에 이용되어야 한다는 최근의 주장(Howey 2007)은 주목해 볼만하다. 자연적 요소 외에도 인문적 요소—특히 정치적 관계—가 이동경로를 좌우하게 되는 시기에는 더 많은 요소가 고려되어야 할 것이다. 이런 경우, 고대 교통로를 표시하는 古地圖의 존재는 매우 유리하게 작용할 수 있다. 우리의 경우 GIS의 분석기법과 大東輿地圖나 輿地圖書에 나타난 정보를 결합한 고대교통로 복원(金範哲 2006b, 李販燮 2007) 등은 그러한 정보가 없는 사회에 비해 훨씬 앞선 개연적인 결과를 도출할 가능성이 높다.

(3) 가용자원역분석

'可用資源域分析(site catchment analysis:약칭 SCA)'은 이미 1960년대 말 서유럽의 고경제학파에 의해 주목을 받아 GIS의 도입 이전에도 이미 널리 행해왔으며, 현재에도 적잖게 이용되고 있는 기법이다. Vita-Finzi와 Higgs의 고전(1970)이 아직도 널리 인용되는 것을 보면 쉽게 알 수 있다. 엄정한 의미에서 site territory와 site catchment를 구분하는 이론적 논의의 복잡함(추연식 1997)에도 불구하고 방법적으로는 매우 직설적이고 그 원리 또한 간단하다. 유적의 중심으로부터 특정거리의 원형지역을 분석범위로 설정하고, 그 내부의 잠재적 생산력을 측정하면 된다. 이 방법은 초기에는 주로 수렵·채집사회를 대상으로 하였지만, 이후 복합사회의 잉여유통의 문제(Steponaitis 1981) 등 그 활용 폭을 넓혀왔다.

그 원리나 활용의 경향이야 어떻든 과거에 실제 분석의 과정을 手記로 진행했을 상황을 생각하면, 한숨이 절로 나올 수밖에 없다. 유적 주변의 토양생산성을 예로 들어 보자. 유적으로부터 특정거리를 반경으로 하는 분석역 내에는 분포면적이 부정형을 띠면서 복잡하게 얽혀있는 다양한 토양대가 존재할 수 있다. 이 경우 부정형의 면적을 측정하는 과정이 무척 번거로웠을 뿐만 아니라 모든 측정과 계산이 개별적이다 보니 시간소요가 엄청났다. 따라서 대규모 연구를 하기에는 부적합하였다. 이러한 고충은 우리의 사례에서도 찾아볼 수 있다(郭鍾喆 1993). 더구나 앞서 살핀 최소비용거리의 개념이

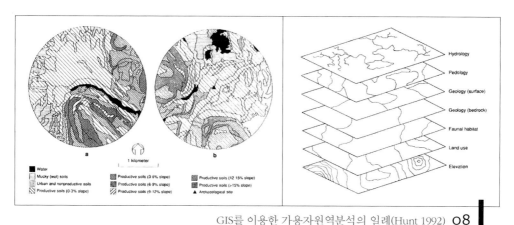

GIS를 이용한 가용자원역분석의 일례(Hunt 1992) **08**
(左-모형제작의 진행과정, 右-레이어로 입력할 수 있는 다양한 변수)

부과되면, 가용자원역은 그야말로 아메바와 같은 모양을 띨 수밖에 없고 그렇게 되면 더욱 복잡해진다. 그러나 GIS기법의 도입을 통해 그러한 수고로움은 컴퓨터의 몫이 되었다. 또한 컴퓨터기술 및 GIS기법의 계속적인 발전을 통해 범위설정의 획일성이나 자료처리의 제한성이 현저하게 극복되고 있다(Hunt 1992). 뿐만 아니라 과거에는 처리에 엄두도 내지 못하거나 고려하지 않았던 변수들도 분석에 포함함으로써 인간 활동이나 의사결정의 복합성과 다중성 이해에 한 걸음 더 다가갈 수 있게 되었다(도 08 참조).

현재 우리 학계에서 종종 활용되는 유적 주변 토양분포 양상을 파악하고자 하는 연구(강동석 2011, 金帛範 2007, 金範哲 2005a · 2006a · 2006b · 2010b)에서 사용되는 방법은 바로 가용자원역분석의 방법을 원용한 것이다(金範哲 2006b). 그런데 종종은 분석의 방법론적 전제를 충분히 이해하지 못한 활용이 있기도 하다. 분석역의 설정이 그 대표적인 예가 될 수 있겠다. 만약 두 유적의 분석역이 중복될 경우 thissenpolygon의 기법을 이용하여 분할하는 것이 원칙임에도 불구하고 두 유적을 동일한 분석역—결국에는 타원형을 띠게 됨—으로 처리(金帛範 2007)하는 것은 방법론적 전제에 대한 이해의 부족에서 오는 오류로 판단된다.

4) 유적입지예측모형의 구축과 문화유산관리

유적의 입지나 존재가능성을 예측하는 작업(archaeological predictive modeling) 또

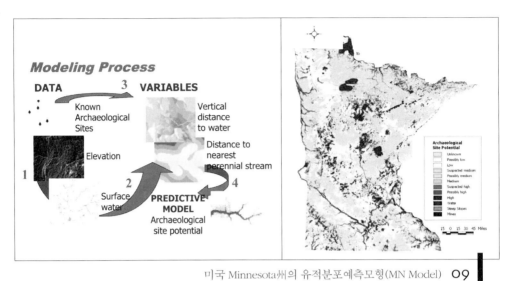

미국 Minnesota州의 유적분포예측모형(MN Model)　09
(左-모형제작의 진행과정, 右-모형으로 예측된 유적의 존재가능성)

한 고고학에 GIS기법이 도입된 이른 시기부터 널리 행해오던 것이다. 특히 미국의 州정
부나 공공기관—간혹은 지역개발을 주도하는 대규모 자본—이 문화유산관리나 보호를
목적으로 활용하는 사례는 적지 않다. 대표적인 예로 인정하는 것이 미국 Minnesota州
의 예측모형(Hobbs 2009, http://www.dot.state.mn.us/mnmodel/index.html, 도 09 참
조)이다. 이 모형은 우리의 문화재입지예측모형(강동석 외 2009, 이진영 2009)의 전거
가 되었다.

　이외에도 캐나다 Ontario州의 예측모형(http://modelling.pictographics.com/), 미
국 North Carolina州의 예측모형(http://www.informatics.org/ncdot/) 등은 관주도사업
의 대표적인 예로, 동부 Prairie Peninsula의 Montgomery County 예측모형(미국 Illinois
州, Warren and Asch 2000), Monogahela江유역 예측모형(미국 Pennsylvania州,
Duncan and Beckam 2000), Chesapeake灣 예측모형(미국 Maryland州, Wescott and
Kuiper 2000) 등은 민간주도의 중요한 예로 알려져 있다. 그런데 민간주도의 사업이라
하더라도 대체로는 대형 개발사업과 관련되어 혹은 관의 재정적 지원 하에 이루어지
는 것이 대부분이며, 순수 민간지원의 사업은 대체로 지역적 포괄범위가 작은 것이 일
반적이다.

　그런 이면에는 예측모형의 수립과정에서 발생하는 기초자료의 수집과 입력에 막대
한 노력과 재정이 소요된다는 현실적 이유가 있다. 재원규모나 노력의 막대함과 아울

러 기술적인 측면에서 보더라도 유적입지예측모형은 고고학에 이용되는 GIS기법의 총화라 할 수 있다. 전체적인 작업과정과 원리를 개략적으로 살펴보아도 그러한 사정을 충분히 알 수 있다.

유적입지예측모형은 말 그대로 기존유적의 정보를 통해 아직 조사되지 않은 지역의 유적의 존재가능성을 예측하는 것이다. 따라서 가장 먼저 유적의 입지에 영향을 미치는 다양한 자연요소―예를 들어 고도, 하천으로부터의 거리, 토양 등― 및 간혹은 인문요소―예를 들어 특정 성격의 유적으로부터의 거리 등―를 선별하여 변수로 설정하고 그에 따라 이미 조사된 지역의 유적입지정보를 취합·분석하여 모형을 수립한다. 다음으로 수학적 혹은 통계적 모형을 통해 특정 입지에 유적이 있을 확률을 계산하게 되는데, 이 과정에서 사용되는 연구자에 따라 상이할 수도 있으나 현재 가장 선호되는 모형은 로지스틱 회귀분석인데, 이는 正, 즉 유적입지에 대한 정보와 反, 즉 유적이 없는 지점의 정보에 대한 비교에 기초한다. 결국 유적입지를 예측하는 통계적 모형의 유적(site) 대 비유적(nonsite)의 대비, 즉 양자를 표현하는 곡선의 교차점을 해석하는 작업을 통해 얻어진다(도 10 참조). 얻어진 모형을 검증표본을 통해 시험하는 과정을 반복하면서 모형을 정제해간다. 최종적인 결과는 특정지점에 유적이 있을 확률을 급간화하여 표현하는 것이 일반적이다.

앞서 인용한 Monogahela江 유역 예측모형(Duncan and Beckam 2000)에서는 그러한 과정을 다음과 같은 12단계로 표현하고 있다.

① 일차자료의 수집
② 이차적 데이터세트의 구축
③ 유적입지에 관련된 환경변수 및 배경임의표본(random background sample)의 표집
④ 두 모집단(실제로 관찰되는 유적(입지)의 모집단과 배경임의표본이 반영하는 모집단)에 대한 탐색과 통계적 분석
⑤ 로지스틱 회귀분석
⑥ 확률모형 내에서 유의한 변수의 확인
⑦ 유의한 변수의 가중치 합산에 기반한 예측모형의 공식 생성
⑧ 예측모형 공식(회귀식)에 의거한 예측표면(도면) 작성

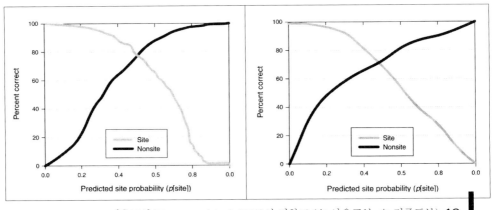

Montgomery 예측모형(Warren and Asch 2000)의 정확도 (左-사용표본, 右-검증표본) **10**

⑨ 사용표본(training sample)에 대비한 내부 검증

⑩ 별도표본(검증표본)에 대비한 외부검증

⑪ 일차 검증결과의 분석에 의거하여 보완된 예측모형 공식과 예측표면에 대한 검증 반복

⑫ 계속적인 보완

　　변수의 선택이나 '유적' 대 '비유적'의 상정과정 등에서 다소의 차이는 있으나 文化財廳이 주도한 '문화유산입지예측모형'도 대체로는 위와 유사한 과정을 거쳐 제작되었다(김범철 2010c). 그런데 문제는 모형제작의 기법은 차용하고 있지만 그 배경에 대한 이해는 다소 미흡한 측면이 있다. 그 대표적인 예가 '비유적'의 설정이다. 원칙적으로는 혹은 선진사례에서는 일정한 표본지역에 대한 면밀한 조사를 통해 유적이 있는 지점과 유적이 없는 지점에 대한 정보를 마련했지만 우리의 경우 납득하기 어려울 대안을 고안했다. 매장문화재가 존재하는 지점이 유적이라는 전제하에 비유적을 지상건물지가 존재하는 지점으로 대체하는 유연성(?)을 보이면서 그러한 원칙을 슬그머니 비껴갔다. 물론 짧은 기간에 모형을 완성해야 한다는 부담이 그 원인이 되었겠으나 그다지 권장할 만하지는 못하다(김범철 2010c, 황철수 2010).

4. GIS를 어떻게 할 것인가: 선진사례를 통해 본 한국 GIS고고학의 과제

15여 년 전 고고학에서 GIS의 활용이 본격화, 일반화된 즈음 북미 고고학계에서는 GIS의 고고학적 활용을 저해하는 혹은 지연시키는 장애로 두 가지를 지적하고 있다 (Maschner 1996d).

그 하나는 관련된 비용이 개인 혹은 민간이 감당하기에는 과도하다는 것이다. 분석의 기초가 되는 DB의 구축에 시간적, 금전적 비용을 개인 혹은 민간이 감당하기 어렵다는 점은 쉽게 짐작할 수 있다. 특히 기존의 광대한 지면자료를 수치화하는 작업에서 나타나는 문제의 심각성을 피력하고 있다. 또한 분석을 위한 프로그램이나 자료입력에 소용되는 주변기기의 가격이 개별 연구자가 부담하기에는 어렵다는 문제도 지적하고 있다.

다른 하나는 첨단 기술로서 GIS에 대한 연구자 일반의 이해 수준, 더 나아가서 GIS적 사고의 결여 문제를 꼽고 있다. 이 문제는 사용자(user)로서 연구자 일반의 기법 이용뿐만 아니라 자료생성자로서 개별 연구자의 인식이나 이해의 수준과 관련된다. 공간 자료를 생성·사용함에 있어 대표적인 문제로 대두될 만한 것이 축척(scale)의 문제이다. 그 자체가 철학적이고 고고학적 연구주제가 될 수도 있겠지만, 일차적으로 축척과 해상도 문제 때문에 애써 마련한 GIS자료를 신뢰하지 못하거나 보다 생산적으로 혹은 파급력 있게 활용되지 못하는 상황이 비일비재하다(Harris 2006).

이러한 문제는 비단 북미의 문제만은 아닐 것으로 생각된다. 사실 현재 우리가 안고 있을 것이기도 하다. 첫 번째와 같은 문제는 우리 상황에서는 다소 쉽게 해결될 수 있을 것 같기도 하다. 2000년대 이후 정부주도로 구축된 문화재 DB를 활용할 수도 있고, 점차 GIS 관련 프로그램이나 기기에 대한 일반의 접근이 용이해지고 있기 때문이다. 다만 이미 구축된 DB의 원자료 생성과정에 대한 신뢰나 수치화하는 과정에서 이용자로서 고고학 연구자의 편의가 반영되었는지는 장담할 수 없는 부분이다. 또한 앞서 지적한 대로 급히 서두르다보니 원칙과 원리를 위배하는 사례도 있다. 물론 예측력이 일정수준을 유지—이에 대한 다소의 의문도 제기되고 있음(황철수 2010)—했던 탓에 크게 문제되지는 않았으나 분명 개선되어야 할 부분이다.

첫 번째 것과는 달리, 두 번째 문제는 앞으로 극복해야 할 많은 과제를 배태하고 있다. 사실 우리 고고학계는 지난 10년간 양적으로 비약적인 성장을 하였다. 뿐만 아니라 외국의 선진기법과 기기의 도입에도 적극적이었고 앞서 살핀 바대로 특정 연구들은 선진적 수준에 도달하고도 있다. 그러나 과연 그것을 활용하는 우리 학계 전반의 의식이 그와 유사한 수준으로 진화했는지에 대해서는 자신 있게 단언하기 어렵다. 새로운 기법이 나왔으니 활용하는 것이 그럴 듯하게 보일 것이라는 막연한 안도 속에, 정연한 검증모형의 수립이나 개연적이고 체계적인 변수 상정은 등한시 한 채 GIS기법을 소모적으로 활용하는 사례도 적지 않다. 그런 경우 대부분은 주목할 만한 결과를 도출하지 못한다. 특정 시기, 특정 지역 취락의 입지의 전형을 밝히겠다는 각오로 다양한 분석을 하지만 일목요연하고 개연적인 결론을 도출하지 못하는 연구(이홍종·허의행 2010)는 일례가 될 수 있다. 물론 마치 유적입지예측모형을 수립과정 중 기초 DB의 생성과 유사하다고 안도할 수도 있고, 시도 자체가 매우 고무적이기는 하지만 실증주의적 검증모형의 수립과정과 논리에 대한 이해가 다소 부족하거나 계량적 결과의 관련성을 세련되게 해석하지 못하는 한계가 자리한다.

앞서 북미 고고학에서 문제의식의 변화과정에서 정제된 검증모형이 수반되었기에 'GIS의 활용'이라는 비행기가 고고학이라는 활주로에 연착륙하였음을 주목해 볼 필요가 있다. GIS기법의 원리를 대략조차 이해하지 못한 채, 현시성에 집착하여 시간과 정력, 예산을 낭비하는 경우도 문제일 뿐만 아니라, 고고학자료의 특성이나 의미를 이해하지 못하고 의미 있는 연구주제를 생성하지 못한 채, GIS기술을 운용하는 것을 자랑으로 하는 것도 건전한 고고학적 GIS활용의 앞길에는 장애가 될 수 있다. 후자의 경우, 특히 다수의 고고학 연구자로 하여금 'GIS 無用論'을 갖게 할 우려가 있다.

이와 관련하여 양자를 연결하는 '가교(liaison)' 역할을 할 인력의 양성이 앞으로 우리 학계나 정부가 풀어야 할 중요한 과제임은 재론할 필요조차 없어 보인다. 그런데 이 문제는 정부의 역할에 좀 더 기대를 할 수밖에 없는 것도 현실이다. 구미 선진국의 경우에도 GIS를 전문적으로 하는 고고학자는 극히 소수이지만 학계의 규모가 크고 고고학 내에서도 다양한 분야가 공존하고 있어, 취업의 안정도가 높다. 웹서핑을 하다보면 미국 유수의 대학에는 거의 모두 고고학전공 교수가 있고, 그 중 상당부분에는 본인의 전공을 GIS고고학이라고 밝히는 것을 알 수 있다. 또한 GIS고고학을 전문적으로 다루는 별도의 학술지(『Journal of GIS in Archaeology』, http://www.esri.com/library/journals/archaeology/index.html)도 발간 중이다. 이뿐만이 아니다. 영국의 University College of London의 고고학연구소(Institute of Archaeology: http://www.ucl.ac.uk/archaeology/

research/tags/gis)가 GIS와 공간분석을 전공하는 석사과정을 운영하고 있다는 점을 볼 때, 사회적 수용의 정도를 짐작할 수 있다.

우리 학계를 돌아보면 어떠한가? 그렇지 못한 것이 아쉬울 뿐이다. 심도 있게 GIS기법의 원리를 이해하면서 자유로이 활용할 수 있는 고고학 전공인력은 거의 전무하다. 그러다보니 후속세대의 양성이 더욱 어렵다. 저변이 얕으니 이를 교육하는 자리가 존재하기 어렵게 되고 자신 있게 그 분야를 전공하라는 권유를 하기조차 어렵다. 악순환의 연속이 될 수밖에 없다. 이러한 연결고리를 끊기 위해서라도 관계당국의 조력이 필요하다. 전문가양성과정이나 (해외)연수과정에 대한 지원은 한 방안이 되겠다. 물론 교육계가 '떨어지는 홍시' 만을 기대하지는 않아야 할 것이다. 분명 GIS기법을 고고학에 적용하고자 하는 수요나 열망이 없거나 돌파구가 완전히 없는 것은 아니다. 전국의 발굴전문의 문화재조사연구기관 중 두세 곳에는 반독립상태의 GIS팀이 있고 관심을 가진 기관도 몇 군데는 더 있다(김범철 외 2012). 그러기에 대학은 이들의 명맥을 유지할 인력양성에 일조하여야 하는 것이 바람직해 보인다. 비록 전업적인 과정은 어렵더라도 독립강좌나 연계전공을 운용하는 정도의 노력은 가능할 수도 있겠다.

5. 결론을 대신하여: '고고학적 GIS' 와 'GIS적 고고학'

앞서 살펴 바와 같이 선진 사례를 되짚어 보면 현재까지는 고고학의 문제를 풀기 위한 GIS 기법의 활용 경향이 주류를 이루는 것을 알 수 있다. 그러나 그 과정에서 GIS기법에 대한 숙련도나 GIS적 사고가 그간 등한시 되었던 주제나 새로운 인식의 틀을 제안할 수도 있을 것으로 어렴풋이 예측해 볼 수도 있겠다. 실제로 최근 연구들은 그러한 경향을 보이기도 한다.

흔히 고고학이 다른 분야에서 차용하여 많이 활용하는 것으로 방사성탄소연대측정법과 통계기법을 들 수 있겠다. 활용의 폭이 넓다는 측면에서는 유사하지만 고고학의 학문적 세련에 기여한 바는 다소 차이가 있다고 하겠다. 방사성탄소연대측정법의 경우 고고학자료의 연대를 평가하는 방법으로 확고한 자리를 굳히고 있지만 단지 고고학적 해석에 방증자료로 삼을 정보를 제공하는 정도이다. 물론 통계기법도 고고학적 해석을 위한 중요한 정보를 제공하는 도구이다. 그러나 통계기법과 함께 통계적 사고가 유입됨으로써 고고학자료의 성격—기본적으로 표본일 수밖에 없음—에 대한 이해와 재고, 고고학적 자료획득과 분석의 방법론적 기제의 개발이 촉진되었다. 단적으로 '계량적 고고학'이라는 단어는 익숙하지만 '방사선탄소연대측정 고고학'은 그렇지 못하다. GIS가 과연 미래에 어떤 모습일지는 장담할 수 없다. 그러나 'GIS적 고고학'이라는 용어가 낯설지 않게 되기를 희망한다. 공간정보의 처리기법과 그 활용의 잠재력은 부단히 진보—'움직이는 공간'—하는데, 고고학자의 인식과 활용태도는 답보—'서있는 고고학'—상태에 있다면 그런 희망은 물거품이 되고 말 수도 있을 것이다.

參考文獻

참고문헌

國文

강동석, 2011, 「GIS를 활용한 지석묘 공간분포패턴의 사회경제적 배경 이해: 고창분지 일대를 중심으로」, 『中央考古研究』 8.

강동석·고일홍·김경택·김범철, 2009, 「해외 사례를 통해 본 문화재GIS 활용 방향」, 『GIS를 이용한 문화재 보존관리와 활용』, (사)한국문화재조사연구기관협회 편, 사회평론.

國立慶州文化財研究所·慶州市, 2011, 『慶州 獐山古墳群 分布 및 測量調査報告書』.

郭鍾喆, 1993, 「先史·古代 稻出土 遺蹟의 土地條件과 稻作·生業」, 『古文化』 42·43.

權鶴洙, 2001, 「고고학자료의 공간분포에 대한 경향면분석: 청주 신봉동유적 토광묘의 분포특징 분석 사례」, 『先史와 古代』 16.

金帛範, 2007, 「青銅器時代 前期 竪穴遺構에 대한 小考」, 『錦江考古』 4.

金範哲, 2005a, 「錦江下流域 松菊里型 聚落의 形成과 稻作集約化: 聚落體系와 土壤分布의 空間的 相關 關係에 대한 GIS 分析을 中心으로」, 『송국리문화를 통해 본 농경사회의 문화체계』, 高麗大學校 考古環境研究所 편, 서경문화사.

_____, 2005b, 「錦江 중·하류역 청동기시대 중기 聚落分布類型 研究」, 『韓國考古學報』 57.

_____, 2006a, 「중서부지역 水稻 生産의 정치경제: 錦江 중·하류역 松菊里型 聚落體系의 위계성과 稻作集的化」, 『韓國考古學報』 58.

_____, 2006b, 「忠南地域 松菊里文化의 生計經濟: 農業集約化 관련 설명모형을 통해 본 水稻作」, 『湖南考古學報』 24.

_____, 2010a, 「湖西地域 支石墓의 시·공간적 특징」, 『韓國考古學報』 74.

_____, 2010b, 「호서지역 지석묘의 사회경제적 기능」, 『韓國上古史學報』 68.

_____, 2010c, 「Ⅰ. 북미사례의 분석」, 『문화재 예측(분석)모델 고도화 방안 연구 보고서(Ⅰ): 문화유산 입지예측모형개발 해외 사례 조사 및 비교연구』, 한국고고환경연구소·충북대학교 산학협력단 편.

김범철·성정용·류연택·이종민·이철우, 2012, 『연계전공 개발 결과보고서: 문화유산관리의 공간정보학』, 忠北大學校.

김종일, 2005, 「경관고고학의 이론적 특징과 적용 가능성」, 『韓國考古學報』 58.

이정범, 2010, 「감시권역 분석을 통해본 경기북부지역 보루의 사용주체와 기능」, 『高句麗渤海研究』 37.

이진영, 2009, 「GIS를 이용한 문화재 예측모델의 국내 사례」, 『GIS를 이용한 문화재 보존관리와 활용』, (사)한국문화재조사연구기관협회 편, 사회평론.

李販燮, 2007, 「忠南 珍山·秋富地域의 古代交通路」, 『錦江考古』 4.

이홍종·허의행, 2010, 「청동기시대 전기취락의 입지와 생업환경」, 『韓國考古學報』 42.

차순철, 2011, 「GPS를 이용한 고고학 정보의 취득과 활용: 경주 장산고분군 조사사례를 중심으로」, 『고고학적 조사연구와 GIS: 2011 문화재GIS 활용 세미나 (발표요지)』, 문화재청 편, 사회평론.

추연식, 1997, 『고고학 이론과 방법론』, 학연문화사.

하문식·김주용, 2001, 「고인돌의 덮개돌 운반에 대한 연구: 원격탐사와 지리정보시스템 분석 방법을 중심으로」, 『韓國上古史學報』 34.

황철수, 2010, 『문화재 예측(분석)모델 고도화 방안 연구 보고서(II): 기 구축 문화유산 입지예측모형분석 및 개선모형 연구』, 한국고고환경연구소·충북대학교 산학협력단 편.

Hobbs, Elizabeth (김주용 역), 2009, 「미국 미네소타의 문화재 관리와 예측모델 연구(*Managing Culture Resources with Predictive Models in Minnesota, USA*)」, 『GIS를 이용한 문화재 보존관리와 활용』, (사)한국문화재조사연구기관협회 편, 사회평론.

英文

Aldenderfer, Mark S., and Herbert D. G. Maschner, 1996, *Anthropology, Space, and Geographic Information Systems*. Oxfordshire: Oxford University Press.

Allen, Kathleen M., Stanton W. Green, and Ezra B. W. Zubrow, 1990, *Interpreting Space: GIS and Archaeology*. London: Taylor & Francis.

Burrough, Peter A., 1986, *Principles of Geographical Information Systems for Land Resources Assessment*. Oxfordshire: Oxford University Press.

Clarke, David L., 1977, *Spatial Archaeology*. London: Academic Press.

Craig, Nathan, and Mark Aldenderfer, 2003, Preliminary Stages in the Development of a Real-Time Digital Data Recording System for Archaeological Excavation Using ArcView GIS 3.1. *Journal of GIS in Archaeology* 1: 11~22.

Drennan, Robert D., and Christian E. Peterson, 2005, Early Chiefdom Communities Compared: Settlement Pattern Record for Chifeng, the Alto Magdalena, and the Valley of Oaxaca. In *Settlement, Subsistence, and Social Complexity: Essays Honoring the Legacy of Jeffrey R. Parsons*. R.E. Blanton, pp.119~154. Los Angeles: Cotsen Institute Of Archaeology, University Of California, Los Angeles.

Duncan, Richard B., and Kristen A. Beckman, 2000, The Application of GIS Predictive Site Location Models within Pennsylvania and West Virginia. In *Practical Applications of GIS for Archaeologists: A Predictive Modeling Toolkit*. K.L. Westcott and R.J. Brandon, pp.33~58. London: Taylor & Francis.

Dunnell, Robert C., and William S. Dancey, 1983, The Siteless Survey: A Regional Scale Data Collection Strategy. In *Advances in Archaeological Method and Theory, Vol. 6*. M.B. Schiffer, pp.267~287. New York: Academic Press.

Ebert, James I., Eileen L. Camilli, and Michael J. Berman, 1996, GIS in the Analysis of Distributional Archaeological Data. In *New Methods, Old problems: Geographic Information Systems in Modern Archaeological Research*. H.D.G. Maschner, pp.25~37. Occasional Paper / Center for Archaeological Investigations, Southern Illinois University at Carbondale. Carbondale: Center for Archaeological Investigations, Southern Illinois University at Carbondale.

Friedman, Richard A., John R. Stein, and Taft Blackhorse Jr., 2003, A Study of a Pre-Columbian Irrigation System at Newcome, New Mexico. *Journal of GIS in Archaeology* 1: 1-10.

Graffney, Vincent, Zoran Stancic and Helen Watson, 1996, Moving from Catchment to Gognition: Tentative Steps Toward a Larger Archaeological Context for GIS. In *Anthropology, Space, and Geographic Information Systems*. M.S. Aldenderfer and H.D.G. Maschner, pp.41~64. Oxfordshire: Oxford University Press.

Harris, Trevor M., 2006, Scale as Artifact: GIS, Ecological Fallacy, and Archaeological Analysis. In *Confronting Scale in Archaeology: Issues of Theory and Practice*. G. Lock and B.L. Molyneaux, pp.39~51. Boston: Springer.

Hodder, Ian, and Clive Orton, 1976, *Spatial Analysis in Archaeology*. Cambridge: Cambridge University Press.

Howey, Meghan C.L., 2007, Using Multi-Criteria Cost Surface Analysis to Explore Past Regional Landscapes: A Case Study of Ritual Activity and Social Interaction in Michigan, AD 1200-1600. *Journal of Archaeological Science* 34(8): 1830~1846.

Hunt, Eleazer D., 1992, Upgrading Site-Catchment Analyses with the Use of GIS: Investigating the Settlement Patterns of Horticulturalists. *World Archaeology* 24(2): 283~309.

Kvamme, Kenneth L., 1995, A View from across the Water: The North American Experience in Archaeological GIS. In *Archaeology and Geographical Information Systems: A European Perspective*. G.R. Lock and Z. Stančič pp.1~14. London: Taylor & Francis.

_____, 1996, Investigating Chipping Debris Scatters: GIS As an Analytical Engine. In *New Methods, Old problems: Geographic Information Systems in Modern Archaeological Research*.

H.D.G. Maschner, pp.38~71. Occasional Paper / Center for Archaeological Investigations, Southern Illinois University at Carbondale. Carbondale: Center for Archaeological Investigations, Southern Illinois University at Carbondale.

_____, 1999, Recent Directions and Development in Geographical Information Systems. *Journal of Archaeological Research* 7(2): 153~201.

_____, 2003, Geophysical Surveys as Landscape Archaeology. *American Antiquity* 68(3): 435~457.

Llobera, Marcos, 2003, Extending GIS-Based Visual Analysis: The Concept of Visual Landscapes. *International Journal of Geographical Information Science* 17(1): 25~48.

Lock, Gary. R., and Trevor M. Harris, 1996, Danebury Revisited: An English Iron Age Hillfort in a Digital Landscape. In *Anthropology, Space, and Geographic Information Systems*. M.S. Aldenderfer and H.D.G. Maschner, pp.214~240. Oxfordshire: Oxford University Press.

Lock, G. R., and Zoran Stancic, 1995, *Archaeology and Geographical Information Systems: A European Perspective*. London: Taylor & Francis.

Madry, Scott L.H., and Lynn Rakos, 1996, Line-of-Sight and Cost-Surface Techniques for Regional Research in the Arroux River Valley. In *New Methods, Old problems: Geographic Information Systems in Modern Archaeological Research*. H.D.G. Maschner, pp.104~126. Occasional Paper / Center for Archaeological Investigations, Southern Illinois University at Carbondale. Carbondale: Center for Archaeological Investigations, Southern Illinois University at Carbondale.

Maschner, Herbert D. G., 1996a, The Politics of Settlement Choice on the Northwest Cost: Cognition, GIS, and Coastal Landscapes. In *Anthropology, Space, and Geographic Information Systems*. M.S. Aldenderfer and H.D.G. Maschner, pp.214~240. Oxfordshire: Oxford University Press.

_____, 1996b, *New Methods, Old problems: Geographic Information Systems in Modern Archaeological Research*. Occasional Paper / Center for Archaeological Investigations, Southern Illinois University at Carbondale. Carbondale: Center for Archaeological Investigations, Southern Illinois University at Carbondale.

_____, 1996c, Geographic Information Systems in Archaeology. In *New Methods, Old Problems: Geographic Information Systems in Modern Archaeological Research*. H.D.G. Maschner, pp.1~21. Occasional Paper / Center for Archaeological Investigations, Southern Illinois University at Carbondale. Carbondale: Center for Archaeological Investigations, Southern Illinois University at Carbondale.

_____, 1996d, Theory, Technology, and the Future of Geographic Information Systems in Archaeology. In *New Methods, Old problems: Geographic Information Systems in*

Modern Archaeological Research. H.D.G. Maschner, pp.301~310. Occasional Paper / Center for Archaeological Investigations, Southern Illinois University at Carbondale. Carbondale: Center for Archaeological Investigations, Southern Illinois University at Carbondale.

Renfrew, Colin, 1973, Monuments, Mobilization, and Social Organization in Neolithic Wessex. In *The Explanation of Culture Change: Models in Prehistory*. C. Renfrew, pp.539~558. Pittsburgh: University of Pittsburgh Press.

Steponaitis, Vincas P., 1981, Settlement Hierarchies and Political Complexity in Nonmarket Societies: The Formative Period of the Valley of Mexico. *American Anthropologist* 83(2): 320-363.

Vita-Finzi, Claudio, and Eric S. Higgs, 1970, Prehistoric Economy in the Mount Carmel Area of Palestine: Site Catchment Analysis. *Proceedings of the Prehistoric Society* 36: 1~37.

Warren, Robert E., and David L. Asch, 2000, A Predictive Model of Arcahaeological Site Location in the Eastern Prairie Peninsula. In *Practical Applications of GIS for Archaeologists: A Predictive Modeling Toolkit*. K.L. Westcott and R.J. Brandon, pp.5-32. London: Taylor & Francis.

Wescott, Konnie L., and James A. Kuiper, 2000, Using a GIS to Model Prehistoric Site Distributions in the Upper Chesapeake Bay. In *Practical Applications of GIS for Archaeologists: A Predictive Modeling Toolkit*. K.L. Westcott and R.J. Brandon, pp.59~72. London: Taylor & Francis.

Wheatley, David, 1996, The Use of GIS to Understand Regional Variation in Earlier Neolithic Wessex. In *New Methods, Old problems: Geographic Information Systems in Modern Archaeological Research*. H.D.G. Maschner, pp.75-103. Occasional Paper / Center for Archaeological Investigations, Southern Illinois University at Carbondale. Carbondale: Center for Archaeological Investigations, Southern Illinois University at Carbondale.

Wheatley, David, and Mark Gillings, 2002, *Spatial Technology and Archaeology: The Archeaological Applications of GIS*. London: Taylor & Francis.

VI. 3차원의 세상, 2차원의 고고학
- 3D기술의 고고학적 활용에 대한 제언 -

황 철 수 경희대학교

1. 서론

인간이 세상에 존재하는 사물을 인식하기 위해서는 공간이라는 요소가 필수적이다. 어디에 무엇이 있는지를 이야기 할 때 우리는 여기, 저기와 같은 상대적 개념의 위치를 이야기 하거나 주소를 이용하여 참조된 위치를 이야기 하거나 혹은 위도, 경도를 이용하여 절대위치를 이야기하기도 한다. 공간정보란 지상·지하·수상·수중 등 공간상에 존재하는 자연 또는 인공적인 객체에 대한 위치정보 및 이와 관련된 공간적 인지와 의사결정에 필요한 정보를 말한다[1]. 최근에는 IT기술과 GIS기술의 발달로 인해 공간 데이터와 속성 데이터를 디지털화하여 원하는 형태로 출력하고 편리하게 소통할 수 있기 때문에, 산업계에서 뿐 아니라 일상생활에서도 지리정보를 활용하는 각종 유무선 컨텐츠가 각광받으며 하루가 다르게 진보하고 있다. 특히 유무선 통신기술, 위치측위 기술, 영상처리기술 등의 IT기술과 융합을 통해 새로운 기술과 시장이 창출되고 있어 지리정보의 이용가치가 더욱 확대될 것이다. 이러한 공간정보는 과거 2차원의 종이지도를 통하여 표현하였으나 정보기술과 정보시스템의 발달로 이를 표현하는 패러다임이 바뀌었다. 이에 따라 2차원 혹은 2.5차원의 표현 방식이 3차원의 표현 방식으로 확장되면서 다양한 분야에 많은 영향을 미쳤다.

---

1 공간정보산업 진흥법 제2조(정의), 시행 2011. 7. 20, 법률 제10629호, 2011. 5. 19 타법개정.

현실세계의 사물을 3차원 객체로 표현하는 모델링을 적용한 3차원 GIS는 기존의 2차원 GIS에 비해 현실세계를 보다 사실적으로 표현할 수 있어 제한적이고 불가능했던 분석들을 수행할 수 있게 되었다. 기술적으로 2차원에서 가능했던 모든 공간분석이 가능한 것은 아니지만, 3차원 시각화(visualization)와 3차원 조망권 분석(혹은 3차원 그림자 분석), 3차원 영향권 분석 등이 가능하다.

이러한 3차원 GIS기술의 변화에 대응하여 3차원 기술을 웹으로 서비스하는 대표적인 IT업체인 Google사와 Microsoft사는 각각 Google Earth와 Virtual Earth[2]를 서비스함으로써 3차원 시각정보를 현재 서비스하고 있다(윤정미 외 2010). 또한 네비게이션업체를 중심으로 네비게이션 단말기에 3차원 공간정보를 발빠르게 제공하고 있다.

우리나라에서는 제2차 NGIS 사업에서 본격적으로 3차원 공간정보 구축과 관련된 여러 사업이 진행되었다. 국토해양부에서는 '3차원 공간정보구축 추진계획 수립연구(2002)'와 '3차원 도시공간 모형의 활용성 연구(2003)'를 통해 3차원 공간정보 구축을 위한 기초적인 연구를 시작으로 2004년부터 2008년까지 21개 지방자치단체를 대상으로 3차원 공간정보를 구축하였다. 5년간 9,393백만원의 예산을 들여 약 2,727km²에 해당하는 면적의 3차원 공간정보를 구축하였으며, 구축된 공간정보는 컬러항공영상 및 정사영상, LiDAR를 이용한 수치표고모델, 그리고 일부 건물에 대한 3차원 가시화 정보이다. 2009년에는 13,100백만원의 예산으로 서울 및 수도권 일부지역, 여수, 춘천 등에 대한 사업을 실시하고 있다. 중앙정부 차원의 3차원 공간정보 구축과는 별도로 지방자치단체에서도 3차원 공간정보를 구축하였다(gksmrroqkfdusrndnjs 2010). 이러한 맥락에서 기 구축한 문화재 GIS에 대해 살펴보고 2차원 GIS의 한계와 변화하는 환경에 따른 3차원 GIS의 활용 가능성을 살펴보고자 한다.

2. 문화재 GIS의 이해

1) 문화재관리를 위한 지리정보시스템(GIS) 도입배경

지리정보시스템(GIS)은 지리 및 지형에 관련된 공간(spatial)데이터와 그 공간데이

---

2 이후 Bing Map으로 서비스 통합, 2005년 7월 시작, http://www.bing.com/maps

터와 관련된 속성(Attribute)데이터를 컴퓨터 입력 장치인 디지타이저(Digitizer), 스캐너(Scanner) 등을 이용하여 입력한 후 컴퓨터를 사용하여 저장(Storage), 처리(Processing), 검색하여 사용자가 원하는 형태로 출력할 수 있도록 설계된 시스템이다. 이를 통해 다양한 계량분석과 분석 결과의 시각화가 가능한 특징을 지닌다. 박근용(2009:4)은 GIS의 개념에 따라 문화재 GIS를 다음과 같이 정의하고 있다. "문화재 GIS는 문화재와 관련된 위치정보, 구역정보, 상세 설명정보를 전자적으로 수치화하여 입력한 후, 선별적 검색 조건에 따라 표시하고, 다양한 분석이 가능하도록 한 시스템"으로 정의했다.

이와 같은 GIS의 특징을 활용한 문화재 관리의 필요성이 제기된 것은 문화재의 특징에서 살펴볼 수 있다. 문화재는 그 성격에 따라 유형문화재, 무형문화재, 기념물, 민속자료로 크게 정의, 분류하고 있다[3]. 문화재는 존재 형태와 더불어 중요한 것은 어디에 위치해 있는가이다. 즉 위치정보와 속성정보가 문화재의 관리와 보전을 위해 모두 고려되어야할 정보이다. 유형문화재, 기념물뿐만 아니라 동물(서식지, 번식지, 도래지), 식물(자생지), 광물의 분포 등 학술적 가치가 큰 지역적 특징까지 포함하는 개념이기 때문이다. 또한 지속적인 관리와 보전을 위한 데이터 구축을 위해서는 시계열적 변화도 고려해야 하는데, 이를 문서로 보관, 분석하는데 한계가 있다.

따라서 문화재와 관련된 위치정보, 구역정보, 상세설명정보 등을 데이터베이스로 구축하여 질의와 응답을 통한 다양한 공간분석이 가능하도록 GIS 개념을 도입하였다.

예로 지정문화재의 위치, 지정구역, 보호구역, 문화재보존영향검토구역 등을 컴퓨터를 통하여 전자적으로 표시하고 설명정보, 문화재구역편입토지정보, 사진정보 등 속성정보를 컴퓨터를 이용하여 조회할 수 있는 문화재 GIS를 들 수 있다.

2) 문화재 지리정보활용체계(GIS)와 고도화사업

효과적인 문화재 관리 및 개발을 위한 방안으로 지리정보시스템(GIS)을 구축하기 위한 사업이 지난 2008년을 시작으로 2년간 진행되었다. 그 결과 문화재 GIS 통합 DB 구축, 문화재 GIS 통합 DB 품질향상, 문화재 예측시스템 개발, 문화재 GIS 활용시스템 통합개발과 관련된 다양한 사업들이 추진되었다. 그러나 이는 합리적인 개발과 보존,

---

3 문화재보호법 제2조.

체계적인 원형보존, 전통문화 향유권 신장이라는 중장기 발전계획을 위한 초석을 다지는 단계라 정의할 수 있다. 이후 다양한 고도화 사업을 통해 2011 문화재 지리정보활용체계가 구축되었다.

이후 2012년 1월, 문화재청은 기존에 국민에게 제공했던 '문화재 지리정보서비스'를 '문화재 공간정보서비스'로 명칭을 바꾸고 서비스 품질을 더욱 향상시켰다(도 01). 기존 문화재 지리정보시스템은 2007년에 만들어진 뒤 업데이트와 관리가 제대로 이뤄지지 않아 유명무실이라는 비판이 제기되었다. 이후 꾸준한 고도화 과정을 거쳐 그 동안 문제점으로 제기된 부분을 해결하고 다양한 컨텐츠를 제공하고 있다. 특히 사용자의 접근성과 편의성을 고려하여 포털 사이트 디자인을 사용자중심으로 개선하였으며, 사용자의 정보 이용 목적에 따라 편리하게 정보 활용이 가능하도록 '문화유산 나들이' 지도와 '문화재 보존관리지도'로 구분하여 새롭게 구축하였다.

'문화유산 나들이'는 문화재 검색과 동시에 위치를 지도에 표시하고, 관련 콘텐츠를 제공하는 지도 서비스로 문화재청의 문화유산 정보서비스, 국가문화유산포털, 헤리티지채널, 문화유산연구 지식포털 등에서 제공하는 생동감 있는 문화유산 이야기, 동영상, 사진, 전문지식을 지도기반에서 스토리텔링 방식으로 이용할 수 있다. 반면 '문화재 보존관리지도'는 '문화재보호법', '매장문화재 보호 및 조사에 관한 법률' 등에서 토지이용을 규제하는 문화재 정보를 지도에서 검색·조회 가능하며, 건설공사 예정지역의 상세한 지정·매장문화재 규제정보를 볼 수 있다.

이는 지도에서 문화유산 콘텐츠와 건설공사 예정지역의 문화재 규제정보 확인이 가능한 공간정보 기술과 문화유산정보의 융복합을 보여주는 대표적인 사례이다.

문화재 공간 정보서비스 홈페이지 http://www.gis-heritage.co.kr   01

3) 해외 문화재 GIS의 구축과 활용사례

해외 문화재 GIS 구축 및 활용사례는 미국, 영국, 일본의 사례가 대표적이다. 먼저 미국 문화재 GIS의 특징은 문화재 보존관리를 위하여 적극적으로 예측모델을 개발·활용하고 있다. 이것은 미국 내에 분포하는 문화자료의 특수한 상황에서 비롯된 것이라 할 수 있다. 미국의 문화유산은 대부분 백인의 거주가 본격화된 1837년 이전의 인디언유적이고, 방대한 국토면적에 비해 고고학적 조사가 전혀 이루어지지 않은 지역이 많다. 따라서 최소한의 시간과 비용으로 유적의 존재가능성을 예측할 수 있는 예측모델의 개발은 문화재 관리에 매우 효율적인 도구로 인식되고 있다(강동석 2009:170).

유럽의 경우 고고학적 유적과 관련한 연구는 1970년대부터 시작되었고, 이 시기는 미국과 비슷하다. 특히 영국의 문화재 GIS는 오랜 기간 동안 축적해온 문화재 정보의 데이터베이스 구축을 바탕으로 문화재 관리 및 보존 등을 위한 연구가 활발한 반면, 미국에 비해 예측 모델의 개발은 소극적인 것이 특징이다. 마지막으로 일본의 경우 1990년대 들어 문화재 GIS가 본격적으로 연구되었다. 1960년대부터 전국에 분포하고 있는 유적정보를 작성하여 이를 바탕으로 2000년대 이후 문화재정보에 대한 데이터베이스와 GIS를 구축하여 문화재 GIS를 활용하고 있다.

위와 같은 해외사례를 강동석(2009:171)은 미국은 예측모델을 활용한 과학화를 지향하고 있으며, 영국과 일본은 문화재정보관리에 주력하고 있다고 정리했다. 이어 각 국은 문화재의 보존과 활용 목적을 위하여 GIS를 구축, 효과적으로 이용하고 있다는 점을 설명하며, 이에 기초하여 우리나라 문화재 GIS 구축과 활용에 대한 문화재 정보의 보존관리부분과 이용자의 합리적 의사결정지원을 통한 예측 시스템 개발에 대한 방향성을 제시하였다.

4) 우리나라 문화재 GIS 활용

(1) 문화재 정보의 보존 관리

문화재의 특성상 공간정보와 속성정보가 연계되지 않으면 효과적인 관리·보전이 어렵다는 판단 아래 우리나라 문화재청 문화유적분포지도의 작성사업은 1994년부터 시작되었다(이성주·손철 2009:187). 문화유적 분포지도는 1/5,000 종이지도에 분포의 범위를 표시하는 작업이었으나, 제2차 국가 GIS 구축사업이 시작되던 무렵부터 Digital map에 표시되기 시작했다. 데이터 정보 기록 방법의 변화가 생겼다. 지정문화재의 경우, 문화재의 위치, 문화재구역과 보호구역, 보존영향검토구역 등에 대한 데이터베이스 구축을 진행하였고, 매장문화재는 1990년대 말부터 제작된 문화유적분포지도의 유적정보를 DB화하는 작업을 거쳐 각종 문화재의 공간정보와 속성정보가 GIS를 통하여 구현될 수 있도록 추진하고 있다. 특히 문화재 관리를 위한 행정업무의 대부분은 실측현황도, 보호구역도, 유구배치도, 유적분포도 등 각종 도면과 함께 이루어지는 경우가 대부분이기 때문에 업무의 효율성을 위한 각 공간정보와 속성정보의 통합관리는 필수적이라 할 수 있다.

(2) 이용자의 합리적 의사결정지원을 통한 예측 시스템 개발

문화재 GIS는 문화재보존관리를 위한 의사결정과정에서 객관적인 자료를 제공하는 기능뿐만 아니라, 사업시행자, 조사종사자에게 관련행위에 앞서 사전에 문화재 분포정보를 제공함으로써 보다 합리적인 개발계획 및 조사계획을 수립하는데 도움을 준다(강동석 2009:177). 더불어 문화재분포지도와 예측시스템개발을 통해 예측 불가능한 유적분포로 인한 문화재조사에 따른 소요비용을 줄이고, 사업시행 단계에서 발생할 수 있는 문화재훼손도 방지할 수 있다. 즉 유적 분포가능지역을 선별하여 집중연구함으로써 시간과 진행과정에서 발생하는 비용을 줄일 수 있다. 더불어 지표조사에서 확인할 수 없는 지하매장 유적분포 경향을 가시화하여 조사종사자에게 합리적이고 객관적인 사업계획을 수립할 수 있도록 판단근거를 제시한다. 이는 사업시행자의 개발계획수립에 따른 의사결정을 지원할 뿐만 아니라 유적의 위치, 상대고도, 경사도, 지질 등 여러 가지 주변 환경값을 종합적으로 고려하여 분석할 수 있어, 그 결과 값에 대한 신뢰도를 높일 수 있다는 장점을 가진다.

5) 현 문화재 GIS에 대한 검토

이성주 · 손철(2009:186)에 의하면 고고학연구자가 문화재 GIS 구축사업에 관심을 가지기 시작한 시점은 2007년도부터라고 한다. 그 이유는 새로운 문화재청 용역사업의 내용에 유적의 입지 혹은 분포 예측모델이 포함되었다는 사실이라 밝히고 있다. 즉 예측모델이 단순히 실험적인 학술연구의 차원이 아니라 정책에 반영하기 위한 것이라는 목표가 많은 고고학연구자들로 하여금 기대를 가지게 만들었다. 그러나 사업이 진행되

고 고도화되었음에도 불구하고 많은 연구자들은 현 문화재 GIS 사업에 많은 문제가 있음을 지적하고 있다.

먼저 국가 주도로 진행되는 GIS 사업 내에 존재하는 문화재 GIS 사업이기 때문에 모든 공공부처 간, 행정부처 간, 학계 간 원활한 통합을 지향하면서, 보다 구체적이고 학술적인 정보제공에 한계가 있다는 것이다. 지형, 지질, 토양, 경사도 등을 알 수 있는 자연경관적인 정보뿐만 아니라 여러 축척의 측량도, 항공사진, 위성사진, 적외선사진 등으로 알 수 있는 정보, 도시계획에 대한 지자체 규제에 관한 정보 등 고고학유적의 현황 파악과 관리를 위한 보다 정밀한 범위의 정보제공이 제시되어야 한다.

두 번째, 지속적인 보완과 고도화사업추진이 강화되어야 한다. 문화재발굴예측과 보전의 과학적 접근을 넘어 GIS 환경변화, 과학기술 변화 등을 적절히 반영하고 수용하여, 다양한 환경에 노출되어 있는 사업가, 혹은 소비자들의 요구를 충족시킬 수 있어야 한다. 앞서 언급했듯이 국가주도의 GIS 사업 단계별 진행과정에 맞춰 단계별 발전방향도 중요하지만, 주변 환경 변화에 민감하게 반응하고 적절히 대응할 수 있는 유동적인 사업진행자세가 필요하다.

마지막으로 현실성 있는 정책수립 및 반영이 이루어져야 한다. 문화재 GIS 구축사업은 좁은 의미에서는 문화재의 효율적 보존·관리이고, 넓은 의미로는 이를 바탕으로 한 국가차원에서의 활용일 것이다. 문화재 GIS의 체계화된 데이터가 신뢰성을 가질 수 있도록 하는 충분한 보완과정이 가능하도록 이와 연계된 정책수립과 관리가 필수적이다. 특히 국가지리정보체계(NGIS)의 한 부분으로서 효과적으로 연계되도록 하되 가능한 범위를 정해 대국민 서비스차원에서 사진과 도면 및 간단한 내용을 정보로 공개하여 일반인에게 '참고자료'로 활용할 수 있는 방안이 마련되어야 할 것이다(조영현 2009:211).

나아가 구축과정에서 발생하는 문제점들을 최소화하기 위한 정보입력 매뉴얼 작성, 모든 구축과정을 총괄 책임질 수 있는 조직 구성 등 역할과 시스템 등의 체계적 추진과정에 대한 논의가 지속적으로 이루어져야 할 것이다.

6) 지자체 GIS 사업에서 제기된 2차원 GIS의 한계

윤정미 외(2010)의 연구에서 현재 활용 중인 지자체 2차원 GIS의 한계를 3가지 정도로 제기하고 있다. 첫째, 중앙정부가 개발하고 보급한 GIS시스템들을 응용 혹은 확장하거나 유관사업들과 연계를 추진하여 중앙정부에 의존적 한계를 가지고 있다. 이로 인해 지자체의 사회, 경제적 여건과 특성을 고려하지 못해 지자체간 공간정보화 수준의 격차가 심화되고 있음을 우려하고 있다. 둘째, 공간정보화 및 GIS 기반이 미흡한 것은 소요재원의 부족, 전문 인력의 부족 등과 함께 정책결정자 및 업무 담당자의 GIS 정보화 마인드 부족 등 인력에 관한 한계를 지적하고 있다. 셋째, 종이지도로 작성되었던 복잡한 도면과 대장을 효과적으로 유지, 관리, 갱신하는 큰 장점이 있었으나 이는 2차원으로 구축되어 복잡한 시설물이나 도로와 같은 객체에 대해서는 여전히 직관적 처리가 힘들다는 것을 제기한다. 건물이나 시설물들이 2차원으로만 구현되어 도시의 스카이라인의 변화나 건물 혹은 시설물의 건축이나 철거에 따른 경관의 변화 등을 분석하기에 어려움을 지닌다.

이 세 가지 한계는 중앙정부와 지자체에서만 발생하는 것이 아니라 2차원 GIS를 운용하는 어느 곳에나 적용 가능하다. 공간정보화 수준의 격차발생, 공간정보 전문 인력과 공간정보 마인드의 부족, 직관적 판단이 어려운 2차원적 표현 방법의 한계는 GIS의 활용을 부진하게 만드는 근원적인 이유가 된다.

3. 3차원 GIS의 이해

1) 3차원 GIS에 대한 이론적 배경

2차원의 x, y 위치정보와 이 위치정보에 따른 높이 및 심도, 즉 z값으로 표현되는 공간정보와 각 객체에 따른 재질, 색상, 질감 등과 같은 속성성보룰 이용하여 현실세계를 실제와 유사하게 표현하고 다양한 용도로 분석 할 수 있는 지리정보시스템이다.

3차원 공간정보를 생성하기 위해서는 공간자료의 취득이 필요한데, 이러한 공간자료를 바라보는 관점에 따라 크게 두 가지 관점이 있다. 이는 실세계 공간에 존재하는 것을 하나하나의 객체로 바라보고 이를 표현하는 벡터자료와 실세계를 공간적 연속성의 관점에서 바라보고 그리드(Grid) 혹은 셀(Cell)로 표현하는 래스터자료로 구분된다(O' Sullivan and Unwin 2010). 이는 실세계를 디지털 형태로 축약하거나 표현하기 위한 방법의 차이에 기인하는 것으로 목적에 따라 현실세계를 디지털형태로 표현하는 방법 선택이 달라진다. 3차원은 현실세계의 사물을 높이정보(일반적으로 z값)를 포함하고 있기에 부피를 가진 3차원 객체로 사물을 인식하고, 표면(surface)을 TIN(Triangular Irregular Network) 혹은 DEM(digital elevation model)으로 표현하여 높이 정보를 가진다.

〈표 1〉은 2차원 GIS와 3차원 GIS의 차이를 나타낸 표이다. 기존 2차원 GIS에서는 3차원적인 표현을 위하여 2차원의 데이터에 높이값을 부여한 후 입체적인 모습을 만들고 있으나, 진정한 3차원 GIS가 구현되기 위해서는 각각의 지형지물이 3차원 데이터 모델링을 통하여 개별적인 객체로 구축될 필요성이 있다. 이외에도 대용량 자료 처리, 3차원 공간 분석, 3차원 지오코딩, 다차원 지리정보의 유기적 연계 등의 기능들이 지속적으로 지원되어야 할 것이다(이석민 · 원종석 2006).

2차원 GIS를 지원하는 다양한 기술들이 개발되어 있지만 3차원 GIS를 지원할 수 있는 기술은 2차원 GIS에 비해 미흡한 단계이다. 이는 기술적 한계에 기인하는 것으로 대용량의 공간데이터를 컴퓨터로 처리하고 연산해야하는 것이기 때문에 어려움이 있을 수 있고 3차원의 데이터 획득이 부족한 상황이기 때문에 세세한 분석이 실행되기 어려운 점이 있다. 하지만 이러한 한계를 극복하기 위해 많은 노력이 이루어지고 있으며 3차원 GIS의 발전과 함께 해결될 수 있는 문제들이다.

표 1 _ 2차원 GIS와 3차원 GIS의 비교(이석민 · 원종석 2006:12)

	2차원 GIS	3차원 GIS
데이터 측면	- 2차원 데이터 모델 - 2.5차원의 가시화 - 지형과 지물 표현 - 2차원 혹은 2.5차원의 위상모델	- 3차원 데이터 모델 및 가시화 - 지형과 객체화된 지물의 동시 표현 - 3차원 공간연산/분석을 위한 3차원 위상모델 필요 - 데이터 구축비용이 매우 높음
공간적 측면	- 실세계를 점, 선, 면의 2차원 객체로 일반화 - 매크로한 공간적 범위 (토지이용, 도로 등) - 2차원의 Geocoding(X, Y)	- 실세계와 유사한 입체공간 제공 - 마이크로한 공간적 범위(개개의 건물 등) - 3차원의 Geocoding(X, Y, Z)

시스템 측면	- 2차원 가시화, 2.5차원 데이터 모델,
	  2차원 분석 기능 지원
		- 3차원 가시화, 3차원 데이터 모델,
		  3차원 분석 기능 지원
		- 상대적으로 대용량 처리를 위한 시스템 및
		  네트워크 사양 향상 요구
		- 시스템 기능 구현이 상대적으로 복잡함

응용 측면	- 수평적인 가시성, 모델링, 시뮬레이션,
	  의사결정 지원
	- 2차원 지리정보의 변환 및 연동
		- 수평 및 수직적 가시성, 모델링, 시뮬레이션,
		  의사결정 지원 강화
		- 다차원 지리정보의 유기적 변환 및 연동

2) 3차원 GIS 기술 발전 동향

3차원 GIS 관련 기술은 지표면을 표현하는 2차원적 지형분석에서부터 3차원 지형의 가시화 및 분석 시스템을 거쳐 시뮬레이션 및 의사결정을 지원할 수 있는 3차원 가상세계 단계까지 발전하고 있다.

1980년대 3D GIS는 3차원 지형분석을 2차원적으로 표현하는 수준이었다. 3D 지형분석 알고리즘 개발이 시작되었으나, 컴퓨터 그래픽 기술 부족으로 분석결과를 2D 평면에 표현하는 수준이었다. 하지만 컴퓨터 그래픽 기술의 발달과 하드웨어 성능향상으로 지형의 3D 가시화 및 애니메이션이 가능해져 3D 지형 시각화가 큰 발전을 이룬다.

1990년대의 3D 지형분석에서는 다양한 분석 결과를 3D적으로 표현하는 것이 가능해졌다. 3차원 지형의 단순한 가시화뿐만 아니라 3차원 지형에 대한 다양한 분석의 결과를 3차원적으로 나타내어 사용자의 이해력을 높였다. 이로 인해 모의 군사작전 시스템 등에 응용되기 시작하였다.

2000년대 초에는 다양한 3D 가상도시를 구축했으나 단순한 점들의 집합으로 브라우징 기능만 제공했으며 검색, 분석, 편집 등의 기능이 제한되었다. 그러나 중반 이후 능동적 3D 가상세계의 구현이 실현됨으로 인해 3D 지형과 시설물의 연동 및 능동적 관리, 3D 공간 정보의 검색뿐만 아니라 분석, 편집 가능, 사용자 질의 처리 등을 지원하기 시작했다.

3) 3차원 GIS 구축단계

3차원 GIS를 구현하기 위한 기술요소는 데이터 취득기술과 표현기술로 크게 구분할 수 있는데 데이터 취득기술은 기존 2차원에서 수행되었던 방식에 추가적인 작업을 포함해야 하며, 표현기술은 웹상에서의 3차원 공간데이터 표현이나 LOD(Level Of Detail), 대용량 자료의 압축 기술, 실시간 자료처리 기술 등과 관련이 있다(도 02).

3차원 GIS의 구축단계는 간단하게 다음과 같은 4단계로 이루어질 수 있다.
① 자료수집단계: 일반측량, 항공측량, LiDAR측량 등을 통한 공간정보 획득
② 3D 수치지도 제작단계: 건축물, 지형, 도로, 시설물 등의 형태, 크기를 추상화, 모델링하고 3D 매핑을 통해 실사 재현
③ 속성 데이터 입력단계: 공간속성데이터 입력

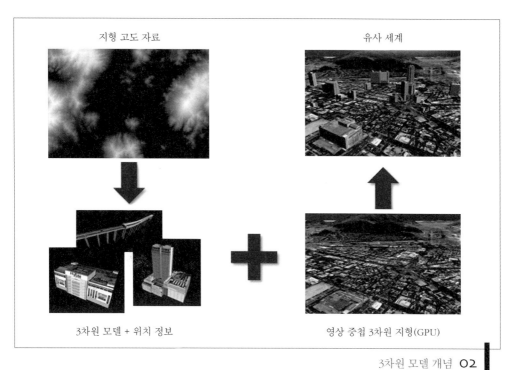

지형 고도 자료

유사 세계

3차원 모델 + 위치 정보

영상 중첩 3차원 지형(GPU)

3차원 모델 개념 **O2**

④ 시스템통합 및 운용단계: 정보검색시스템, web시스템, 시뮬레이션, 각종 응용시 스템 구축, 기존 시스템과 통합

4) 데이터 취득 기술의 발달

2차원 GIS 시스템 구축과 마찬가지로 3차원 GIS에 있어서도 데이터를 구축하는 것은 큰 부분을 차지한다. 구축비용은 구축되는 공간정보의 상세함의 정도에 따라서 비용이 기하급수적으로 수요 된다. 따라서 공간 및 속성데이터를 효율적으로 즉, 저비용으로 손쉽게 취득할 수 있는 방법을 찾는 것이 중요하다. 따라서 국가에서 시행하고 있는 NSDI 자료를 잘 활용하고 더불어 적절한 3차원 데이터의 획득이 고려되어야 한다.

고해상도 영상의 취득에는 항공사진 측량과 인공위성 영상 활용으로 크게 구분될 수 있다. 항공사진 측량은 작업방법이나 정확도에 있어 신뢰를 가질 수 있는 방법으로 대규모 지역에 대한 데이터 구축에 있어 많은 장점을 가지고 있다. 동일한 지역을 촬영한 2개 이상의 항공사진과 기준점을 이용하여 지형지물에 대한 3차원 모델을 구성하여

3차원 정보를 추출할 수 있다. 정확도는 수 센티미터로 매우 높으나 구축하는데 많은 비용이 든다. 이와 더불어 풍부한 고해상도 위성영상의 공급 및 활용이 가능해지고 자동화된 3차원 지형정보의 획득 및 활용이 가능해졌다. 지상해상도 1미터 이하의 상업용 인공위성 발사로 인하여 위성사진의 활용성은 높아지고 있다. 3차원 추출 방법은 항공사진과 유사하다.

3차원 공간정보를 구축하고 활용하기 위한 움직임들이 활발하게 이루어지고 있는 가운데 데이터를 취득하는 방법으로 LiDAR의 효용성이 높게 평가되고 있다. 미국의 NOAA(National Oceanic and Atmospheric Administration) Coastal Services Center에서 발간한 문서(Keil Schmid, Kirk Waters, Lindy Dingerson, Brain Hadley, Rebecca Mataosky, Jamie Carter, Jennifer Dare 2008)에 의하면 DEM 생성 시 시간소비적이며 노동집약적인 사진측량에 비해 LiDAR를 이용하였을 경우보다 수직적 정확도와 수평적 해상도가 뛰어나고 최신성 유지에 보다 효율적이라고 지적하고 있다. LiDAR는 신속, 정확한 3차원 데이터의 생성이 가능할 뿐 아니라 3차원 점 자료와 수치영상을 동시에 취득할 수 있어 활용분야의 확대가 기대된다. 또한 이를 바탕으로 다양한 활용 기술의 발전을 도모하고 있으며 기존의 항공측량에 비해 저렴한 비용으로 신속한 자료처리가 가능하여 다양한 분야에 적용 할 수 있다. LiDAR는 항공측량도 가능하지만 지상 LiDAR를 통해 수직적 측량을 더욱 세밀하게 할 수 있다.

5) 변화하는 환경과 기술

(1) 웹 GIS의 발달

지도는 전통적으로 우리 인간들의 각종 정보를 저장 및 표현하는 대표적인 매개체이며, 우리가 살고있는 환경의 형태, 관계 등과 같은 각종 지리정보를 시각적으로 표현하는 대표적인 도구이다. 이러한 지도를 연구하는 지도학(Cartography)은 정보 통신 기술의 발달에 따라서 컴퓨터 지도학(Computer Cartography), 인터넷 지도학(Internet Cartography), 멀티미디어 지도학(Multi-media Cartography) 등으로 발전하였다. 지도학의 발전은 기존의 지도 제작자 중심의 일반적인 지도(view-only map)에서 지도 사용자가 사용자 인터페이스를 이용하여 지도를 조작하는 상호작용적 지도(Interactive map)로 지도 형식을 변화시켰다. 또한 개인용 컴퓨터가 보급되면서 지도학 전문가뿐 아니라 일반인들도 지도 제작에 참여하면서 지도학의 수요가 증가하고 있다. 특히 인터넷 기술 발달은 웹 환경 지도 서비스를 발달시켜 지도학의 수요증가에 크게 기여하였다.

지난 수십 년간 전 세계는 공간적 한계를 극복하고 인간의 공간을 더욱 효율적이고 효과적으로 활용하기 위해 GIS 시스템을 활용한 새로운 디지털 가상공간을 개발하기 시작하였다. 21세기에 들어 유비쿼터스 기술이 빠르게 발전함에 따라 물리적인 실세계와 새로운 디지털 가상공간을 융합시켜 제3의 공간을 창출하려는 움직임이 대두되고 있다. 이는 실세계와 가상세계를 연계하며, 물리적인 공간과 디지털 가상공간이 융합된 제3의 공간을 표현하고 활용하는 플랫폼 등의 기반을 의미한다. 지리정보를 오픈소스 환경에서 활용한다는 것은 기존의 S/W 벤처들에게 종속되어 있던 기술이나 상용 DataBase(DB)로 제한되어 있던 자료들로의 접근이 용이해졌음을 의미한다. 이러한 흐름으로 인해 업체들 사이에서 지리정보 플랫폼에 대한 경쟁은 더욱 치열해 지고 있다. 현재 세계 최대의 인터넷 업체인 구글은 지도정보 사이트인 구글 맵 사이트(http://maps.google.com)를 운영하고 있으며 별도의 데스크탑 환경에 설치되는 플러그인 소프트웨어로 운영되는 영상지도인 구글 어스(Google Earth)를 제공하고 있다.

(2) 모바일 환경의 변화

지리정보를 둘러싼 환경의 변화와 관련해 최근 모바일 산업의 발달은 주목할 만하다. 고성능 휴대 단말기의 등장은 언제 어디서나 인터넷을 사용하고 다양한 콘텐츠에 접근하고 싶어 하는 이용자들의 욕구를 충족시켜 주고 있다. 또한 무선·모바일 네트워크의 발달은 모바일 웹 2.0과 같은 모바일 인터넷 환경을 가능하게 하여 기존의 음성통화가 기본인 제한적인 통신 수단에서 대표적인 커뮤니케이션이 가능한 하나의 독립적인 미디어로서 자리를 잡았다. 지리정보시스템, 컴퓨터 그래픽, 데이터베이스, 멀티미디어와 같은 정보 기술을 모바일 분야에 적용시켜 공간 정보를 이용자가 능동적으로 활용할 수 있게 하였다. 모바일 디바이스를 통한 지리 정보 기술은 항상 켜져 있으며 인간이 다루는 대부분의 정보와 정보검색 등이 위치정보와 관련 있다는 점에서 구글, 마이크로소프트 등의 많은 거대 기업체들이 관심을 갖고 있다.

최근 모바일 환경의 대표적인 특성은 다음과 같다.

첫째, 사용자로부터 정보에 대한 접근성이 향상된다. 스마트폰은 인터넷이 가능하기 때문에 이를 이용하는 사용자가 정보를 획득하는 과정에 있어 예전에 비해 시공간적 제약을 적게 받는다. 또한 획득한 정보에 대해 실시간 반응이 가능하다.

둘째, 위치정보 기반 서비스가 확대된다. 스마트폰에 내장된 GPS(Global Positioning System)를 통해 획득된 사용자의 현재 위치정보는 사용자에게 주변 정보를 제공해주는

GeoRSS와 같은 서비스를 가능하게 한다.

셋째, 공간적 멀티태스킹(Multi-Tasking)이 가능해진다. 기존 데스크탑 환경에서는 음악을 들으면서 업무를 하는 등의 멀티태스킹은 가능했지만 장소를 이동하면서 업무를 하거나, 정보를 검색하는 등의 멀티태스킹은 불가능하였다. 스마트폰의 등장은 사용자가 이동과 동시에 정보를 획득하는 것이 가능해졌다.

넷째, 상황인식서비스(Context-Aware Service)이다. 상황인식서비스는 사용자의 주변 상황을 인식하고 판단하여 사용자에게 유용한 정보를 제공하는 것을 의미한다. 이런 점에서 상황인식서비스는 "위치기반정보서비스"와 비슷한 맥락이라고 볼 수 있다. 스마트폰이 상황인식을 위해 필요로 하는 상황정보는 사용자가 컴퓨터와 커뮤니케이션을 하는 시점에서 이용되는 정보를 뜻하며, 사용자정보를 비롯하여 시간, 위치, 활동 상태 등 모든 정보를 포함한다.

(3) 시각화 방법의 다양화

컴퓨터와 정보통신기술의 발달은 증강현실기술의 개발을 가져와 군사, 의료, 교육, 방송, 게임 등의 분야에서 활발히 활용되고 있다. 지리정보나 자동차 항법시스템에 접목시킨 활용사례는 인터넷을 통해 쉽게 찾아볼 수 있다. 증강현실(Augmented Reality:

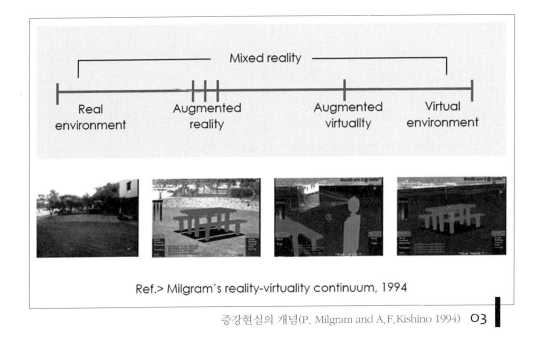

증강현실의 개념(P. Milgram and A.F. Kishino 1994) **03**

AR)이란 사용자가 눈으로 보는 현실세계와 부가정보를 갖는 가상세계를 합쳐 하나의 영상으로 보여주는 가상현실(Virtual Reality: VR)의 한 분야이다(도 03). 가상환경 및 가상현실에서 파생된 용어로 실제 환경에 컴퓨터 그래픽 영상을 삽입하여 실시간 영상과 가상의 영상을 혼합하여 사용자가 보고 있는 실세계의 영상과 컴퓨터가 생성한 가상의 영상이 실시간으로 합성된 영상을 제공하여 사용자에게 실세계에 대한 이해 및 현실감을 높여 주는 기술이다(장병태 1997).

증강현실 관련 기술연구가 본격적으로 시작된 것은 1990년대 초 보잉사가 "Augmented Reality"라는 신조어를 등장시키면서부터 시작되었다.

4. 사회적 관심과 3차원 GIS기술 활용 가능성

2005년 4월 강원도 양양 산불로 인한 낙산사 화재사건, 2008년 2월 숭례문 화재사건은 그동안 허술했던 문화재 방재 관리에 큰 경종을 울렸다. 그러나 문화재가 처한 위험들은 화재에만 국한된 것이 아니다. 도난과 훼손 등 물리적인 위험과 주변지역개발에 따른 문제와 무관심 등 보이지 않는 위험 요인들이 문화재를 위협하고 있다. 목조 문화재는 화재에 취약하며, 석조 문화재는 물리적, 화학적 풍화에 의해 자연적인 훼손에 노출돼 있다. 대한지적공사에서 지상 LiDAR를 이용하여 강원도 양양 낙산사 시범사업, 동해시 촛대바위 안전성 검토 3D 스캔, 영월 청령포 문화재 3D 측량, 명동성당 등 문화재 3차원 측량이 이루어지고 있는 활용사례가 있다[4]. 이는 지상 레이저 측량을 통한 문화재의 모니터링 도구로써 이용 가능함을 시사한다. 예컨대 문화재 보존을 위해 모니터링이 사용되어 진다면, 주기적인 LiDAR 측량을 통해 문화재의 훼손정도를 파악하거나 문화재의 손상으로 인해 복원을 해야 하는 경우 주기적으로 축적된 모니터링 자료를 복원 근거로 사용할 수 있을 것이다.

또한 이를 문화재 발굴현장에 적용하여 체계적인 문화재 발굴을 위하여 문화재 발굴 모니터링을 가능케 할 수 있다. 문화재 발굴현장의 여러 사료들을 LiDAR 측량을 통해 디지털화 하여 관리하게 된다면 디지털 자료로서 사이버 공간상에 표현되어 질 수

---

4 대한지적공사 블로그 애지중지-http://blog.naver.com/kcscpr

있으므로 사이버 박물관이 탄생할 수도 있다.

문화재 및 고고학 분야에 사용될 수 있는 기술로는 GIS, USN(Ubiquitous Sensor Network) 기술, LBS(Location Based Service) 기술 등이 있다. 이 기술들은 u-City의 핵심 기술로 주목받고 있다. 먼저 GIS기술은 전자지도 및 3D 가상현실을 기반으로, 위치와 연동된 다양한 정보를 제공·관리하기 위한 데이터베이스 구축 및 시스템 개발에 이용 된다. 실제와 가깝게 3차원으로 문화재를 표시하고 지도상에 위치정보를 제공할 뿐만 아니라 각종 기록들을 관리하는 바탕이 되는 기반 기술이다. USN기술은 다양한 저전 력 센서 및 무선통신기술이 결합하여 무선네트워크를 통해 센서 계측정보를 실시간으 로 수집하기 위한 기술로 문화재 상태를 실시간으로 감시하고 관리하는 기술이다. 온 도와 습도, 연기 등 기본적인 센서부터 최근 적외선 감지, 압력감지 등 다양한 센서들이 개발되고 있다. LBS기술은 위치를 기반으로 한 정보 제공, 안전관리, 긴급상황대처 등 다양한 서비스를 제공하기 위한 위치추적 등에 이용되는 기술이다. 현재 u-문화재관리 를 위한 3D GIS기술은 시설물관리, 재난재해 관리 위주로 발전되고 있으며, 최근에는 그 응용 분야가 다양화 되고 있는 추세다. 3D GIS 및 USN기술을 연동하여 실시간 시설 물 상태를 3차원 가상현실 상에서 모니터링하는 사례가 시범적으로 시행되고 있다.

유비쿼터스시대에는 웹 기반으로 문화재들을 통합관리하고, 문화재 현장관리업무 와 실시간으로 정보를 공유하여 유사시 신속한 대응체제를 마련하게 될 것이다. 또한 화재 발생여부, 개폐여부, 충격 발생여부 등 문화재 상태를 실시간으로 수집하기 위해 USN 센서를 설치하여 운영하고 유·무선 인터넷과 연계하여 센서정보를 원격으로 수 집한다. 이렇게 수집되는 실시간 센서정보를 문화재의 3D GIS 모델 상에서 모니터링하 며 비상시 관련기관에 자동 경보 및 알람, SMS 발송 등의 방법을 통해 전달한다. 문화재 의 3D GIS 모델은 향후 복원 등에 이용할 수 있도록 문화재청에서 3D 실사 모델로 구축 하고, 대국민 서비스로 문화재 정보 서비스 및 관광안내 서비스 등에 활용이 가능하다.

안형기의 연구(2010)에서는 GIS의 활용방안으로 공간분석기술, 3차원 시뮬레이션 기술을 소개하고 있다. 공간분석은 인문환경을 포함한 여러 가지 자료를 정량화하여 공간적 위치를 기반으로 GIS를 이용하여 분석·표현하는 것인데 등고선, 경사도, 경사 면, 경사향, 음영기복, 가시권분석 등이 포함된다. 경사도와 지형 단면 분석은 도로나 강 또는 x축이나 y축을 따라 지형을 가로질러 지형 단면선을 만들 수 있다. 많은 GIS 프 로그램은 두 점 사이의 직선이나 축을 따라 지표 고도를 보여주는 지형 단면선을 만들 어 보여 줄 수 있다. 경사도는 등고선도에서 계산될 수도 있으며 등고선의 간격이 좁으 면 경사가 급한 것을 나타낸다(도 05).

경사(slope)와 경사향 (aspect)은 경사의 양(가파른 정도)과 경사방향을 나타내는 말이다. 이는 수학에서처럼 고도를 x와 y의 연속면함수라고 하면, 그 면은 경사나 경사도를 가질 수 있다고 생각할 수 있다. 이러한 값들은 여러 개의 계측이나 혹은 연속된 음영 (shade)을 이용해 나타낼 수 있다.

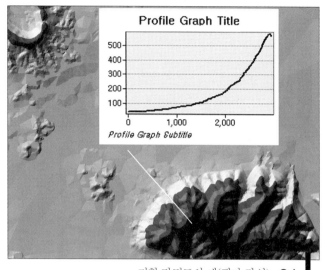

지형 단면도의 예(필자 작성) **04**

　특정한 고도의 두 지점 간에 연결선을 그린다고 가정하면 그 연결선이 지형과 교차하는지를 알 수 있다. 만약 그 연결선이 지형과 교차한다면 그 선의 한쪽에 있는 사람이 다른 쪽에 있는 사물을 볼 수 없을 것이다. 이러한 속성을 시계(intervisibility)라고 한다. 한 지점에서 주변으로의 모든 시계를 계산하여 형성된 지역을 분석하는 것을 가시권(viewshed)분석이라고 한다.

　3차원 시뮬레이션은 불규칙 삼각망(Triangulated Irregular Network: TIN) 혹은 수치고도 모델(Digital Elevation Model: DEM)을 이용하여 실제적인 지형의 모습을 3차원으로 보여줄 수 있다. 불규칙 삼각망은 GPS에서 수집되거나 혹은 수치지도상에 표시된 선에서 추출된 점을 이용하여 그 점들을 연결한 일련의 삼각형 망으로 구성되는데, 그 삼각형으로 전체 지형을 나타낸다. 수치고도 모델은 고도값을 저장하는 셀을 규칙적인 격자로 나타내어 각 고도값에 해당하는 만큼 높이 값을 할당하여 3차원 모형을 만든다. 수치고도 모델은 해상도에 따라 그 결과물의 정확도가 달라지며 파일 용량도 달라진다. 이러한 불규칙 삼각망 혹은 수치고도 모델을 이용하여 만들어진 모습은 지형의 형태만 모델링하는 것으로 이렇게 모델링된 표면에 위성영상이나 항공사진 등 2차원적 디지털 데이터를 합성하여 실제와 비슷한 모양을 만들어 낼 수 있다(도 04).

　오현덕과 신종우의 연구(2010)에서는 GPR(Ground Penetrating Radar)탐사를 이용하여 경주 월성지역의 매장유구를 탐색하고 몇 개의 구역으로 특정지을 수 있는 크고 작은 건물지군이 있는 것을 확인했다. 이 연구에서 매장유구에 대한 탐사는 지하의 깊

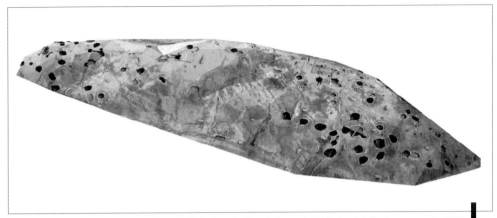

연기 월산리 황골유적 1지점 3D 유구분포도(안형기 2010:193) 05

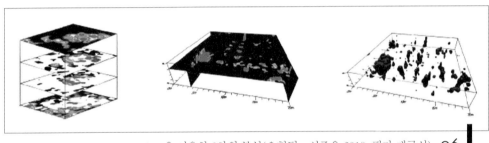

GPR을 이용한 3차원 분석(오현덕 · 신종우 2010, 필자 재구성) 06

이에 따라 변회는 평면적 유구 현황 분석을 위해 3차원 탐사가 실시되었고 Slice Overlay 분석법을 적용하여 Isolated Surface영상을 생성하였다. 이 영상을 이용하여 주변의 흙을 제거하고 원하는 매장 유구만을 입체적으로 나타낼 수 있었다고 한다(도 06).

5. 결론

최근 국내외적으로 3차원 디지털 영상을 통한 문화재 복원 및 관리 활용 등이 선보이며 과거와는 달리 새로운 문화재관리의 개념이 도입되었다. 후손에게 물려줄 문화재를 3차원 디지털화를 통해 영구 보존할 수 있는 방안을 제시하고, 첨단 디지털기술을 이용한 문화재의 우수성을 다양한 콘텐츠와 방법으로 알릴 수 있게 되었다. 또한 이를 활용한 새로운 사업을 통해, 문화재가 가지는 가치를 개척해 나가는 시대가 왔다. 또한 이를 넘어 이미 유실된 문화재의 복원을 통한 문화재 재현을 통해, 3차원 영상으로 재현된 문화재로 가상박물관 운영도 가능할 것이다. 이는 가상현실을 가능케 하는 기술의 발전과 더불어 단순히 보고 배우는 수준에서 만지고, 듣는 새로운 형태의 체험박물관도 가능해질 것이다.

앞서 언급했듯 이 모든 변화는 3차원 디지털기술의 발달과 함께 발생할 수 있다. 최근 GIS기술 도입으로 과학화를 지향하는 문화재 GIS에서 3차원 디지털기술은 이제 필수요소로 작용할 것이다. 단순히 데이터의 과학화를 넘어 3차원 디지털기술의 접목은 크게 데이터수집, 분석방법, 시각화에서 많은 변화를 보일 것으로 예상된다.

먼저 데이터 구축과정에서의 변화를 정리해 보면, 2차원적 지형 표현에서 3차원 지형표현의 변화는 실세계를 최대한 모방하려는 의지이다. 현재 존재하는 문화재에 대한 보다 정확한 형상 보존과 매장되어 있는 문화재를 찾기 위한 매장문화재 GIS의 예측시스템의 정확성을 높이기 위한 방안으로 3차원 GIS기술이 필요하다. 가령 문화재연구는 문화재 자체로도 연구대상이나 문화재 주변지형(석호, 사구, 구릉, 곡저면, 하천, 고도, 경사도, 토지이용)에 대한 정보 역시 문화재연구에 필수정보이다. 3차원 문화재 GIS는 2차원의 지도에서 각각 살펴봐야 하는 지형정보, 문화재 주변정보 등을 모두 기록할 수 있다.

두 번째, 3차원 GIS에서 수집한 데이터를 이용한 분석방법의 다양화이다. 2차원 GIS 환경에서 불가능했던 기능들이 3차원 GIS의 확대로 인해 다양한 분석방법들이 제공되었다. 이는 3차원 GIS를 기반으로 한 공간분석 기능을 문화재 GIS에서 적용이 가능함을 의미한다. 3차원 영향권 분석(3D Buffering Operation)은 구, 실린더, 원의 형태로 표현이 가능하여 3차원적인 영향권 범위를 살펴볼 수 있다. 가시권분석(Lantern Operation) 기능은 3차원 공간분석에서만 가능한 기능으로 기준이 되는 위치에서의 가시영역 분석이 가능하다.

마지막으로 새로운 차원의 시각화가 가능하다는 점이다. 강동석(2009:174)은 보존과 개발 사이의 갈등이 상존하는 문화재분야에서 지리정보체계가 지원하는 여러 기능 및 역할 등은 문화재의 보존관리에 미치는 영향이 크다고 언급했다. 또한 이러한 의사결정시스템은 GIS의 활용분야에 있어서 가장 광범위한 영역을 차지할 수밖에 없으며, 문화재 GIS 활용방안의 핵심요소로 지적했다. 이는 보다 과학적이고 객관적인 판단 기준을 시각적으로 제시하여 합리적인 의사결정을 할 수 있게 하기 때문이다. 특히 3차원 GIS의 시각화는 현실세계의 직관적인 반영뿐만 아니라 시계열적인 변화를 애니메이션을 통해 살펴볼 수 있어, 사용자들의 이해도를 높일 수 있을 거라 예상된다.

입체 미디어에 대한 일반인의 접근기회가 증가됨에 따라 3차원 컨텐츠에 대한 소비 욕구도 함께 증가되었다. 특히 스마트폰의 보급으로 인해 다양한 3차원 영상의 컨텐츠는 일상생활에서 쉽게 접할 수 있다. 따라서 공간정보 소비 환경은 더욱 개인 수요자, 쌍방향의 웹환경, 일상생활에 스며드는 공간정보 비즈니스 모델, 타 시스템과 유기적인 GIS의 통합 환경 등으로 변화될 것으로 예상된다.

3차원 GIS데이터는 시각적 표현에 강점을 가지고 있기 때문에 실생활과의 연계를 도모하여 IT기술 및 서비스와 융합될 경우 다양한 부가가치를 창출할 것으로 예상된다. 예컨대 유비쿼터스기술과 3차원 GIS기술을 통해 구현된 장치들은 가상 주거공간에서 사이버 생활을 체험할 수 있는 장을 제공할 것이다. 새로운 부가가치의 창출은 새로운 비즈니스를 발생시킬 것으로 예상되며, 이에 대비한 치밀한 활용 전략을 수립하여야 한다.

또한 이러한 기술 및 활용적 측면을 위해서는 시스템적인 관리, 소통, 연계의 기반이 충분히 갖추어져야 한다. 데이터, 시스템의 관리는 이에 대한 충분한 지식이 있는 인력에 의해 완결될 수 있다. 시스템에 대한 이해뿐만 아니라 문화재 혹은 고고학에 대한 이해를 충분히 갖춘 인력 양성이 이루어져야 한다.

앞에서도 살펴본 바와 같이 웹, 모바일에서의 환경 변화는 소통 방법의 다양화를 간과해서는 안 된다는 점을 시사한다. 시스템과 사람의 소통에 있어 다변화에 대한 꾸준한 관심이 필요하며 이는 다양한 학문과의 적극적인 교류를 통해 해당 분야에 적절한 소통방법을 찾아나가야 한다. 또한 국가 NSDI의 취지에 발맞추어 데이터의 불필요한 중복 생산을 막기 위해서라도 다른 시스템과의 연계를 강화해야 한다.

參考文獻

國文

강동석, 2009, 「해외 사례를 통해 본 문화재GIS 활용방향」, 『국제학술심포지움 문화재GIS활용과 정책방향』, 문화재청.

안형기, 2010, 「고고학연구에 있어 GIS의 활용」, 『문화재』 43권 3호, 국립문화재연구소.

오현덕·신종우, 2010, 「GPR탐사를 통해 본 경주 월성의 유적 분포 현황 연구」, 『문화재』 43권 3호, 국립문화재연구소.

윤정미·옥진아·서용철·김태우, 2010, 『충청남도 3차원 GIS 구축·운영 실태 및 활성화 방안』, 충남발전연구원.

위광재·조재명·이임평·강인구, 2007, 「LiDAR 데이터를 이용한 등고선 제작의 효율성 평가」, 『한국지형공간정보학회지』 15권 2호, 한국지형공간정보학회.

이석민, 원종석, 2006, 『3차원 GIS를 이용한 서울 가상도시 구축방안 연구』, 서울시정개발연구원.

이성주·손 철, 2009, 「매장문화재GIS 활용과 전망」, 『국제학술심ㅍ지움 문화재 GIS활용과 정책방향』, 문화재청.

장병태, 1997, 「증강현실기술」, 『정보과학회지』 15권 11호, 한국정보과학회.

조영현, 2009, 「매장문화재GIS 정책방향과 과제」, 『GIS를 이용한 문화재 보존관리와 활용』, 한국문화재조사연구기관협회.

한국개발연구원, 2010, 『3차원 공간정보(정사영상·수치표고모형) 구축사업 예비타당성조사 보고서』.

대한지적공사 블로그 애지중지 - http://blog.naver.com/kcscpr

문화재공간정보서비스 홈페이지 - http://www.gis-heritage.go.kr

英文

An Introduction To LIDAR Technology, Data, And Applications, NOAA Coastal Services Center.

Milgram, P. and Kishino, F., 1994, A Taxonomy of Mixed Reality Visual Displays, IEICE Transactions on Information Systems 77:1321~1329.

NOAA Coastal Services Center, 2008, An Introduction To LIDAR Technology, Data, And Applications.

O' Sullivan, D. and Unwin, D, J., 2010, GEOGRAPHIC INFORMATION ANALYSIS 2nd ed., Wiley & Sons, Inc.

VII.
고고지자기 연대측정법의 신조류

성 형 미 동양대학교

1. 서론

1990년대 후반부터 국내에서 고고지자기 연대측정법을 본격적으로 활용하게 되었고 유적조사 건수가 급격하게 늘어남에 따라 고고지자기 분석데이터도 비약적으로 증가하게 되었다. 이에 따라 다양한 형태의 연구 성과를 이루어 냄과 동시에 우리나라의 고고지자기 표준곡선의 개략적인 모습을 특정한 시기에 대해서는 꽤 상세한 부분까지도 파악할 수 있게 되었다. 본고에서는 지금까지 필자가 고고지자기 연대측정법과 관련하여 발표한 논문들을 중심으로 하여 고고지자기기 연대측정법의 다양한 적용방법과 지금까지의 연구 성과를 정리해보고자 하며[1], 우리나라의 상세한 고고지자기 표준곡선을 완성하기 위해서 이제까지 축적된 데이터를 소개하고자 한다. 특히 최근에 청동기시대 유적에 대한 고고지자기 측정데이터가 많이 축적되었으며, 또한 신석기시대 주거지에서 채취한 소토시료를 측정한 결과를 통해 새롭게 신석기시대의 고고지자기 측정데이터도 조금씩 모이게 되어 서력기원전 시기의 고고지자기 변동모습을 상당부분 파악할 수 있게 되었다. 이러한 자료들을 통해 고고지자기 연대측정법이 국내에서

---

1 4장의 내용은 필자가 기존에 발표한 논문(2005・2006c・2011a・2011b・2012)들을 수정 보완하고 정리한 것으로 일정부분 중복되는 내용이 있음을 미리 밝혀둔다.

유력한 자연과학적 연구방법으로 정착함과 동시에 고고학적 편년연구에도 상당한 도움을 줄 수 있을 것으로 기대한다.

2. 원리

1) 지자기와 변동

지자기는 방향과 크기(강도)를 가진 벡터량이다. 어떤 장소의 지자기는 편각(declination), 복각(inclination), 전자력(total force), 혹은 수평분력(horizontal component)의 3요소로 표현할 수 있다. 이것들을 지자기의 3요소라 부른다. 도 01에서 알 수 있는 것과 같이 편각(D)은 지자기 벡터를 수평면에 투영하였을 때 수평분력(H)이 지리학적인 북(진북)의 방위와 이루는 각도이며, 복각(I)은 수평면으로부터의 경사각이다. 편각과 복각은 지자기의 방위를, 전자력(F)은 지자기의 강도를 나타낸다.

지자기를 직접 관측하여 지구자장의 방향을 알 수 있게 된 것은 영국 런던에서 16세기 후반에 시작된 연속적 관측이 가장 오래된 기록이며, 그것에서도 명확하게 지자기영년변화가 보여진다. 그러나 그 이후 400년 이상의 관측결과를 가지고 볼 때는 그 변동은 그것 이상의 긴 주기인 모양으로 변동주기는 알려져 있지 않다. 영국 런던의 그리니치에서 16세기 후반부터 이루어지고 있는 관측에서는 변동 폭이 편각은 약 35°, 복각은 20° 정도로 큰 편이라는 사실이 확인되었고, 조금 늦은 17세기부터 관측이 시작된 파리나 로마에서도 상당히 비슷한 변동이 기록되어 있다. 하지만 지리상으로 거리가 떨어져 있는 미국 보스턴에서는 이들 유럽의 변동과는 커다란 차이가 있음을 도 02에서 알 수 있다.

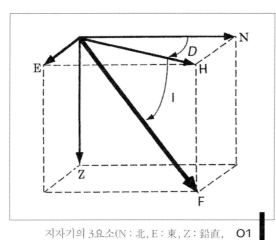

지자기의 3요소(N : 北, E : 東, Z : 鉛直, **O1**
D : 偏角, I : 伏角, H : 水平分力, F : 全磁力)

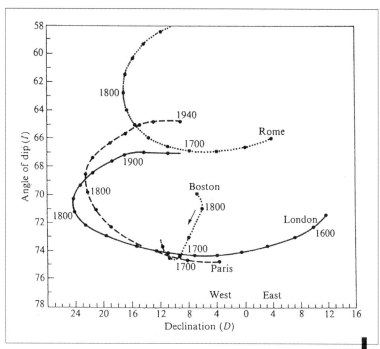

관측에 의해 구해진 런던, 파리, 로마, 보스턴의 지자기 영년변화(Aitken 1974) 02

즉 지구상의 장소(위도, 경도)가 다르면 지구자기장의 방향과 세기도 달라진다. 또한 십수년 정도의 시간이 경과한 것으로는 변동폭이 확인되지 않을 만큼의 상당히 느릿한 변화이지만 시간적으로도 변화하고 있으며, 이것을 지자기영년변화라고 부른다. 이와 같이 지자기는 지역에 따라 차이나며 같은 지역에서도 일정하지 않은 불규칙한 시간적 변동을 보이고 있는 것으로 알려져 있다. 연속적인 지자기의 직접관측에 의해 편각과 복각이 동시에 긴 주기의 변화가 검출되고 있다.

2) 고고지자기 연대측정법

흙에 포함된 주된 磁性鑛物(자석이 될 수 있는 광물)은 磁鐵鑛(magnetite, Fe_3O_4)이나 赤鐵鑛(hematite, Fe_2O_3) 등의 철 산화물이다. 흙이 불에 구워져 고온까지 가열되면 이들 자성광물은 각 광물이 가지는 고유의 온도에서 磁性(자석이 되는 성질)을 잃어버리게 된다. 반대로 고온에서 식혀져 가열의 과정에서 자성을 잃어버렸던 온도까지 내려가면 거듭 자성을 되찾아 자석이 되려고 한다. 이 고유의 온도를 퀴리점이라고 하며 자철광에서는 578℃, 적철광에서는 675℃이다. 퀴리점 이상의 고온의 상태로부터 磁場中에서 냉각되면 작용하고 있는 외부자장의 방향으로 磁化된다. 요지나 노지 등의 유구에 남겨진 소토는 지구자장 안에서 가열되어 냉각되기 때문에, 자성을 되찾았을 당시의 지구자장 방향의 자화를 획득한다. 이와 같은 자화를 熱殘留磁化(thermoremanent magnetization: TRM)라고 한다. 열잔류자화는 常溫에서는 자기적으로 상당히 안정된 것이 많으며 수백만 년이 지나도 잔류자화의 방향이나 세기는 변하지 않고 보존된다. 따라서 소토는 구워진 당시, 그 장소의 지자기 방향이나 강도를 열잔류자화의 형태로 기억하는 것이 된다. 열잔류자화는 눈에는 보이지 않지만 과거의 지자기를 기록하고 있는 '地磁氣의 化石'이라고 말할 수 있는 것이다. 소토를 가지는 다양한 시대의 유구로부터 시료를 채취해서 그것들의 잔류자화를 측정하여 측정결과를 시대 순으로 나열하는 것에 의해 과거 지자기의 변동 모습을 알 수가 있다. 이와 같이 고고학적 유물이나 유구로부터 시료를 얻어 고고학이 취급하는 시대의 지자기를 밝히는 연구를 考古地磁氣學(archeomagnetism)이라고 한다.

지자기의 직접관측이 아닌 고고지자기학적 측정에 의해 구해진 변화를 고고지자기 영년변화(archaeomagnetic secular variation)라고 한다. 일본에서는 北陸·東海지방에서 九州 북부에 걸치는 서남일본의 각지에 분포하는 유적으로부터 채취한 소토시료에 대해 고고지자기 측정이 이루어진 결과, 도 03과 같은 과거 2000년간에 대해서는 상당히 상세한 고고지자기변동곡선이 구해져 있다(Hirooka 1971, 廣岡 1977). 게다가 일본열도 정도의 규모로 공간적인 넓이를 가지면 지구자장의 지역차는 무시할 수 없을 정도로 클 것이라는 가능성에 대해서도 이미 지적된 바 있는데 (廣岡 1981), 최근 고고지자기 데이터의 축적이 진행된 결과 후쿠이·이시카와·토야마·니카타 서부의 北陸地方에 대한 서력 500년부터 1550년까지의 北陸版(廣岡

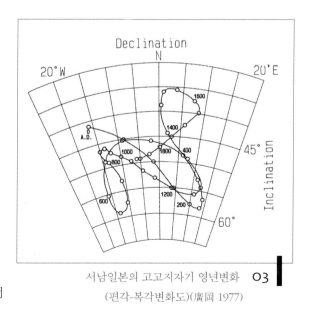

서남일본의 고고지자기 영년변화　**03**
(편각-복각변화도)(廣岡 1977)

1989 · 1997)과 기후 · 아이치를 중심으로 한 동해지방의 10세기 이후 東海版(廣岡 · 藤澤 1998)의 고고지자기변동곡선이 만들어질 수 있게 되었다. 이것에 의하면 전체적으로 복각이 수 도 정도 깊으며, 또한 중세시대의 편각이 동쪽으로 치우친 정도가 서남일본 만큼은 현저하지 않다는 것이 밝혀지게 되었다. 이 변동곡선이 과거의 지자기변동을 정확히 기록하고 있는 것이라면, 소성연대를 알 수 없는 소토의 잔류자기 방향을 측정하여 변동곡선과 조합하는 것에 의해, 고고지자기학적으로 연대를 추정하는 것이 가능하다. 이 것이 고고지자기 연대측정법이다.

지구자장의 방위는 지역에 따라 다르지만 유감스럽게도 우리나라에는 아직 고고지자기변동곡선이 작성되어 있지 않은 상태이므로, 우리나라와 지리적으로 가장 가까운 서남일본의 고고지자기변동곡선을 어쩔 수 없이 준용하고 있다. 지금까지 이루어졌던 우리나라의 고고지자기 측정결과(성형미 2005)에서 볼 때, 일부의 시대에서 다소 차이를 보이기는 하지만 대체적으로 서남일본의 지자기변화와 거의 같은 변화를 하고 있는 것을 알 수 있다. 최근 몇 년 사이에 국내에서 고고지자기 연대측정법에 대한 연구가 본격적으로 진행되어 지자기 변동의 모습이 조금씩 밝혀지게 되었다. 아직은 부분적으로 데이터가 부족한 시기도 있으나 대규모의 국토개발에 동반하여 많은 양의 데이터가 축적되면서 표준곡선인 고고지자기 변동곡선의 완성이 그다지 멀지 않았음을 확신한다.

3. 시료와 측정

1) 시료

(1) 시료의 채취방법

시료채취의 방법은 우선 유구 바닥의 잘 구워진 부분을 골라 소토를 고고지자기 시료채취용 칼로 깎은 후, 18mm×18mm×25mm정도 크기의 기둥모양으로 잘라낸다. 이 때 기둥모양의 소토가 부러지거나 기울어지지 않고 소토의 뿌리 부분이 유구에 붙어있는 그대로의 상태가 유지되도록 주의한다. 다음은 물에 갠 석고를 넣은 시료채취용의 24mm×24mm×24mm 플라스틱 케이스(plastic cube)를 위에서부터 기둥모양의 소토에 덮어씌운다. 기둥모양 소토의 뿌리 부분에도 물에 갠 석고를 뿌려 보강해 둔다.

석고가 굳어지면 플라스틱 케이스 背面(케이스의 底面)의 최대 경사선의 방위(pitch)와 그 경사각(dip)을 고고지자기용의 특제 클리노미터(Hirooka, K. 1971)로 측정하여 야장에 기록한다. 케이스의 背面에는 그 면의 走向(strike)을 나타내는 선과 시료의 번호를 적은 후 유구로부터 시료를 떼어내어 비닐봉투에 넣어 밀봉하여, 연구실로 가지고 가서 케이스의 開口部도 석고로 막아서 측정용 시료로 한다.

한 기의 유구로부터 채취하는 시료의 수는 10~15개 정도이다. 초창기에는 데이터의 정밀도를 높이기 위해 한 유구에서 30개 이상의 시료를 채취하기도 하였다. 시료의 개수가 많으면 많을수록 통계적 정밀도는 향상되지만 너무 많으면 시료채취뿐만 아니라 자화측정에서도 긴 시간을 필요로 하므로 많은 양의 고고지자기 데이터를 축적하는 것이 어려워진다. 또한 소토의 범위가 좁은 주거지의 노지와 같은 경우는 채취할 수 있는 시료의 개수에는 한계가 있다.

분석법의 종류에 따라 시료의 분석방식이 다르기 때문에 한 기의 유구에서 한 점의 시료를 채취하여 분석하는 분석법도 있다. 하지만 고고지자기 분석법의 경우 한 점의 시료만 가지고 해당 유구의 측정데이터를 산출하였다고 하더라도 그 데이터가 신뢰 가능한 것인지 판단할만한 근거가 없기 때문에, 가능하면 적어도 10개 이상의 시료를 채취하여 그 측정데이터 중에서 유사한 자화방향을 가지는 데이터가 반수 이상이 되어 그 평균값을 산출하였을 때, 비로소 측정결과가 신뢰가능하다고 할 수 있다.

(2) 시료 채취상의 주의

소토의 잔류지화에서 소성당시의 올바른 지자기 방향을 알아내기 위해서는 다음과 같은 주의가 필요하다. 예를 들면 사질토의 급경사면에 있는 기마와 감은 경우 가마가 폐기된 이후 긴 세월이 흐르는 사이에 지반이 약해져 가마 전체가 기울어져 버리는 경우가 있기 때문에, 지반의 안정성을 확인할 필요가 있다. 가마의 벽체는 토압에 의해 내측으로 경사지는 경향이 있으므로, 가능하면 벽 부분을 제외한 바닥에서 시료를 채취하는 것이 바람직하다. 부득이하게 벽체에서 시료를 채취해야 할 필요가 있을 때에는 벽의 모퉁이 부분 등 변형되기 어려운 부분에서 채취하거나 양측의 벽에서 시료를 채취하면 그 측정결과를 비교하여 벽면의 경사를 데이터로부터 식별할 수 있다.

또한 항상 관심을 기울어야 할 것으로 교란되어 잘못된 데이터를 제거하기 위해서 유구의 넓은 범위에서 시료를 채취하는 배려가 중요하다. 좁은 범위에서 채취한 시료는 동시적으로 일어난 교란에 의해 한꺼번에 움직였거나 경사졌을 경우가 있기 때문에, 이 잔류자화들의 방향이 유사하다고 하더라도, 소성당시의 지자기 방향을 나타내고 있다고 판단할 수 없다. 이에 비해서 넓은 범위에서 채취한 시료의 잔류자화 방향이 어느 한 방향으로 집중되어 있다면, 이들이 한꺼번에 일정한 정도로 동시에 움직인다는 것은 있을 수 없는 일이기 때문에 이들 데이터는 소성당시의 지자기 방향을 올바르게 나타내고 있는 것이 된다.

그리고 제철유적에서는 強磁性의 철을 취급한다. 이 때문에 제철유적의 소토는 지자기 이외에 철의 자화에 의한 자장의 영향을 받아서, 잔류자화가 지자기의 방향과 일치하지 않을 가능성이 있다. 그러므로 철을 취급하는 장소로부터 가능한 한 떨어진 곳에서 시료를 채취할 필요가 있다. 더구나 철이 발생하는 장소는 철로부터 멀어질수록 철을 향하는 방향에서 차이가 있으므로, 철을 중심으로 하는 광범위한 측정데이터를 비교하면 철에 의한 영향의 유무와 정도를 식별할 수도 있다.

2) 측정

시료에 대한 잔류자화방향의 측정은 ring core type spinner magnetometer ASPIN(일본 夏原技研製 2006-2型)을 이용하였다. 또한 交流消磁를 걸어 불안정한 자화성분을 제거하는 단계교류소자 실험에는 역시 夏原技研製의 교류소자장치(DEM-95C型)를 이용하였다.

시료에 대한 잔류자화의 측정은 플라스틱 큐브의 여섯 면을 한 면씩 바꿔 놓아서 측정하는 방식으로 주로 이루어진다. 한 번에 자력계의 회전축에 직교하는 평면내의 직교 2성분이 측정 가능하므로, 여섯 번 바꿔 놓아 측정하면 합계 12성분 즉 X, Y, Z의 직교 3성분을 각각 4회씩 측정하는 것이 된다. 4개 데이터의 평균치를 각각 X, Y, Z의 성분으로 한다. 이 X, Y, Z와 유적에서 측정한 pitch와 dip의 값을 이용하여 그 시료의 편각, 복각, 자화강도를 계산에 의해 구한다. 소토의 잔류자화 방향을 수치로 표현하기 위해서는 각 사이트의 측정데이터의 평균방향을 계산한다. 이렇게 구해진 시료 각각의 편각은 클리노미터로 측정한 자북을 기준으로 한 방위이므로, 진북을 기준으로 한 편각을 구하기 위해서는 유적이 위치한 장소의 현재 편각의 값만큼 보정한다.

(1) 교류소자실험

시료에는 여러 종류의 자성광물이 포함되어져 있으며 그중에는 자기적으로 안정적이지 못한 것도 포함되어 있는 경우가 많다. 또한 충분히 높은 온도에서 자화를 취득하지 못한 경우에는 자기적으로 불안정한 성분의 비율이 커진다. 이러한 불안정한 자화성분에는 최종소성이 이루어져 열잔류자화를 획득한 이후부터 현재가 되기까지 지구자장에 계속해서 노출되어 있기 때문에, 후세의 지구자장의 영향을 받아서 자화방향을 바꿔버린 것도 포함되어져 있다. 이와 같은 자화성분은 소성당시의 지자기의 화석이라고 말할 수 없는 것이 되었기 때문에, 그것들을 제거하여 최종소성당시의 지자기의 방향을 충실히 기록하고 있는 안정된 자화성분만을 골라내는 작업이 필요하다.

이와 같은 불안정한 자화성분을 효과적으로 제거하는 실험적인 수단으로, 시료를 交番磁場 中에 두어 회전시키면서 자장의 강도를 어떤 값 H에서 제로가 되기까지 매끄럽게 감소시켜 항자력이 H보다도 약한 자화성분을 제거하는 방법인 交流消磁實驗이 고안되어 있다. 시료가 처음부터 가지고 있는 잔류자화인 自然殘留磁化(natural remanent magnetization:NRM)를 측정한 후에 단계적으로 교번자장의 세기를 올려가는 단계교류소자가 가장 일반적으로 이용되는 수법이다. 無磁場空間內에 두어진 코일에

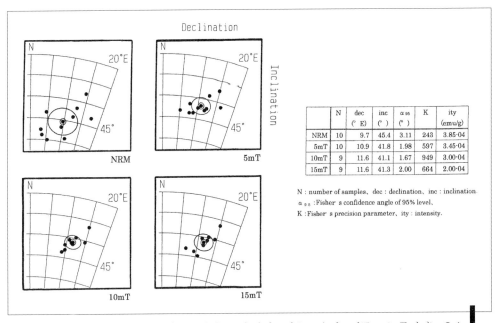

	N	dec (° E)	inc (°)	α_{95} (°)	K	ity (emu/g)
NRM	10	9.7	45.4	3.11	243	3.85·04
5mT	10	10.9	41.8	1.98	597	3.45·04
10mT	9	11.6	41.1	1.67	949	3.00·04
15mT	9	11.6	41.3	2.00	664	2.00·04

N : number of samples、 dec : declination、 inc : inclination.
α_{95} : Fisher's confidence angle of 95% level.
K : Fisher's precision parameter、 ity : intensity.

교류소자실험의 효과와 그 예(삼천포시 늑도유적 B지구 32호 주거지) **04**

교류전류를 흐르게 하면, 코일 내에서 교류의 주파수에 응답하여 방향이 반전하는 交番磁場이 발생한다. 코일의 중간에 시료를 두어 교번자장에서 자기적으로 흔드는 것에 의해 불안정한 자화성분을 제거하는 것이다. 처음에는 약한 전류를 흐르게 하고 단계적으로 강도를 높여가면 보다 불안정한 자화성분부터 순차적으로 제거해 갈 수 있게 된다. 이것을 段階交流消磁라고 한다. 교류소자는 교류소자장치를 이용하여 시료의 상태에 따라 각각 상이한 소자자장의 단계를 설정하여 행해진다. 각 단계마다 소자실험이 끝나면 잔류자화를 측정하여 자화방향의 분산정도나 자화강도의 감소정도를 검토한 후, 가장 효과적으로 불안정한 잔류자화성분을 제거할 수 있었던 단계(最適消磁段階)를 판정하여 그때의 측정결과를 고고지자기 데이터로 채용한다.

그 실험의 예로 도 04에 부산대학교박물관에서 조사한 삼천포시 늑도유적(B지구의 32호 주거지 노지, 釜山大學校博物館 2000)의 고고지자기 측정결과를 나타내고 있다. NRM과 소자자장이 5.0mT, 10.0mT, 15.0mT의 3단계를 설정하여 측정이 이루어졌는데, 비교적 멀리 분산된 데이터를 제외한 각 단계 소자실험 이후의 측정결과를 편각이 0°~20°E, 복각이 30°~50° 범위의 Schmidt net에 표시하였다. 검은 점이 각 시료의 자화방향을, 작은 원에 싸인 검은 점은 평균자화방향을, 또한 평균자화방향을 둘러싼 외측의 큰 원은 α95에 의한 오차범위(Fisher 1953)를 나타낸다. α95의 각도는 작으면 작을수록 데이터의 집중도가 좋으며, 신뢰도가 높은 것을 의미한다. 도 04에서 볼 때 10.0mT에서의 소자 이후 측정에서 잔류자화 방향의 집중도가 현저하게 개선되어 α95의 각도가 가장 작은 것을 알 수 있다. 게다가 채택된 데이터는 넓은 범위의 소토에서 채취한 시료이고 유구의 지반도 안정적이므로 소토의 소성당시의 올바른 지자기 방향을 나타내고 있다고 생각할 수 있다. 그러므로 10.0mT에서의 소자 이후 측정결과에서 채택된 데이터에서 늑도유적 32호 주거지 노지의 잔류자화 평균방향과 오차범위를 구하였다.

(2) 소토시료의 자기적 안정성

유적에서 채취한 소토의 자기적 특성을 알아보기 위해서 유구 한기에서 잔류자화의 표준방향과 강도를 가진 시료 한 개를 선택하여 99mT까지 십 수회의 교류소자실험을 한다. 그 예로써 대평리유적 주거지(어은 2지구)의 소성상면(國立昌原文化財研究所 2001)과 신원리유적의 토기요지(中央僧家大學校佛敎史學研究所 1998), 물천리유적의 측구부탄요(東國大 慶州캠퍼스博物館 1998)에서 채취한 시료에 대해서 각각의 측정결

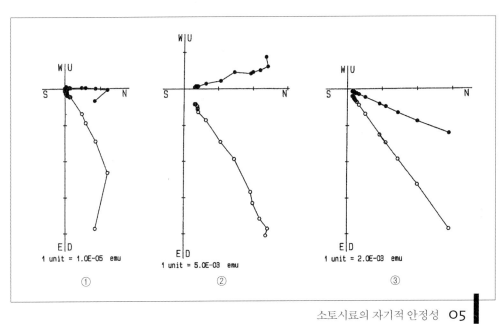

① 진주 대평리 어은 2지구 36호 주거지(시료번호:NK93)의 경우, ②청도 신원리 토기요지
(시료번호:SW10)의 경우, ③경주 물천리 1호 측구부 탄요(시료번호:KM44)의 경우

과를 Zijderveld diagrams로 표시한 것이 도 05의 ①~③이다.

　대평리 주거지의 NK93(도 05-①)과 신원리 토기요지의 SW10(도 05-②)에서 보면, NRM외에는 수평면에 투영한 성분(검은 동그라미)은 물론 남북연직단면의 성분(흰 동그라미)도 정연하게 원점을 향하는 직선상에 있는 것을 알 수 있다. 2.5mT이상에서는 안정된 단일성분만으로 이루어져 있다는 것을 나타내고 있는 것이다. 또한 물천리유적의 KM44(도 05-③)의 Zijderveld diagrams에서 보면, NRM에서부터 검은 동그라미뿐만 아니라 흰 동그라미도 원점을 향하는 직선상에 있다. 이러한 세 가지 경우의 실험 예에서 판단할 때, 이 소토시료들은 상당히 안정된 단일자화성분만으로 이루어져 있다는 것을 알 수 있다. 고고유적의 각종 가마나 주거지 노지, 불다짐 바닥 등의 소토시료에서 얻은 열잔류자화성분은 자기적으로 상당히 안정적인 것이 대부분이며 신뢰도가 높은 양질의 시료라고 할 수 있다.

4. 적용 방법

고고지자기 연대측정법은 소토를 이용하여 해당 유구의 연대를 측정하는 자연과학적 연대측정법의 하나로 단순하게 끝나는 것이 아니라, 특정한 유구나 유적에 대해서는 그 연대를 정하는 결정적인 단서를 제공하거나 연대결정의 기준이 된다. 예를 들면 유물이 출토되지 않는 유구인 숯가마나 삼가마, 회가마 등의 축조연대를 고고지자기 연대를 통해 결정하기도 하고, 동일 유구 내에서 시기가 다른 유물이 출토되거나 연구자들의 의견이 대립될 때 어느 쪽의 연대가 타당한지에 대해서 판단을 하게 해 주기도 하는 등 아주 유용하게 이용되는 경우가 많다. 필자가 이미 소개한 몇몇 논문을 통해 고고지자기 연대측정법에 대한 다양한 적용 방법을 알아보고자 한다.

1) 익산시 왕궁리유적 내의 소토유구에 대한 고고지자기 연대측정(성형미 2005)

익산시 왕궁리유적의 연대에 대해서는 여러 가지 설이 있으나, 무왕과 관련한 고기록에 기초하여 백제 후기(A.D. 7C 후반)설이 가장 유력하다고 생각되고 있다. 한편 익산 왕궁리유적 내에서 원형의 수혈바닥이 소결된 소토유구가 발견되었는데, 이 소토유구가 왕궁리유적과 관련이 있는 것인지, 그리고 관련이 있다면 왕궁

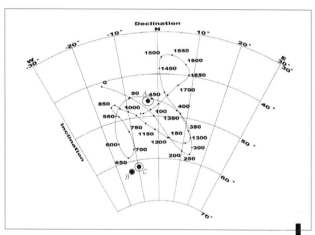

서남일본의 고고지자기 표준곡선과 익산 왕궁리유적 06
소토유구(A)의 고고지자기 측정결과

리유적의 연대를 추정할 만한 단서가 될 수 있는지를 알아보기 위하여 소토유구에 대한 고고지자기 측정이 이루어졌다. 왕궁리유적 내에서 발견된 소토유구의 고고지자기 측정결과(도 06의 A)를 보면, 유물로 보아 백제 후기의 유적이 확실한 진안군 월계리와요지와 청양군 관현리와요지의 고고지자기 측정결과(도 06의 B·C)와는 도면상에서

상당한 거리를 두고 멀리 떨어져 있는 것으로 보아 명백히 다른 것을 알 수 있다. 이로 볼 때 소토유구가 익산 왕궁리유적과 어떠한 관계인지는 확인할 수 없지만, 백제 후기 의 유구가 아닌 것만은 확실하다. 즉 익산 왕궁리유적의 소토는 백제 후기에 조성된 유 구는 아닌 것으로 판단되며, 중복관계로 볼 때 익산 왕궁리유적이 조성된 그 이후의 어 느 시점에 조성된 성격불명의 소토 유구인 것으로 생각된다. 고고지자기학적으로는 A.D.1825±25년경의 연대가 가장 유력할 것으로 생각된다.

2) 측구부탄요에 대한 고고지자기 연대측정(성형미 2006c)

측구부탄요는 구릉의 완만한 경사면에 주축이 등고선 방향과 동일하게 설치되며, 요체는 세장하고 바닥은 경사가 거의 없으며 측벽에 터널형의 측구를 다수 두고 있는 것이 특징적이다. 이러한 요지가 처음 조사된 이후 유구의 특징적인 형태나 추측하는 용도에 따라 측구부탄요 외에 橫口附窯址, 피리형가마, 백탄요 등 연구자들에 따라 서 로 다른 명칭으로 불리고 있기도 하다. 그리고 그 명칭의 다양성 만큼이나 편년에 있어 서도 연구자들에 따라 차이가 있는데, 각 연구자들이 제시하는 고고학적 추정연대를 측 구부탄요에 대한 측정결과를 통한 고고지자기학적 견해와 비교해 보고 일치하는 점과 어긋나는 점을 짚어 보았다. 측구부탄요에 대해 고고지자기 측정결과뿐만 아니라 측구

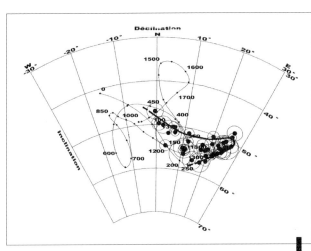

서남일본의 표준곡선과 측구부탄요에 대한 **07** 고고지자기 측정결과

부탄요의 고고지자기 측정 데이터와 데이터가 동일한 주거지나 토기기마의 고고 학적 편년자료를 이용하고 OSL연대나 AMS연대측정에 의한 연대측정 결과를 참고 하여, 측구부탄요에 대한 고 고지자기 측정연대를 상한 은 A.D.250년경 정도이거나 이보다 이른 시기, 하한은 A.D.5세기 초~중엽경의 시 기로 추정하였다. 측구부탄

요에 대한 고고지자기 측정결과는 도 07에 나타내었고, 굵은 실선 부분은 측구부탄요의 데이터들을 이용하여 그려볼 수 있는 우리나라 고고지자기 표준곡선의 궤적 일부의 예상 모습이라고 생각하면 된다.

그런데 최근 측구부탄요에 대한 자료가 증가하면서 하한의 시기가 보다 늦어지게 되었는데, 영천 해선리유적의 측구부탄요에 대한 고고지자기 측정결과가 해당 자료들이다. 영천 해선리유적(聖林文化財研究院 2007)에서는 3기의 측구부탄요에서 고고지자기 연대측정이 이루어졌는데 모두 동시기의 유구로 보이며 A.D.6C 후반~A.D.8C 중반의 고고지자기 연대가 추정되었다. 이 결과로 볼 때 현재 시점에서 측구부탄요의 고고지자기 연대의 하한은 A.D.8C까지 내려간다고 볼 수 있다.

3) 왜관 낙산리유적에 대한 고고지자기 연대측정(성형미 2011a)

경북 칠곡군 왜관읍 낙산리유적은 한국문화재보호재단에서 2003년 6월에 본격적인 발굴조사에 착수하여 2004년 4월에 조사를 완료한 유적으로 폭넓은 시기의 다양한 유구가 조사된 가운데 Ⅲ지구에서 토기가마 3기가 조사되었다. 토기가마들 주변에서는 삼국시대 토기편(A.D.6C경)과 통일신라시대 토기편(A.D.8C경)이 동시에 수습되어 이 토기가마들의 연대가 도대체 어느 시기에 해당되는 가마들인지 더욱 관심이 모아지고 있었다. 1호와 2호 가마는 가까운 거리에 나란히 위치하며 등고선 방향과 직교되게 축조되어 있는 세장방형의 지하식 등요로 형태가 제대로 남아있는 가마인데 비해, 3호 가마는 1호와 2호 가마와는 서쪽으로 조금 멀리 떨어져 위치해 있으며 상부는 모두 유실되고 바닥 일부만 남아있는 상태였다. 왜관읍 낙산리유적에서

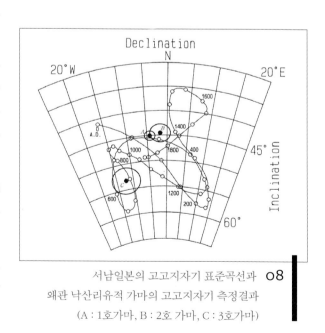

서남일본의 고고지자기 표준곡선과 ㅇ8
왜관 낙산리유적 가마의 고고지자기 측정결과
(A : 1호가마, B : 2호 가마, C : 3호가마)

는 3기의 가마로부터 37개(시료번호 HC 01~26) 시료를 채취하였고, 고고지자기 측정결과는 도 08에 나타내었다.

도 08에서 추정되는 왜관 낙산리유적의 고고지자기 연대는 1호 가마 A.D.470±10년, 2호 가마 A.D.450±20년, 3호 가마 A.D.750±30년이 된다. 이 결과로 볼 때 1호와 2호 가마 삼국시대인 A.D.5C대의 동시기 가마이고 3호 가마는 통일신라시대인 A.D. 8C대 가마로 1호·2호 가마와는 시기 차이가 있는 보다 늦은 시기의 가마라고 판단할 수 있다. 그러므로 왜관 낙산리유적에는 주변에서 조사된 삼국시대~통일신라시대에 이르는 고분군들과 마찬가지로 가마도 시기를 달리하며 1호와 2호 가마는 삼국시대(A.D.5C 중반~후반)에, 3호 가마는 통일신라시대(A.D.8C 중반)에 조성되었던 것으로 추정할 수 있다. 특히 유물이 출토되지 않아 고고학적으로 연대추정이 전혀 불가능하였던 3호 가마에 대해서는 고고지자기 연대측정법을 통해 상세한 연대를 추정할 수 있었다.

4) 삼가마와 회가마에 대한 고고지자기 연대측정(성형미 2011b)

국내에서 조사된 21기의 삼가마와 5기의 회가마에 대한 고고지자기 측정결과를 소개하고 그 측정결과를 통해 이 가마들의 연대를 추정해 보았다. 삼가마와 회가마의 고고지자기 측정결과를 과거 2000년간의 서남일본의 고고지자기 변동곡선에 도면화 한 것이 각각 도 09와 도 10이다.

도 09의 삼가마에 대한 측정데이터를 정리해 보면, 데이터의 인접한 정도와 시기 등을 고려하여 A, B, C 세 개의 그룹으로 나눌 수 있다. 먼저 A그룹은 3점의 데이터로 이루어져 있으며 고

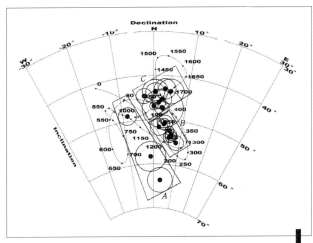

서남일본의 고고지자기 표준곡선과 **09**
삼가마에 대한 고고지자기 측정결과
(A:A그룹 데이터, B:B그룹 데이터, C:C그룹 데이터)

고고지자기 연대에서 보면 A.D.650~800년경의 연대와 A.D.980~1250년경의 두 개의 연대를 추정할 수 있는데, 지금까지 축적된 데이터(성형미 2005)에서 이 시기 우리나라의 고고지자기 변동양상은 서쪽으로 치우치고 복각이 깊어지는 경향이 있으며, 이로 볼 때 A그룹의 데이터는 후자의 연대일 가능성이 크다. B그룹은 8점의 데이터로 이루어져 있는데, 데이터에서 가까이 위치한 고고지자기 변동곡선부분의 연대를 끌어내어 읽는다고 할 때 가장 많은 선이 얽혀있는 부분에 데이터들이 위치하다 보니 4개의 연대까지 추정할 수 있다. A.D.100~190년경, A.D.320~400년경, A.D.1250~1370년경, A.D.1120~1250년경의 연대가 그것인데, 일반적으로 알고 있는 것처럼 삼베가 우리나라에 본격적으로 쓰이기 시작하는 시기가 통일신라시대부터라는 것이 타당하다고 할 때, 그리고 고려시대의 고고지자기 측정데이터가 앞에서도 설명한 것처럼 서쪽으로 치우쳐지는 경향이 있는 것으로 보아, 이 네 개의 연대들 중에서 A.D.1250~1370년경의 연대가 B그룹의 가장 적합한 연대라고 할 수 있다.

마지막으로 C그룹의 데이터는 10점으로 이루어져 있으며, 앞에서 언급한 이유로 통일신라시대 이전의 연대를 제외하면 2개의 연대를 추정할 수 있다. A.D.1340~1430년경의 연대와 A.D.1670~1850년경의 연대가 그것인데, C그룹의 데이터와 같은 경우는 두 개의 연대 중에서 어느 쪽이 맞는 연대라고 하기보다는, 이 두 시기의 고고지자기 변동양상이 동일하다 보니 비슷한 수치를 가진 데이터들이 서로 겹쳐져 있어 어느 데이터가 어느 시기인지 고고지자기 데이터만으로는 구별해내기가 어렵다고 보는 것이 타당하겠다. 즉 C그룹은 두 시기의 데이터가 섞여 있으며 단지 하나하나의 데이터를 구별해 내기 어려울 뿐 두 연대 모두 타당한 연대라고 할 수 있다. 우리나라 각지에서 조사된 삼가마 21기의 고고지자기 측정결과를 정리해 보면, 데이터에서 3개의 그룹으로 나눌 수 있으며 각각 A.D.980~1250년경(A그룹), A.D.1250~1370년경(B그룹), A.D.1340~1430년경과 A.D.1670~1850년경(C그룹)으로 추정할 수 있다. 즉 삼가마의 고고지자기 측정연대는 A.D.10C 후반~19C 중반경으로 우리나라에 삼베가 통일신라시대부터 본격적으로 사용되기 시작하여 면이 일반화되기 전까지 많이 사용되었다는 일반적으로 알려진 이야기와 사용 시기가 부합한다고 할 수 있다.

도 10의 회가마에 대한 고고지자기 측정결과를 통해 고고지자기 연대를 구해서 정리해 보면 〈표 1〉과 같이 된다.

표 1 _ 회가마의 고고지자기 추정연대

유적 및 유구	고고학적 추정연대	고고지자기학적 추정연대
아산 산양리 1호 회가마 2호 회가마	17C	A.D.1410±5 or **A.D.1750±10** **A.D.1675±25** or A.D.1435±15
아산 용두리 2호 회가마	16C 후반	A.D.1435±15 or **A.D.1710±30**
안양 관양지구 회가마	?	A.D.1350±35 or **A.D.1650~1750**
오산 세교 5지구 회가마	17C 후반	**A.D.1520~1600**

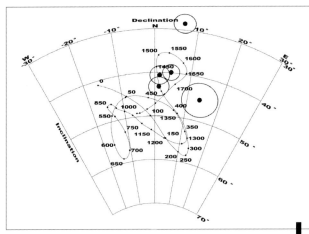

서남일본의 고고지자기 표준곡선과 회가마에 대한 **10**
고고지자기 측정결과

도 10에서 회가마의 데이터를 일본의 표준곡선에 대입해 보면 1350~1500년으로 연결되는 곡선부분과 1550~1800년으로 연결되는 곡선부분의 사이에 위치하여 양쪽 연대가 읽혀지는 데이터가 많은데, 이 시기의 유구에 대해 이제까지 축적된 데이터에서 볼 때(성형미 2005) 고고지자기학적으로 보면 후자의 시기에 보다 더 가까

운 것으로 판단되며, 고고지자기 표준곡선이 부분적으로 인접하거나 겹쳐져서 연대가 2개 이상 읽히는 시기가 아닌 한 개의 연대만이 확실히 읽히는 오산 세교 5지점 유적에서 조사된 회가마와 안양 관양지구 유적에서 조사된 회가마의 데이터에서 그 양상이 더욱 뚜렷하게 드러난다. 〈표 1〉에서 고고지자기학적으로 추정이 가능한 회가마의 연대가 1~2개씩 추정되어 있는데, 그 중에서 보다 가능성이 높은 연대를 진하게 표시하였다. 이를 통해서 종합해 보면 회가마의 고고지자기학적 추정연대는 A.D.1520~1760년경(16C 초~18C 중반경)이며, 회가마에서 만들어진 석회가 회격묘에 사용되었다고 보면 일반적으로 회격묘가 조선후기에 유행한 것과 시기적으로 일치한다고 할 수 있으며, 회가마가 사용된 중심연대로 판단된다.

5) 대구 부인사 소토층에 대한 고고지자기 연대측정(성형미 2012)

대구 팔공산에 위치하는 부인사에서 고려시대 건물지가 조사되었는데, 2010년 6월 중순경부터 (재)불교문화재연구소에서 유적조사를 시작하여 5곳의 건물지를 발굴하였다. 부인사는 고려 현종 때 거란의 침입을 불력으로 막고자 만들어졌다가 몽골의 2차 침입 때에 불타서 없어진 초조대장경판을 보관한 창고가 있었던 곳으로 유명한데, 발굴 조사된 건물지

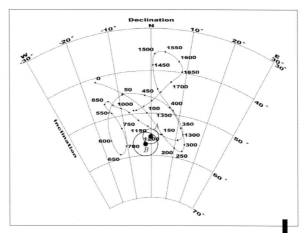

서남일본의 고고지자기 표준곡선과 **11**
대구 부인사 소토층에 대한 고고지자기 측정결과
(A : 1호건물지 소토층, B : 2호건물지 소토층)

는 고려 초조대장경의 봉안처와 관련된 것으로 추정되고 있어 학계의 비상한 관심을 모으고 있었다(佛敎文化財硏究所 2010). 대구 부인사의 건물지에는 화재에 의한 소토층이 곳곳에 남아있었는데, 이 소토층들이 몽골의 2차 침입 때의 화재(1232년)와 관련이 있는 것인지 아니면 고려시대에 이 근처에서 민란이 있었던 기록(1203년)이 남아있는데 민란에 의한 화재와 관련된 소토층인지를 알아보기 위해 고고지자기 연대측정을 하였다. 비교적 소토의 소성상태가 좋은 1호 건물지와 2호 건물지에서 시료를 채취하였다.

대구 부인사 1호 건물지와 2호 건물지의 소토층에 대한 고고지자기 측정결과는 도 11에 나타내었는데 A는 1호 건물지 소토층의 데이터, B는 2호 건물지 소토층의 데이터이다. 건물지 2곳의 데이터가 오차범위 내에서 서로 겹쳐져 있는 것으로 보아 시기 차가 거의 없는 동시기의 유구로 생각되며, 도 11에서 추정되는 대구 부인사 유적 1호 건물지 소토층의 고고지자기 연대는 A.D.1150~1200년, 2호 건물지 소토층의 연대는 A.D.1130 ~1210년이 된다. 이러한 고고지자기학적 추정연대에 기초하여 대구 부인사 소토층과 관련된 역사적인 기록을 살펴보면, 가장 가까운 연대는 고려시대에 민란이 있었던 시기로 기록된 A.D.1203년으로 생각된다. 그러므로 대구 부인사의 소토층은 몽골의 2차 침입에 의한 화재의 흔적이라기보다는 이 시기에 있었던 민란에 의한 화재로 인해 형성되었을 가능성이 크다고 할 수 있다.

5. 연구의 진전현황

1) 고고지자기 변동곡선

국내 각 지역의 소토유구를 통해 축적된 서력기원후 시기의 데이터 약 100여 점으로 고고지자기 변동곡선의 개형(도 12)을 만들었다(성형미 2005). 이에 의하면 우리나라의 고고지자기 변동양상이 일본의 그것과 아주 유사하기는 하나 세부적으로 차이가 있는데 시대에 따라서 일본보다 동쪽으로 치우치기도 하고 복각이 보다 깊어지기도 하지만, 전체적으로는 일본에 비해 서쪽으로 치우치는 경향을 보이는 것으로 확인하였다. 데이터가 계속 축적되어 새롭게 데이터들이 많이 증가하였으나, 대부분이 기존에 축적된 데이터들과 겹쳐지는 것들로 고고지자기 변동의 세부적인 모습을 메우기에는 아직은 부족한 부분이 많다. 하지만 데이터가 거의 없어서 고고지자기 변동의 세부적인 부분을 파악하기 어려웠던 0년~A.D.300년의 데이터나 A.D.1500년~A.D.1750년의 데이터들이 조금씩 모이고 있어 그 시기의 고고지자기 변동양상이 조금씩 밝혀질 것으로 기대하고 있다. 그리고 호서지역의 데이터들(성형미 2008)이나 호남지역의 데이터들(成亨美 2006a)에서 볼 때 국내에서 지자기 지역 차는 거의 없는 것으로 판단된다.

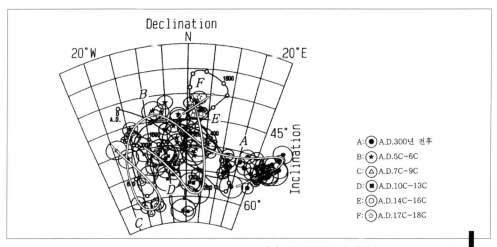

고고지자기 표준곡선의 개형(A.D.3C~18C) **12**

2) 서력기원전 시기에 대한 고고지자기 변동 양상

전국적으로 청동기시대 주거지에 대한 조사가 활발하게 진행되어 청동기시대에 대한 고고지자기 측정데이터가 상당히 증가하게 되었다. 〈표 2〉에 청동기시대와 점토대토기 시기의 유구에 대한 고고지자기 측정데이터를 정리하였다.

표 2 _ 청동기시대와 점토대토기 시기의 유구에 대한 고고지자기 측정결과

번호	유적 및 유구	고고학적 추정연대	D (°E)	I (°)	α_{95} (°)	k	n/N	D. F. (mT)
1	문산 당동지구 7지점 1호 주거지	청동기시대	-14.8	62.0	2.9	526	6/12	5
2	김포마송 2-3지점 1호 주거지	청동기시대	4.9	62.3	3.4	310.7	7/11	10
3	수원 호매실동 2번 유구(주거지)		-13.5	55.9	2.8	379	8/12	10
4	10번 유구(주거지)	청동기시대	-14.4	59.9	2.5	416	9/12	5
5	47번 유구(주거지)		-21.1	58.9	2.0	540	11/12	10
6	126번 유구(주거지)		-23.4	60.1	2.3	458	10/12	5
7	안성 공도 II지점 1호 주거지		-12.2	53.7	1.5	1021	10/12	5
8	II지점 2호 주거지	청동기시대	-12.0	51.9	1.7	911	10/12	10
9	III지점 1호 주거지		-16.2	57.9	2.7	515	7/11	5
10	평택소사동 6호 주거지		-6.4	44.6	2.8	381	8/12	0
11	7호 주거지		-9.7	50.8	1.2	1262	12/12	0
12	10호 주거지		-5.9	48.8	2.6	302	11/12	10
13	14호 주거지		-1.9	56.4	2.4	392	10/12	5
14	15호 주거지	청동기시대	-13.6	57.9	2.7	265	12/12	5
15	18호 주거지		-9.2	53.0	2.8	332	9/12	5
16	20호 주거지		-7.1	53.4	2.3	388	11/12	0
17	23호 주거지		-7.3	50.5	2.0	684	9/12	0
18	28호 주거지		-9.0	53.4	2.2	427	11/12	5
19	인천 동양지구 1호 주거지	청동기시대	-18.5	49.6	4.1	268	6/12	10*
20	2호 주거지		-14.0	49.9	2.0	562	10/12	10
21	아산 와우리 1호 주거지		1.0	54.5	3.33	171	12/15	7.5
22	2호 주거지		-5.8	52.9	2.77	192	15/16	7.5
23	3호 주거지	청동기시대	-19.0	54.9	2.50	335	11/15	10
24	6호 주거지		-7.2	55.3	2.48	308	12/14	5
25	8호 주거지		-8.5	53.1	2.28	245	17/19	5

	천안 두정동	청동기시대						
26	1호 주거지		-11.0	52.3	3.57	116	15/18	10
27	2호 주거지		-11.9	57.4	3.68	196	9/15	5
28	3호 주거지		-3.3	53.1	4.27	129	10/15	7.5*
	청양 학암리	청동기시대						
29	II-1호 주거지		-13.0	49.8	2.43	449	9/12	5
	울선 강동-산하지구	청동기시대						
30	1호 주거지		-10.8	54.8	1.9	1013	7/12	10
31	2호 주거지		-10.9	58.6	1.9	524	12/12	5
32	5호 주거지		-10.6	57.9	2.5	493	8/12	0
	울산 굴화리	청동기시대						
33	7호 주거지		-11.7	53.3	1.6	930	10/12	10
34	10호 주거지		-4.7	53.4	3.2	304	8/12	10
35	14호 주거지		-10.7	48.3	3.8	218	8/12	0
36	15호 주거지		-7.5	51.7	1.8	727	10/12	10
37	19호 주거지		-10.6	55.5	1.2	3251	6/12	10
	울산 망양리 · 덕신리	청동기시대						
38	III-4호 주거지		-3.9	55.3	3.4	259	8/13	5
39	IV-2호 주거지		-14.1	54.3	3.6	657	4/12	5
40	IV-14호 주거지		-6.8	54.3	1.9	632	10/11	5
41	IV-17호 주거지		-8.9	57.2	1.5	1023	10/10	5
	울산 매곡동신기	청동기시대						
42	4호 주거지		-8.9	52.5	3.4	318	7/13	0
43	6호 주거지		-11.1	51.6	4.3	321	8/13	10*
44	8호 주거지		-6.2	56.8	4.5	220	6/12	0*
45	12호 주거지		-9.4	50.1	3.2	350	7/13	0
46	13호 주거지		-13.3	53.5	1.9	501	12/13	0
	울산 신화리	청동기시대						
47	4호 주거지		-13.8	54.5	2.9	373	8/13	0
48	6호 주거지		-15.7	59.4	1.5	1287	8/14	10
	울산 옥현	청동기시대						
49	12호 주거지		-10.3	53.6	2.31	440	10/15	15
50	24호 주거지		-11.1	55.5	0.74	5646	8/12	10
51	41호 주거지		-17.9	52.1	2.54	413	9/12	2.5
52	44호 주거지		-18.3	54.5	4.29	199	7/18	2.5*
	울산 인보리	청동기시대						
53	2호 주거지		-12.6	53.1	1.24	1363	11/13	0
	울산 천곡동달천	청동기시대						
54	5호 주거지		-8.4	49.3	1.7	498	11/12	0
	대구 본리리	청동기시대						
55	청동기시대 주거지		-10.6	55.1	2.53	2383	3/13	10
	대구 삼덕2가188-1	청동기시대						
56	1호 주거지		-1.6	46.2	2.8	451	7/12	10
57	3호 주거지		-1.2	48.5	3.1	890	4/10	10

	대구 상인동128-8							
58	1호 주거지		-7.7	51.8	2.4	458	9/12	5
59	7호 주거지		1.2	54.2	3.4	389	6/9	10
60	9호 주거지	청동기시대	-13.2	51.4	4.1	274	6/10	10*
61	10호 주거지		-10.2	55.4	2.2	904	6/10	0
62	12호 주거지		-4.7	47.1	2.6	1222	4/9	5
63	13호 주거지		-2.8	55.6	3.8	580	4/7	10
64	14호 주거지		-12.8	53.4	2.3	587	8/10	10
	대구 팔달동							
65	12G-1호 주거지	청동기시대	-5.1	52.7	2.02	652	9/20	0
66	19G-59호 주거지		-6.2	52.0	1.23	791	18/29	0
	경산 중산도시개발부지내	청동기시대						
67	2호 주거지		-8.7	51.7	1.4	1238	10/12	5
	경주 국도4호선구간							
68	1-3호 주거지	청동기시대	-11.8	59.5	4.9	184	6/12	10*
69	1-4호 주거지		-13.9	57.2	1.6	829	11/12	10
	경주 손곡동	청동기시대						
70	2호 주거지		-14.3	54.7	1.86	1049	7/9	10
	포항 인덕산	청동기시대						
71	10호 주거지		-13.4	48.5	1.51	2553	5/13	0
	밀양 살내							
72	2호 주거지		5.9	52.5	2.8	235	12/13	5
73	7호 주거지	청동기시대	1.1	55.6	2.6	314	11/13	2.5
74	14호 중앙노지		3.7	49.8	2.8	398	8/13	10
75	14호 동쪽노지		-0.7	57.2	1.8	803	9/13	2.5
	진주 대평리							
76	II-2호 주거지		-9.2	50.6	0.78	2394	15/30	10
77	I-1호 주거지		-7.3	48.9	1.48	1397	8/26	10
78	II-24호 주거지		-6.8	57.0	1.80	454	15/20	10
79	II-25호 주거지	청동기시대	-7.1	57.5	1.36	607	19/20	10
80	II-26호 주거지		-5.7	57.8	1.59	628	14/20	7.5
81	II-29호 주거지		-4.7	58.7	1.84	332	19/20	7.5
82	II-36호 주거지		-2.8	59.7	2.07	488	11/20	7.5
	전주 성곡							
83	1호 주거지	청동기시대	-9.0	53.2	1.43	1140	10/12	2.5
84	2호 주거지		-13.6	51.5	3.11	318	8/12	0
	광주 수문							
85	2호 주거지		1.1	41.9	1.6	771	12/12	10
86	21호 주거지	청동기시대	-7.8	57.9	2.0	566	10/12	5
87	28호 주거지		-9.2	44.1	1.5	842	12/12	5
	광주 용두동							
88	19호 주거지	청동기시대	-7.0	53.8	1.7	724	11/12	5
89	25호 주거지		-11.6	50.1	1.6	1263	8/12	5

			D	I	α95	k	n/N	D.F.
90	나주 노안면 농공단지내 13호 수혈	청동기시대	-9.6	51.3	1.7	916	9/10	10
91	담양 태목리 20호 주거지	청동기시대	-13.7	51.0	4.3	143	9/12	5*
92	함평 고양촌 2호 주거지	청동기시대	-7.2	50.5	2.34	562	8/13	0
93	5호 주거지		-4.3	56.9	5.90	68	10/14	0*
94	정선 아우라지 1호 주거지	청동기시대	-13.5	56.3	1.6	1500	7/11	10
95	3호 주거지		-10.0	51.4	2.0	881	7/11	0
96	10호 주거지		-13.1	54.2	1.8	688	10/11	0
97	춘천 서면 209호 주거지	청동기시대	-5.4	55.1	3.5	223	9/12	10
98	춘천 천전리 A-가1호 주거지	청동기시대	-16.5	56.3	2.4	796	6/12	0
99	A-가2호 주거지	청동기시대	-9.2	67.9	3.2	843	4/12	5
100	A-가17호 주거지	청동기시대	0.5	65.5	3.4	509	5/12	0
101	A-가18호 주거지	청동기시대	-19.0	55.5	1.3	1735	8/13	0
102	A-가47호 주거지	청동기시대	-17.8	56.2	2.1	488	11/14	5
103	A-가51호 주거지	청동기시대	-8.0	59.3	2.9	258	11/13	5
104	A-가57호 주거지	청동기시대	7.9	68.9	3.2	565	5/12	5
105	B-다9호 주거지	원형점토대토기시기	-8.0	36.5	4.6	215	6/12	0*
106	강릉 방동리 8호 주거지	원형점토대토기시기	-19.4	50.8	5.2	99	9/13	0*
107	11호 주거지		-15.5	46.7	3.8	186	9/12	0
108	14호 주거지		-18.5	52.6	4.8	115	9/13	0*
109	고성 송현리 B-2호 주거지	원형점토대토기시기	-16.6	52.2	2.1	534	10/12	5
110	C-3호 수거지		-20.8	44.7	3.8	1040	3/11	10*
111	C-4호 주거지		-20.2	54.5	3.4	390	6/12	10
112	C-5호 주거지		-18.5	51.2	3.3	241	9/12	0
113	김해 구산동 A-3호 주거지	원형점토대토기시기	-4.9	34.4	2.2	483	10/13	5
114	삼천포 늑도(B) 32호 주거지	삼각형점토대토기시기	11.6	41.1	1.67	949	9/15	10
115	33호 주거지		8.9	38.3	2.07	279	18/21	10

D : 평균편각, I : 평균복각, α95 : Fisher의 신뢰각, k : Fisher의 精度係數,

n/N : 채택시료수/채취시료수, D.F.(Demagnetization Field) : 소자자장, * : α95≧4°이거나 n＜5인 유구.

데이터가 다소 부족했던 이전의 논문(성형미 2005)에서는 청동기시대 전기와 중기의 데이터가 전체적으로 서로 겹쳐지고 한 덩어리로 뭉쳐져 있는 양상을 보여 큰 시기 차이를 뚜렷하게 파악할 수 없었으나, 데이터가 증가하고 시기별 데이터를 자세히 보면 복각에서 청동기시대 전기의 데이터는 50° 전후에서 위치하다가 중기로 갈수록 서서히 깊어지면서 60° 전후에 위치하는 경향을 보인다. 청동기시대 전기에서 중기로 넘어갈 때 복각이 점점 깊어지는 지자기의 변동을 보이는 것을 확인할 수 있다. 도 13에 청동기시대 유구에 대한 고고지자기 측정결과를 나타내었는데, 점선의 화살표 방향이 청동기시대의 지자기 변동방향이라고 볼 수 있다.

그리고 〈표 2〉의 점토대토기 시기의 고고지자기 측정결과는 도 14에 나타내었다. A로 표시한 부분의 데이터는 원형점토대토기 시기의 데이터이고, B로 표시된 부분은 삼각형점토대토기 시기의 데이터이며, X로 표시한 부분은 서력기원후 시기의 표준곡선이 시작되는 지

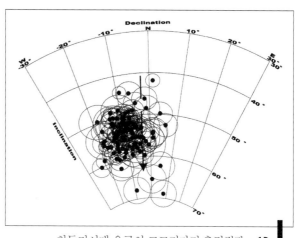

청동기시대 유구의 고고지자기 측정결과 **13**

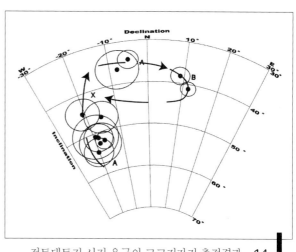

점토대토기 시기 유구의 고고지자기 측정결과 **14**

점인 0년의 고고지자기 변동 지점이다. 이 데이터들을 통해 점토대토기 시기의 고고지자기 변동 양상을 예측해 보면 대략적으로 점선의 화살표와 같이 될 것으로 생각된다. 즉 복각이 얕아지면서 원형점토대토기 시기의 데이터들(A)을 지나 편각이 동쪽으로 치우쳐지면서 삼각형점토대토기 시기(B)로 가서, 다시 돌아서 편각이 서쪽으로 치우쳐지며 서력기원전후(X)의 시기로 와서 서력기원후 시기의 고고지자기 표준곡선이 시작되는 양상이 예측되는 것이다.

〈표 3〉과 도 15에는 국내에서 조사된 신석기시대 주거지에 대한 고고지자기 측정결과 28점을 정리하였다. 신석기시대의 고고지자기 변동 양상도 청동기시대나 서력기원

후 시기의 고고지자기 변동양
상과 크게 다르지 않은 범주에
서 움직이고 있음을 알 수 있으
며 청동기시대와 비교해서 복
각은 비슷한 양상으로 보이나
편각에서 약간 동쪽으로 치우
쳐있는 모습을 보인다. 신석기
시대 데이터는 아직 자료가 한
정적이고 그 수도 많지 않기 때
문에 지금 시점에서는 얘기할
수 있는 부분이 적다. 본고에서

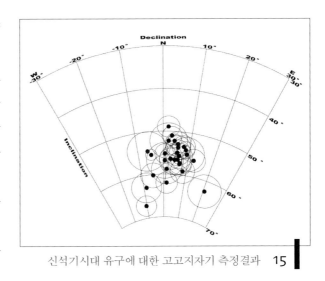

신석기시대 유구에 대한 고고지자기 측정결과　**15**

는 신석기시대의 고고지자기 데이터를 소개하는 정도로 이해해 주길 바란다.

표 3 _ 신석기시대의 유구에 대한 고고지자기 측정결과

번호	유적 및 유구	고고학적 추정연대	D (°E)	I (°)	α_{95} (°)	k	n/N	D. F. (mT)
1	서울 우면지구 　집석노지 1호	신석기시대	-10.4	67.1	2.4	1044	6/11	5
2	집석노지 2호		0.6	56.8	4.2	336	5/10	5*
3	양주 옥정추가편입지역 　1지점 주거지	신석기시대	-8.7	62.9	3.5	480	5/12	0
4	김포 양촌(고려) 　4호 주거지		-4.9	55.4	1.3	1697	8/11	10
5	9호 주거지	신석기시대	9.2	55.1	4.0	287	6/10	**5***
6	10호 주거지		4.6	56.6	3.5	376	6/11	5
7	11호 주거지		1.9	52.2	4.2	213	7/11	10*
8	김포 양촌(한강) 　2호 주거지	신석기시대	3.1	51.0	2.2	572	9/12	10
9	인천 운북동 　2지점 1호 주거지	신석기시대	2.9	56.4	2.5	432	9/10	10
10	2지점 2호 주거지		0.6	55.2	2.3	693	7/10	10
11	인천 중산동 　1호 주거지		6.8	57.3	2.6	445	8/11	10
12	7호 주거지		5.8	54.9	3.0	336	8/12	0
13	8호 주거지	신석기시대	5.4	56.5	1.8	719	10/12	10
14	11호 주거지		8.6	54.1	2.0	1089	6/12	10
15	20호 주거지		7.7	53.3	2.6	337	10/11	10
16	21호 주거지		6.2	55.6	3.0	658	5/11	10

17	24호 주거지		8.4	59.1	2.8	403	8/12	10
18	25호 주거지		12.3	56.2	2.7	378	9/12	10
19	30호 주거지		5.4	52.9	2.9	379	8/12	10
20	31호 주거지		6.7	57.5	2.8	271	11/12	10
21	신1호 주거지		20.7	62.4	3.9	199	8/12	10
22	시흥시 능곡 신2호 주거지	신석기시대	-4.8	60.2	2.9	521	6/10	5
23	신9호 주거지		1.8	48.9	2.5	566	7/11	5
24	신14호 주거지		-6.2	54.5	4.6	212	6/10	5*
25	신18호 주거지		1.4	58.8	3.5	472	5/11	0
26	안성양변리 신석기주거지	신석기시대	4.1	52.2	1.6	818	11/11	10
27	청원영하리 신석기주거지	신석기시대	5.6	53.7	2.8	478	7/11	0
28	계룡용동리 신석기주거지	신석기시대	1.5	62.0	2.5	946	5/12	5

D : 평균편각, I : 평균복각, α95 : Fisher의 신뢰각, k : Fisher의 精度係數,

n/N : 채택시료수/채취시료수, D.F.(Demagnetization Field) : 소자자장, * : α95 ≧ 4° 이거나 n < 5인 유구.

6. 결론

고고지자기 연대측정법이 국내의 고고유적에서 조금씩 활용되기 시작하여 10년 이상이 경과하였고 데이터도 상당히 많은 양이 축적되어, 본고에서는 지금까지 축적된 데이터를 통해 이루어진 다양한 연구 성과를 정리해 보았다. 이 데이터들을 통해 서력기원후의 시기에 대해서는 우리나라 고고지자기 변동곡선의 전체적인 모습은 파악이 된 상태이긴 하나 부분적으로 데이터가 너무 부족하거나 거의 없는 시기도 있어서 상세한 모습까지 완성하기에는 아직 시간이 조금 더 필요할 듯하다. 그리고 최근에 서력기원전 시기의 고고지자기 측정데이터가 상당히 증가하였는데, 이 데이터들을 본고에서 소개하고 서력기원전 시기의 우리나라 고고지자기 변동곡선의 대략적인 모습을 예측해 보았다. 고고지자기의 변동 양상을 나타내는 고고지자기 표준곡선이 상세한 부분까지 완성되는 것은 고고지자기학적 성과로도 아주 중요한 일이지만 고고학적으로는 단순하게 편년문제에서만 많은 도움을 받는 것이 아니라 다양한 측면에서 활용이 가능하여 고고학 연구 발전에 상당 부분 기여할 것으로 생각된다.

參考文獻

참고문헌

國文

國立昌原文化財研究所, 2001, 『晉州 大坪里 漁隱2地區 先史遺蹟Ⅰ』, 學術調查報告 第14輯.

東國大學校 慶州캠퍼스博物館, 1998, 『慶州競馬場豫定敷地 B地區 發掘調查』, 現場說明會 및 指導委員會資料』.

釜山大學校博物館, 2000, 『勒島遺蹟B地區發掘調查槪要』.

佛敎文化財研究所, 2010, 『대구 부인사 추정경관고지 유적 발굴조사 약보고서』.

聖林文化財研究院, 2007, 『永川 海仙里 木炭窯 遺蹟』, 학술조사보고 제15책.

성형미, 2005, 「韓國考古學 編年研究를 위한 考古地磁氣學의 基本原理 및 適用」, 『韓國考古學報』55輯, 한국고고학회.

_____, 2006a, 「湖南地域 遺蹟에 대한 考古地磁氣 分析法의 適用」, 『研究論文集』第6號, 湖南文化財研究院.

_____, 2006b, 「고고지자기 데이터의 신뢰도를 높이기 위한 주의와 노력」, 『石軒 鄭澄元敎授 停年退任記念論叢』, 釜山考古學研究會.

_____, 2006c, 「側口附炭窯에 내한 考古地磁氣學的 研究」, 『嶺南考古學報』39, 영남고고학회.

_____, 2008, 「충청지역 유적에 대한 고고지자기학적 연구」, 『文化財』41권 1호.

_____, 2011a, 「왜관 낙산리 유적 가마의 고고지자기 연대」, 『동양대학교논문집』15집 1호.

_____, 2011b, 「삼가마와 회가마의 고고지자기 연대」, 『보존과학회지』27권 3호.

_____, 2012, 「대구 부인사 유적 소토층의 고고지자기 연대」, 『보존과학회지』28권 3호.

中央僧家大學校佛敎史學研究所, 1998, 『淸道新院里土器窯址』, 學術調查報告 6.

韓國文化財保護財團・韓國土地公社, 2007, 『倭館落山里遺蹟Ⅰ』, 學術調查報告書 第185册.

日文

廣岡公夫, 1977, 「考古地磁氣および第四紀古地磁氣研究の最近の動向」, 『第四紀研究』vol.15.

_____, 1981, 「考古地磁氣による年代推定とその問題點」, 『考古學研究』vol.28.

_____, 1989, 「古代手工業生産遺跡の自然科學的考察-考古地磁氣學・古地磁氣學の立場から-」, 『北陸の古代手工業生産』, 北陸古代手工業生産史研究會編.

_____, 1997, 「北陸における考古地磁氣研究」, 『中・近世の北陸-考古學が語る社會史-』, 北陸中世土器研究會編.

廣岡公夫・藤澤良祐, 1998, 「東海地方の地磁氣永年變化曲線」, 『考古地磁氣の地域差とその年代推定への應用』, 平成7年度~平成9年度科學研究費補助金(基盤研究C)研究成果報告書・廣岡公夫編.

英文

Aitken, M. J., 1974, Archaeomagnetism, in 'Physics and Archaeology', 2nd edition, Clarendon Press, Oxford.

Fisher, R. A., 1953, Dispersion on a sphere, Proceedings of Royal Society of London, Series A, vol. 217.

Hirooka, K., 1971, Archaeomagnetic study for the past 2,000 years in Southwest Japan, Mem. Fac. Sci. Kyoto Univ., Ser. Geol. Mineral., 38.

Vestine, E. H., L. LaPorte, C. Cooper, I. Lange and W. C. Hendrix, 1947, Description of the earth's magnetic field and its secular change. 1905-1945. Carnegie Inst. Washington Publ. no. 57.

VIII. 죽어야 사는 고고학
- 무덤에 대한 고고학적 연구의 새로운 시각들-

김 종 일 서울대학교

1. 서론

유럽에서 근대 고고학이 성립하기 시작한 19세기 초부터 지금까지 무덤은 고고학
연구에서 매우 중요한 위치를 차지해오고 있다. 실제로 19세기 이후 주거지를 비롯한
다양한 종류의 유적들을 발견하거나 발굴할 수 있는 전문적 발굴기법의 발달, 그리고
그 유적들을 포함하여 함께 공반되는 유물들의 형태적인, 그리고 상징적인 의미의 변
화를 사회적 변화의 차원뿐만 아니라 환경의 변화와 연관지어 함께 설명하거나 해석할
수 있는 다양한 이론적 틀의 제시와 자연과학적 방법의 적용이 이루어져 왔다. 그럼에
도 불구하고 무덤은 고고학 연구에서 지금까지 다른 형태의 여타 유적에 비해서도 그
상대적 중요성을 잃지 않고 있으며 실제로 최근까지도 다양한 방식과 시각에 기반한
새로운 연구들이 지속적으로 이루어지고 있다.

이는 무덤이 갖는 여러 자료적 특성에서 기인하는 것으로 판단된다. 즉 적어도 초기
의 유럽 고고학에서 그랬던 것처럼 한 무덤에 공반되는 유물들은 적어도 무덤에 부장
되는 시점을 공유함으로써 유물의 형식학적 편년과 순서배열법 등을 포함한 상대편년
상에서 기본적으로 전제가 되어야 할 시간(여기에서 시간은 지속(duration)이나 템포
(tempo) 혹은 리듬(rhythm)으로서의 시간이 아니라 어느 한 순간(moment) 혹은 단계
(stage)로서의 시간을 의미함)의 상대적 서열의 안정화와 이를 위한 부장행위의 동시기
성을 어느 정도 보장할 수 있다는 점은 유물과 유적의 상대적 편년과 이를 통해 다양하

게 명멸해간 고고학적 문화의 모자이크를 완성하고자 했던 초기 문화사적 고고학자들에게는 무엇보다도 중요한 것이었다.

또한 무덤은 그 안에 묻힌 부장품의 양과 종류를 통해, 그리고 무덤 자체의 규모와 크기, 그리고 입지의 특징 등을 통해 해당 사회의 구조를 파악하거나 혹은 반대로 그러한 무덤의 축조를 통해 해당사회가 자체 내에 존재하는 모순을 은폐하거나 합리화 또는 정당화하는 기제를 해석할 수 있는 기본적인 정보를 제공하는 것으로 인식되기도 한다. 즉 해당사회의 사회적 특징을 압축적이고 함축적으로 보여줄 수 있는 고고학적 정보를 제공한다는 점에서 많은 고고학자들에게 중요시되어 왔다.

이와 더불어 무덤은 해당사회에 존재했을 다양한 제의와 상징 중에서도 죽음과 그 죽음에 대한 기억과 관련된 특정한 형태의 제의와 상징을 특징적이고 극적으로 보여줄 수 있다는 점에서도 많은 주목을 받아왔다. 실제로 어느 사회든 그 사회 내에 존재했을 많은 개인들, 그리고 개인들을 포함하는 공동체 내에는 다양한 형태의 상징과 그와 관련된 상징적 행위들, 그리고 그 안에서 그러한 상징적 행위들이 절차화되고 구체화되었을 제의들이 존재했을 것이고(특히 해당사회의 사회적 복합도가 증가할수록 그러한 제의는 보다 복잡해지고 형식화되며 추상화되었을 가능성이 크다), 아주 특수한 경우를 제외하면 일반적으로 이러한 제의와 상징화 과정은 다른 어떤 형태의 유적들보다도 무덤에서 잘 들어난다고 볼 수 있다. 따라서 과거 사회의 상징과 의례, 그리고 그 의미와 절차의 해석을 통해 해당 사회의 사회적 복합도를 파악하고자 하는 고고학자들에게 무덤은 무엇보다도 중요한 자료를 제공한다고 볼 수 있다.

이러한 무덤이 갖고 있는 고고학적 연구대상으로서의 잠재력과 중요성에 더하여 무덤은 그 무덤에 묻힌 사람들과 그 무덤을 만들고 어느 단계의 시간까지 기억했을 과거의 사람들과 그 무덤을 발굴하고자 하는 고고학자들을 포함한 현대인들을 인간이면 어쩔 수 없이 숙명적으로 맞이할 수밖에 없는 죽음이라는 운명적, 그리고 실존적 사건을 통해 매개하는 중요한 매개물이기도 하다. 고고학자는, 그리고 그러한 고고학자들의 연구결과를 통해 일반인들은 과거인들의 죽음을 경험하고 그들이 죽음을 맞이하고 기억하는 방식의 체험을 통해 과거사람들과 우리, 그리고 과거와 현대의 같음과 다름을 경험한다.

이러한 고고학적 연구대상으로서의 무덤의 중요성은 한국 고고학에서도 크게 다르지 않게 인식되어 왔다고 할 수 있다. 다시 말해서 한국 고고학에서도 지금까지 앞서 언급한 유럽 및 서구 고고학의 흐름과 크게 다르지 않게 무덤에 대해 많은 연구가 이루어져 왔으며 지금 이 순간에도 전국 각지에서 많은 무덤 유적들이 발굴되어 보고되고 있고 또한 그에 대한 여러 해석들이 제시되고 있다.

그럼에도 불구하고 한국 고고학에서의 무덤에 대한 해석은 기본적으로 앞서 언급한 바와 같이 문화의 시공간적 경계를 짓기 위한 기초 작업을 위해 무덤자료를 이용하거나 해당사회의 사회구조(예를 들면 계층화 또는 유력 지배층의 존재여부)를 확인하기 위한 목적에 제한되어 있다고 할 수 있다. 물론 이러한 방식의 무덤연구가 고고학 연구의 가장 기본적인 작업이며 따라서 우리의 과거사회에 대한 고고학적 이해에 중요한 기여를 한다는 것에는 의심의 여지가 없다. 그러나 무덤에 대한 이러한 이해와 접근은 무덤이 갖고 있는 자료적 가치에 대한 우리의·보다 풍부한 이해뿐 아니라 여기에서 한 걸음 더 나아가 과거사회 자체에 대한 이해의 폭과 깊이를 제한한다는 것이 필자의 생각이다. 따라서 이 글에서는 이러한 점에 유의하여 기존의 무덤들에 대한 다양한 연구에서 논의된 바 있는, 무덤자료가 제공할 수 있는 다양한 시각과 해석의 가능성들을 제시하고 이러한 가능성들이 실제 자료를 통해 어떻게 우리의 과거에 대한 이해를 보다 풍부하게, 그리고 풍요롭게 해줄 수 있는지를 보여주고자 한다. 다만 한가지 강조하고 싶은 것은 여기에서 필자가 기존의 다양한 연구들을 토대로 제시하고자 하는 이론적 원칙들과 사례들은 무덤자료에 대해 우리가 가질 수 있는 다양한 시각과 해석의 가능성 중에서 극히 일부에 해당한다는 사실이다. 이 글의 뒷부분에서 논의하겠지만 우리의 이론적 시야가 확대될수록, 그리고 다양한 과학적 분석기법이 보다 적극적으로 적용될수록 우리는 무덤자료의 자료적 가능성이 경이로울 정도로 심화 확대되는 것을 경험할 수 있다. 따라서 이 글에서 필자가 제시하고자 하는 원칙들과 사례(그리고 이러한 사례들에 기초한 해석들)들은 무덤자료가 갖고 있는 무한한 자료적 가능성과 잠재력을 확인하고자 하는 하나의 준비과정이자 기초작업이라고 할 수 있다. 따라서 이러한 원칙들과 실제 자료들에 대한 해석들은 항상 일종의 '해석학적 순환' 안에서 언제든지 보완 내지 수정, 그리고 더 나아가 폐기의 가능성에 대해 열려있으며 그 가능성을 확인하는 작업은 소수의 몇몇 명망가들이나 선구적 연구자들이 아닌 실제로 무덤의 고고학적 연구에 종사하고 있는 다수의 고고학 대중들이라는 점을 강조해 두고자 한다.

2. 무덤에 대한 고고학적 연구의 기본적 원칙들

근대고고학이 성립한 19세기 이후 지금까지 진행되어 왔던 무덤의 고고학적 연구에 대한 개략적인 소개는 이미 여러 연구를 통해 이루어져 왔으며(e.g. Trigger 1996, Parker Pearson 1999, Rakita et.al 2005), 한국 고고학계에도 그러한 연구들의 일부가 번역(예를 들어 위의 책들 중 성춘택이 번역한 크리거의 고고학사와 이희준이 번역한 파커 피어슨의 죽음의 고고학이 대표적이다)되거나 정리 요약되어 소개된 바 있다(e.g. Kim, Jongil 2002b, 고일홍 2010). 이 글들에서 지금까지 서구 고고학의 대표적인 연구 패러다임인 문화사고고학, 과정고고학(e.g. Binford 1971, Braithwaite 1984, Brown 1971, Chapman 1981, Chapman, et.al. 1981, Goldstein 1981, Humphreys and King 1981, Jensen and Nielsen 1997, Morris 1987, O' Shea 1984, Rakita et.al. 2005, Renfrew 1984, Saxe 1971, Shennan 1975, Tainter 1978 등), 그리고 후기과정고고학(e.g. Barrett 1990 · 1994, Chapman 2000, Fowler 2004, Hodder 1984 · 1990, Meskell 1999, Miller and Tilley 1984a · 1984b, Mizoguchi 1992, Pader 1982, Parker-Pearson 1982, Shanks and Tilley 1982, Thomas 1996, Tilley 1984 · 1994, Treherne 1995 등) 내에서 진행된 무덤에 대한 다양한 연구들의 이론적, 방법론적 특징들에 대한 소개와 더불어 그 한계들에 대해서도 심도 있게 논의된 바 있다. 따라서 여기에서 패러다임의 전환과 관련하여 연구사적으로 중요시 되어 온 무덤과 관련한 많은 연구들을 다시 반복해서 소개하는 것은 무의미할 것으로 판단된다. 오히려 앞서 언급한 바와 같이 우리나라에 이미 번역 소개된 바 있는 파커 피어슨의 저서에서, 그리고 필자가 이미 발표한 논문들(e.g. Kim, Jongil 2002a · 2002b · 2005, 김종일 2004 · 2006 · 2007 · 2009 등)에서 단편적이나마 기존의 서구 고고학의 연구사례를 바탕으로 소개했던 원칙들을 간략히 다시 정리하고 이를 필자의 연구를 포함하여 최근에 한국과 유럽에서 진행되어 온 주목할 만한 무덤 유적에 대한 연구사례를 통해 보다 자세하게 논의해 보고자 한다.

이러한 방식을 택한 이유는 어떠한 고고학 이론이나 방법론, 그리고 이에 근거한 해석들도 해당 지역, 혹은 사회의 특정한 자료에 기반할 수 밖에 없으며 따라서 무덤에 대한 고고학적 연구의 원칙들을 논의할 때 그 무덤자료가 가질 수 있는 보편적 특성과 더불어 그 무덤자료가 위치해 있는 역사적, 환경적, 지역적 맥락과 특성을 고려해야 한다고 생각한다. 따라서 원칙에 대한 논의가 단순한 소개가 아닌 보다 심도 있는 논의의 근거가 되기 위해서는 우리에게 보다 친숙한 자료와 사례를 바탕으로 논의를 전개하는 것이 훨씬 많은 공감대를 형성할 수 있으리라고 생각한다. 앞서 언급한 바와 같이 이미 제시된 무덤연구와 관련한 원칙들을 간단히 소개하면 다음과 같다.

1) 무덤 또는 무덤군에 대한 고고학적 해석은 단지 무덤 축조 당시의 무덤의 규모나 입지, 그리고 부장 유물의 양과 질의 차이를 바탕으로 해당 사회의 계층성의 존재와 계층화의 정도, 형식적이고 정태적인 계층구조를 밝히는 작업에만 그쳐서는 안되며 오히려 개인의 죽음과 그것의 물질화를 둘러싼 개인과 공동체의 다양한 입장과 사회적 행위 또는 그 사회의 모순을 합리화시키거나 그 사회가 존재할 수 있게 하는 이데올로기적 기제로써의 역할에 주목해야 한다. 또한 무덤의 축조과정을 통해 죽은 자와 산 자, 산 자들 사이의 권력관계를 포함한 다양한 사회적 관계(예를 들어 권리 의무관계, 집단 내에서의 위치와 역할 등)가 확인되거나 새롭게 형성되는 계기가 되기도 한다.

2) 무덤은 단순히 그 무덤이 축조될 당시의 해당 사회의 정태적 특징을 보여주는 것이 아니라 그 사회가 전통적이고 관습적으로 갖고 있는, 경우에 따라서는 규범화 되어 있는 일련의 장례행위의 절차와 형식의 일부, 즉 사회적 행위로서 장례의 마지막 단계인 동시에 제사와 같은 또 다른 사회적 행위의 출발점이 된다. 또한 무덤의 축조는 한 개인 혹은 집단의 죽음이 최종적으로 물질화되는 하나의 사건이자 그러한 죽음의 물질화를 통해, 그리고 그러한 물질화가 매개하는 다양한 제의행위를 통해 그 죽음과 그와 관련된 여러 규범들이 기억되고 재해석되는 물질적 근거를 제공한다.

3) 무덤 축조라는 하나의 사건과 관련하여 다양한 시간의 개념이 동시에 고려되어야 한다. 무덤축조는 어느 하나의 절대적인 시간 단위 안에서만 파악되는 하나의 사건이 아니라 분석과 해석을 위해 연구자들에 의해 이용되는 다양한 맥락의 상대적 단위들(예를 들어 개별 무덤이나 전체 무덤군의 축조에 걸리는 시간들과 이 시간들의 상대적 상호 맥락화), 즉 다양한 단위의 시간이 고려되어야 한다. 이와 아울러 무덤은 축조 후 상당기간 기억되고 재해석된다. 이 경우 무덤은 지속(성)으로서의 시간을 대표하며 그러한 지속성은 생활세계에서 존재하는 삶과 관련된 다양한 행위들이 갖는 시간의 지속성과 비교하여 상대적으로 장기적이며 이러한 장기적 성격은 그 사회가 안정되게 유지될 수 있는 근거를 제공한다. 또한 죽음과 관련한 다양한 사회적 행위들, 즉 무덤 축조와 제의, 추모 행사와 같은 행위들에서는 개인들이 생활 세계 내에서 일반적으로 경험하는 다른 단위의 시간과 템포를 경험한다. 이러한 경험은 성과 속, 일상과 제의를 구분하게 하는 기준을 제시하기도 하고 특정한 단위와 장기 지속의 시간, 그리고 특정한 템포와 관련된 몸의 움직임(일종의 아비투스로써) 등은 그 자체로 한 사회의 권위와 권

력의 토대가 되기도 한다.

4) 무덤의 장소화(placement)는 무덤에 묻힌 사람들 사이의 사회적 관계와 깊은 관련이 있는 경우가 많으며 살아있는 사람들의 사회적 관계 또한 이러한 무덤의 장소화에 의해 매개되어 유지 혹은 변화되기도 한다. 무덤의 장소화는 과거의 시간적 순서(예를 들어 계보상 순서에 따른 무덤의 순차적 축조 등)를 장소를 통해 기억하거나 경험하게 하며 세속의 장소와 성스러운 장소를 구분하는 주요 근거를 제시한다. 이러한 세속(예를 들면 일상생활)과 성스러운 장소는 공간적으로 분리될 수도 있고, 아니면 같은 공간이 그 위에서 행해지는 사회적 행위의 종류와 맥락에 따라 다르게 인식될 수도 있다.

5) 무덤의 입지와 관련하여 무덤이 원래 주거지역이 아닌 다른 지역에 마련되는 경우, 시신을 운반하기 위한 준비와 함께 실제 장례의식에서 운구절차가 포함되었을 것이고 그러한 운구과정이 진행되는 공간은 삶과 죽음이 분리되는 경계로써 인식되는 동시에 무덤 자체의 기념물적 성격, 그리고 무덤이 조성되는 장소는 죽음과 관련된 특별한 장소로써 의미화 되면서 경관을 형성하게 된다. 이러한 무덤의 경관은 무덤의 축조와 이후의 일상생활과 제의에서의 계속적인 경험을 통해 과거, 현재, 그리고 미래가 공존하는, 따라서 각각 다른 시간(또는 시간적 순서)이 하나의 공간에서 고정화된 형태로 표현되는 장이다. 따라서 무덤의 장소는 일련의 장례행위가 전제된, 그리고 기존의 규범이 기억되거나 재확인되는 과거의 공간이며 그러한 기억의 재확인 혹은 재조정이 사회적으로 실천되며 경험을 통해 사람들의 기억을 형성하게 하는 현재의 공간이며 동시에 그러한 규범이 기억과 경험을 매개로 영속화되거나 후일의 재해석을 가능케 하는 미래의 공간이다.

6) 무덤은 죽은 사람을 위한 것인 동시에 살아있는 사람들에 의해 만들어지거나 경험되는, 즉 산 사람들을 위한 것이기도 하다. 예를 들어 어느 특정 개인이 그/그녀가 속한 사회 내에서 일정한 사회적 지위와 부를 획득한 경우, 그리고 그러한 지위와 부를 계속 유지하기 위해서는 그/그녀의 조상의 무덤을 보다 크고 화려한 규모로 축조하여 그 지위와 부를 과시하거나 정당화 하기도 한다. 이와 반대로 앞에서 언급한 바와 같이 현실에서의 불평등과 차이를 은폐하고 이러한 은폐를 통해 그 불평등과 차이를 또 다른 방식으로 정당화하기 위해 규모나 부장품, 그리고 입지의 측면에서 다른 이의 무덤과 차이가 나지 않는 무덤을 축조하기도 한다. 또한 무덤은 산 사람들에게 무덤의 준비와 축조에 참여함으로써 그 집단 내에 존재했을 다양한 규범의 재확인과 함께 공동조상이

나 같은 공동체 구성원의 죽음과 관련한 다양한 공동 제의의 참여를 통해 살아있는 사람들의 정체성(Identity)이 형성되는 장이 되기도 한다. 또한 무덤은 죽은 자들이 물질화된 그들의 몸을 근거로 기억과 경험을 통해 계속적으로 그/그녀가 속했던 집단의 개인적/집단적 정체성과 다양한 행위 및 판단의 과정에서 역할을 하는 근거로 작용한다.

7) 무덤의 축조 방식(매장방식, 무덤의 크기, 부장품의 양 등을 포함)은 대체로 관습과 전통을 따르기도 하지만 사회적, 상징적 전략의 일환으로, 그리고 때때로 급격한 이데올로기의 변화로 인해 바뀌기도 한다. 이러한 예는 유럽 고고학뿐만 아니라 한국의 최근 사례에서도 쉽게 찾아볼 수 있다. 즉 불과 십 수년 전만해도 개인별 매장이 가장 중요한 장례방식으로 받아 들여져 왔지만 최근에는 거의 대부분의 경우에서 화장이 가장 선호되는 장례 방식으로 인정되고 있다. 이러한 변화는 물론 매장을 행할 수 있는 장소의 부족과 매장행위와 관련한 법령의 개정, 비용 등을 포함한 실제적인 문제들에 의해 야기된 측면도 분명히 있지만 풍수사상으로 대표되는 전통적인 방식의 지리 및 장례의식에 관한 관념의 변화, 그리고 죽음을 대하는 태도에서의 변화 등도 중요한 역할을 한 것으로 판단된다. 또한 전통적인 대가족제도에서 소가족제도로의 변화와 가족구성원 사이의 관계의 변화는 문중과 선산의 개념, 그리고 하나의 무덤군에서 무덤의 수직적, 수평적 배치에서 드러나는 사회적 서열관계가 더 이상 유지될 수 없는 이유가 되기도 하고 또한 무덤의 축조가 그러한 관계를 더 이상 매개할 수 없음을 잘 보여주기도 한다.

8) 매장 행위 그리고 그것의 물질적 표현형태인 무덤은 기호와 상징으로 구성된 환유적 연쇄이자 은유적 관계, 즉 하나의 맥락으로 파악할 수 있다. 이중에서도 피장자의 몸은 무덤이라는 상위범주의 가장 중요한 하위범주이자 무덤을 대표하는 하나의 환유이다. 피장자의 몸(생물학적 성과 사회적 성, 즉 생물학적 몸과 구성적 몸을 포함)과의 관계에 따라 몸을 중심으로 몸의 처리(방식), 부장품(토기, 장신구류, 무기류 등등), 두향, 관이나 곽 등의 매장시설 등이 하나의 무덤 안에서 서로 관련을 맺으면서 환유적 연쇄를 형성한다. 또한 이러한 환유적 연쇄는 다양한 이유에 의해 그 구성요소의 일부가 같은 혹은 비슷한 종류의 유물이나 방식으로 대체될 수 있는 일종의 은유적 관계를 형성한다. 두향의 변화라든지 몸의 위치와 자세의 변화, 관이나 곽의 종류와 재질의 변화 등이 이러한 예라고 할 수 있다. 따라서 하나의 상위범주로서 환유적 연쇄 또는 은유적 관계를 구성하는 무덤 안에서 각각의 하위범주들, 즉 하나의 기호로서 유물의 의미는 같은 무덤에서 나온 다른 유물과 자료 등의 연관성 속에서 그 의미와 가치가 맥락적으로 파악되어야 하며 동시에 그러한 자료들이 하나의 상징이자 기호로써 다른 맥락(혹

은 환유적 연쇄)에 들어갔을 때 일어날 수 있는 의미의 유지와 변화, 즉 무덤에서 나온 자료가 다른 맥락인 주거지에 발견되었을 때 일어날 수 있는 의미의 유지와 변화 또는 이와는 반대로 주거지의 맥락에서 특정한 의미를 갖는 유물이 무덤에서 발견되었을 때 예상되는 그 유물의 의미연관(환유적 연쇄)의 변화 등을 종합적으로 고려하여 파악되어야 한다.

9) 하나의 무덤 또는 무덤군이 조성되는 과정은 죽음(들)과 관련된 일련의 행위들이 시간적 선후관계에 따라 순서적으로 배열될 수 있는 과정이며 따라서 우리가 지금 눈으로 보는 하나의 무덤 또는 무덤군은 이러한 일련의 과정이 하나의 공간적, 시간적 평면에 지속적으로 덧씌워진 것이라는 점이다. 다시 말해서 현재 우리에게 동일한 공간적 시간적 평면에 존재하는 것처럼 보이는 무덤내의 매장과정과 무덤군의 연속적인 축조는 공간적, 시간적 층위를 갖는 행위라는 점이다. 관이나 곽을 마련하는 것에서 시작하여 시신을 매납하고 부장품을 넣고 관을 덮고, 봉분을 세우는 일련의 행위는 각각 자체적으로 또는 서로간의 관련 속에서 다양한 맥락을 형성한다. 지속적이고 연속적인 무덤의 축조는 선행하는 무덤의 축조과정과 입지를 다양한 방식으로 기억하고 경험하면서 가능하며, 따라서 한 무덤군에서 일어나는 연속적인 무덤의 축조는 기존의 무덤들에 대한 해석과 재해석이 이루어지는 과정이다. 이렇듯 동일한 시점에 형성된 것으로 보이는 무덤의 조성은 공간적 시간적 층위 속에서 미시적으로 구분될 수 있고 그러한 층위에 따라 각각의 사회적 행위와 유물은 그것들이 위치한 공간적 시간적 층위와 그것들의 관계로 구성된 맥락 안에서 그 상징적 의미와 가치가 해석될 수 있다. 무덤군의 축조 또한 일정한 공간적 시간적 층위 안에서 일어나는 일련의 과정으로 파악되어야 하며, 따라서 이 과정에서 일어나는 다양한 해석들의 상호절충과 갈등이 무덤군의 연구에 고려되어야 한다는 점이다.

10) 무덤의 축조와 이와 관련한 제의는 해당사회의 모순을 은폐하거나 정당화하며 동시에 사회의 통합을 유지하기 위한 기제로써 역할을 수행한다는 점은 앞서 이미 언급한 바 있다. 이러한 모순의 은폐와 정당화, 그리고 통합의 역할을 파악하기 위해서는 무덤에 대한 연구를 무덤에만 한정하는 것이 아니라 주거지를 비롯한 다른 종류의 유적을 포함한 전체적이고 종합적인 연구의 맥락 안에서 진행할 필요가 있다. 이를 통해 해당사회의 삶과 죽음에 대한 인식, 그리고 이와 아울러 이들의 물질적 표현인 주거지와 무덤에 대한 해당사회의 인식을 파악할 수 있으며 이는 주거지와 무덤의 축조과정에 소비되었을 '에너지'의 질적인, 그리고 양적인 상호 비교와 더불어 각각의 축조과

정에서 드러나는 '구조적 원칙' 의 비교를 위한 기본적 토대를 제공할 것이다.

지금까지 언급한 10가지 원칙 외에도 무덤의 연구를 위해 고려되어야 할 많은 원칙들이 있는 것이 사실이다. 다만 이러한 원칙들은 무덤에 대한 연구에서 보다 구체적으로 언급되고 논의되어야 하며 최근 이루어지고 있는 실제 연구에서 이러한 부분에 대한 논의가 활발하게 이루어지고 있다. 필자 또한 실제 유럽과 한국 고고학 자료를 바탕으로 이러한 원칙들과 관련한 일련의 연구를 진행하고 있다. 다만 이 글에서는 지금까지 무덤에 대한 고고학연구에서 많이 언급되어 온 대략 10가지의 원칙을 중심으로 논의를 진행하고자 한다.

3. 무덤과 죽음에 대한 새로운 시각들과 적용 사례

여기에서는 앞서 언급한 10개의 중요 원칙을 중심으로 이들 원칙이 실제 무덤에 대한 고고학적 해석에서 어떻게 적용될 수 있는지를 살펴보고자 한다. 이를 위해 필자가 직접 수행한 연구를 포함하여 최근에 이루어진 국내외 연구 중 이러한 원칙들과 직접적으로 관련이 있는 연구사례를 선택하여 소개하고자 한다. 다만 이러한 10개의 중요한 원칙, 그리고 이 글에서 언급되지 않은 많은 원칙들은 앞서 강조한 바처럼 그 자체로 하나의 보편적 법칙이나 일반적인 규범은 아니며 언제든지 새로운 자료의 발견과 이론과 방법론의 발전에 의해 수정 보완 또는 심지어 폐기될 수 있으며 또한 무덤 자료의 보다 풍부한 해석을 위한 하나의 출발점일 뿐 그 자체가 특정한 방식의 절차에 따라 검증되거나 서로 다른 문화의 무덤들의 해석에 무조건적으로 적용될 수 있는 일종의 명제나 가설로 받아들여져서는 안된다는 점을 재차 강조해 두고자 한다.

1) 첫 번째 사례연구

- 독일 바이에른지역 신석기 말 청동기 초 사회변화와 무덤군의 형성

  (Kim, Jongil 2002a · 2005의 일부 내용을 요약 정리)

독일 바이에른지역은 19세기 말 20세기 초 형식분류의 기본적 방법론과 그에 근거

한 편년체계를 제시한 몬텔리우스 이래 지금까지도 유럽 선사고고학에서 대체적으로 받아들이고 있는 유럽 청동기시대의 기준 편년체계를 세운 파울 라이네케가 자신의 이러한 편년체계를 수립하기 위한 기본자료로 이 지역의 자료를 주로 사용할 정도로 유럽 선사시대 물질문화의 변화에 대한 연구에서 가장 중요시 되어왔던 지역이라고 할 수 있다(Reinecke 1924).

특히 이 지역에는 유럽 후기 신석기문화를 대표하는 승문토기문화(Corded Ware Culture)에 이은 벨 비이커문화(Bell Beaker Culture, B.C.2500~B.C.2200), 그리고 유럽 초기 청동기 문화를 대표하는 우네티스문화(Unetice culture)의 지역적 변이인 스트라우빙 그룹(Straubing group, B.C.2200~B.C.1900 or 1800)에 속하는 개인무덤(군)들이 다수 조사된 바 있다. 이 연구에서는 지금까지 이 지역에서 발견된 약 350여 기의 벨 비이커 무덤과 약 480여 기의 스트라우빙 그룹 무덤, 그리고 초기 청동기 후반(Bronze Age A2 phase)부터 나오는 170여 기의 매납 유적을 대상으로 물질문화의 변화와 개인의 정체성의 형성이라는 커다란 연구 주제 아래 부장품과 무덤의 축조 및 입지의 형성 과정에 대한 변화를 해석하고자 하였다.

먼저 이 지역의 벨 비이커문화는 이 시기 유럽 전체에 분포하고 있던 전체 벨 비이커문화의 동부 그룹(Eastern group)에 속한다. 이 벨 비이커문화는 크게 벨 비이커 자체의 형태적 변화와 유물 조합상의 변화에 따라 크게 초기, 중기, 후기의 세 시기로 구분될 수 있다(Heyd 1998).

초기는 전형적인 형태, 즉 날씬하고 문양이 세밀하게 시문된 벨 비이커와 활과 관련

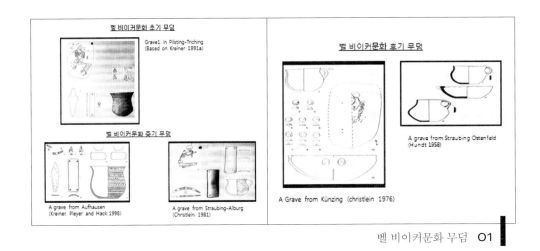

된 도구들(archery equipment), 즉 화살촉과 손목 보호대(wrist guard), 그리고 순동단검(copper dagger)으로 대표되고, 중기는 벨 비이커의 기형이 넓어지면서 문양이 간략해지고 헝가리 분지나 보헤미아로부터 소위 공반토기(Begleit keramik)가 유입되어 전체 유물의 조합상, 즉 부장품의 범주가 크게 변화하는 시기이다. 후기는 종래의 벨 비이커와 활과 관련된 도구들이 사라지고 대신 공반토기의 컵과 대접(鉢)으로 부장품의 범주가 크게 단순화되고 통일되는 시기이다.

이 지역 초기 청동기시대는 대략 크게 두 시기 A1과 A2로 나뉘고 다시 각 시기마다 2-3시기의 세분화된 시기가 존재한다(Reinecke 1924, Ruckdeschel 1978). A1a시기는 청동이 사용되기는 하지만 보편적이지 않은 시기이고 A1b시기는 다양한 몸의 장신구나 옷의 장식품(특히 여성무덤에 집중)들이 사용되는 시기이다. A2시기에는 A1b시기의 다양한 청동 장신구들이 자취를 감추고 새로운 형태의 부장품인 동부 및 동모와 함께 막대한 양의 청동기들이 매납되는 매납유적(hoard)이 발달한다. 이러한 시기적 차이에도 불구하고 일반적으로 벨 비이커문화의 초기단계에서부터 무덤의 장축(즉 시신의 두향)에 따라 성의 구분이 이루어진다(대체로 벨 비이커문화의 무덤 중 여성의 무덤은 남향, 남성의 무덤은 북향을 취하고 있으며 청동기시대에는 남성의 무덤은 동향, 그리고 여성의 무덤은 여전히 남향을 취하고 있다. 이러한 피장자의 성에 따른 두향의 이분법적 구분, 즉 동-서가 아닌 남-북방향의 구분은 신석기 전기 LBK문화의 개인무덤을 비롯한 대부분의 유럽 신석기시대 매장무덤에서 확인할 수 있다). 또한 이러한 성의 구분에 따라 부장품의 범주화도 이루어지고 있다. 즉 단검이나 동부는 대체로 남성과 연관되고 다양한 장신구나 장식품 등은 주로 여성과 연관되고 있음을 확인할 수 있다.

한편 무덤의 입지에서도 시간의 흐름에 따른 변화가 감지된다. 초기 벨 비이커문화의 경우도 02에서 보는 바와 같이 가족묘로 추정되는 무덤군내에서 남

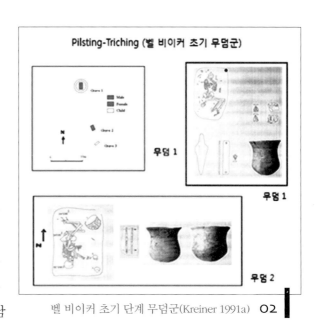

벨 비이커 초기 단계 무덤군(Kreiner 1991a)　O2

성의 무덤의 구조(주구)의 측면과 입지의 측면에서 상대적 우월성을 갖고 있는 것으로 추정된다. 중기 벨 비이커문화는 무덤의 입지에서 조금 다른 특징을 보여준다. 도 03에서 관찰되듯이 한 묘역에 묻힌 무덤의 수가 확대되면서 선형 구조(linear Pattern)의 입지적 특징을 보여준다. 특히 가장 이른 시기의

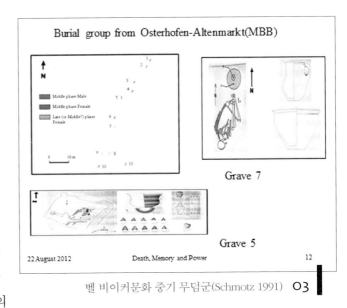

벨 비이커문화 중기 무덤군(Schmotz 1991) 03

남성무덤으로 추정되는 5호 무덤의 양쪽으로 남성과 여성의 묘가 짝지어져 위치하고 있다. 이러한 관찰의 결과는 몇 가지 중요한 사실을 암시한다.

즉 단순가족의 가족묘에서 확대가족 또는 한 혈연적 계보(lineage) 그룹의 집단묘로 확대된다는 점, 이러한 확대가족 또는 혈연적 계보 그룹의 공동 조상으로 추정되는 무덤이 집단의 구성원들에 의해 의식되고 다른 무덤들의 입지에 기준점이 된다는 점이다. 이는 공동조상의 묘로 대표되는 과거가 현재에서 미래의 무덤 입지와 관련하여 재해석 된다는 점을 의미한다. 또한 이러한 집단묘의 구성에서 집단 구성원들의 동등한 공동체 구성원으로서의 자격이 인정된다는 점이다. 남성과 여성의 무덤들이 동등하게 공동 조상의 묘를 기준으로 하여 축조되는 것으로 추정된다.

후기 벨 비이커문화의 무덤 입지는 중기와 유사하지만 또 다른 특징을 보여준다. 도 04에서 볼 수 있듯이 중앙의 무덤군은 선형 입지의 특징을 보여준다. 또한 문양 없는 벨 비이커가 발견되는 5호, 그리고 특히 10호 묘가 무덤군의 중심에서 공동 조상의 묘로 인식되고 다른 무덤들의 축조에 기준으로 작용하였을 것으로 추정된다. 하지만 서쪽 무덤군과 동쪽 무덤군의 존재에서 확인되듯이 묘역 안에 다른 혈연적 계보 그룹의 존재가능성 또한 무시할 수 없다. 더욱이 이 양쪽 무덤군들의 무덤 입지가 중앙 무덤군의 그것을 인식하고 있는 것으로 관찰된다. 이는 서쪽과 동쪽의 무덤군들이 중앙의 무덤군들의 위치를 의식하면서 병렬적으로 입지하는 현상을 통해 짐작할 수 있다. 또한 중앙 무덤군 내에서도 일부 무덤들이 병렬적으로 입지하는 현상을 확인할 수 있는데 이

는 특정 혈연계보 내에서 조상과 관련한 일정한 사회적 관계(예를 들어 계보상의 동일 순서나 부부관계) 등을 표현한 것으로 파악할 수 있다. 한편 이 무덤군을 축조한 개인들은 이중의 정체성(dual identity), 즉 하나의 묘역을 쓰고 중앙 무덤군의 공동 조상의 묘 또는 그것에 의해 상징되는 과거를 재해석하여 다음 무덤의 축조에 근거로 삼는 반면, 세 개의 다른 무덤군의 존재에 확인되듯이 각 무덤군 나름의 정체성을 갖고 있는 것으로 추정할 수 있다. 이와 동시에 각 무덤들에서 확인되는 부장품의 범주가 통일되고 단순화되는 양상은 이러한 공동의 조상, 그리고 그것이 상징하는 과거가 권력의 원천으로 작용하여 개인의 자유로운 표현보다는

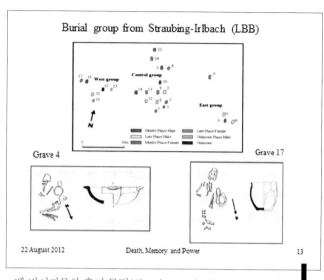

벨 비이커문화 후기 무덤(Christlein and Schroter 1980)　04

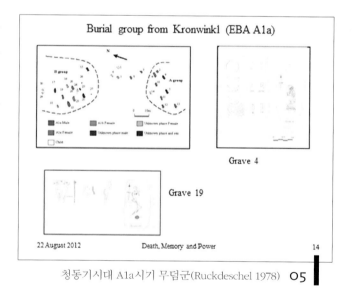

청동기시대 A1a시기 무덤군(Ruckdeschel 1978)　05

일종의 공동체 의식이 강조되는 것으로 추정된다. 즉 개인들은 과거를 근거로 하여 '구조'로서의 공동체 의식을 강조한다. 이러한 공동체 의식의 강조는 계속적인 무덤의 축조와 입지 선정을 통해 재생산된다.

초기 청동기 A1a시기의 무덤 입지(도 05 참조)도 후기 벨 비이커문화와 크게 다르지 않다. 집단 묘역내에서 다른 무덤군 혹은 혈연적 계보 그룹의 존재의 가능성, 계속적인

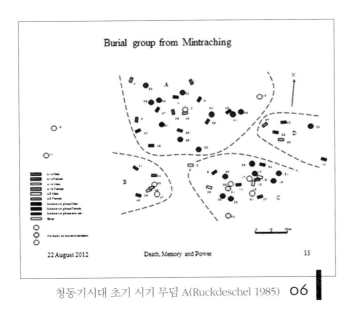

청동기시대 초기 시기 무덤 A(Ruckdeschel 1985) **06**

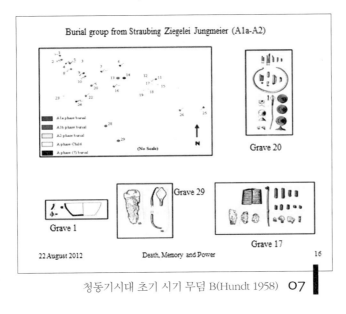

청동기시대 초기 시기 무덤 B(Hundt 1958) **07**

무덤수의 증가, 그리고 청동과 골제 장식품을 통한 개인의 표현의 증가가 관찰된다.

이러한 초기 청동기시기의 무덤 입지, 그리고 이를 통한 정체성의 형성은 A1a시기부터 A2시기에 걸쳐 형성된 집단묘에 의해 더욱 잘 드러난다. 도 06에서 볼 수 있듯이 한 집단묘역에 각기 다른 무덤군의 존재, 그리고 선형입지와는 다른, 공동 조상의 묘를 중심으로 원형으로 무덤들이 존재하는 일종의 원형입지(concentric pattern)의 특징이 관찰된다.

스트라우빙에서 발견된 집단묘는 이외는 다른 또 다른 특징을 보여준다(도 07 참조).

이 무덤군에서 볼 수 있듯이 A1a시기 무덤들이 선형 분포를 보여 주는 대신 A1b시기의 무덤들은 A1a시기의 선형 분포의 중심축을 따라 축조된 여성들의 무덤, 그리고 그 중심축에서 벗어난 위치에 존재하는 남성들의 무덤으로 구분된다. 특히 주목할 만한 것은 2호묘와 5호묘에서 확인되듯이 A1b시기의 무덤이 A1a시기의 무덤에 짝 지워져 있다는 점이다. 이는 A1b시기의 무덤을 축조했던 주인공들의 A1a 무덤으로 대표되는 과거에 대한 이중적 태도를 암시한다. 즉 한편으로는 과거에 대한 계승을 의식하면서 동시에 그것으로부터 벗어나려는 태도이다. 이는 조상의 무덤, 그리고 그것이 상징하는 과거는 더 이상 상징적 권력의 근원으로써 그 위치를 상실했다는 점을 의미한다. 그 대신 다양한 장신구와 장식품의 사용에서 알 수 있듯이 개인의 표현이 강조된다.

이와 함께 A1b시기에 성의 차이에 따른 과거 인식의 차이를 어느 정도는 확인할 수 있다. 여성의 무덤의 경우 A1a시기 무덤들의 중심축을 따르는 경향이 있는 반면에, 남성들의 무덤들은 아예 그 중심축으로부터 벗어난 곳에 위치하여 과거를 가급적 의식하지 않으려는 노력의 흔적을 추측할 수 있다.

다시 말해서 여성의 경우, 과거와의 연관성 속에 개인의 표현이 활발히 이루어진 반면 남성의 경우 과거로부터 단절이라는 의식의 표현이 무덤의 입지 선정을 통해 매개되고 또한 강화된다고 할 수 있다.

A2시기는 상대적으로 무덤보다는 매납유적이 좀 더 중시되는, 따라서 일종의 공동체 의식이 물질문화를 통해 강화되는 시기이다. 막대한 양이 매납되는 이러한 형태의 유적은 공동체 단위에서 준비되거나 설사 이것을 조직하고 이끌어간 엘리트 또는 지도자가 공동체내에 있다 하더라도 개인의 표현 대신 이러한 매납 유적의 형성을 통한 청동기의 소비를 가능케 했던 것은 공동체 의식이 그 사회의 중요한 구조로 존재했었다는 것을 암시한다.

이처럼 독일 바이에른지역의 신석기 말기부터 초기 청동기시대는 개인주의적 표현과 공동체 의식의 강조가 중요한 사회의 구조로 존재하고 공통의 조상묘로 상징화되는 과거의 해석, 그리고 그것의 물질화된 형태인 무덤의 입지와 부장품의 범주가 상징적 권력의 원천으로 작용하면서 그러한 무덤들을 축조했던 개인들의 정체성의 일부를 형성해 나갔다고 할 수 있다.

2) 두 번째 사례연구

- 독일 할슈타트 호흐도르프(Hochdorf) 무덤(호흐도르프 무덤의 분석과 관련된 내용은 Olivier 1992의 주요 내용을 주로 요약하고 여기에 필자의 견해를 일부 덧붙인 것임을 밝힘)

유럽 후기 청동기와 초기 철기시대를 대표하는 할슈타트문화, 그 중에서도 남부독일과 프랑스지역에 기반을 둔 서할슈타트 수장사회(Western Halstatt Chiefdom)는 당시 내륙에서 가장 중요했던 자원인 소금, 즉 암염광산의 개발과 운송을 통해서 성장하였다. 또한 당시의 또 다른 중요자원이었던(청동기 제작에 반드시 필요한) 주석의 주요 산지인 영국의 콘월지역이나 금 산지로 유명한 아일랜드로부터 론강을 거쳐 이어지는 교역로의 중간지대에 위치함과 동시에 이러한 금속원료의 주 수입처였던 그리이스 및 에트루리아와 원료의 산지였던 기타 유럽지역 사이의 교역로를 장악하면서 커다란 정치체로 성장할 수 있었다고 한다. 이러한 중요성 때문에 그리이스나 에트루리아에서는 그리이스의 식민도시였던 마살리아를 통해 당시 유럽지역에서 위세품으로 널리 인정받고 있던 아테네 스타일의 흑색토기나 암포라 등을 서할쉬타트 수장사회에 교역 또는 일종의 조공형태로 선사하고 있었다. 이러한 위세품은 그 지역의 지배자들에 의해 자신의 권위를 정당화하려는 목적으로 하위 지배계층에게 재분배되고 있는 것을 확인할 수 있다고 한다(Cunliff 1997).

특히 초기 철기시대에 해당하는 할쉬타트 C시기(대략 기원전 9세기)와 D시기에 등장하기 시작한 수레를 부장한 거대무덤의 분포를 통해서 볼 때, 이 지역에는 대략 12개 혹은 13개의 중심정치체가 형성되는 것을 고고학적 증거를 통해 알 수 있다. 이러한 정치체들과 이들 정치체를 대표하는 수장층들은 상호 경쟁 및 의존 관계를 형성한 것으로 추측된다. 한편 이들 최상층의 수장들은 그들의 무덤으로 소위 왕자의 무덤(Princely Grave)으로 알려진 거대한 봉분을 가진 무덤과 수레를 비롯한 다양한 부장품뿐만 아니라 프랑스의 빅스(Vix)유적이나 다음에서 소개할 호흐도르프 등의 무덤에서 알 수 있듯이 그리이스계 장인에 의해 에트루리아지역에서 만들어진 것으로 추정된 거대한 크레이터(Krater)가 부장되고 있다. 이 크레이터는 비록 그리이스계 장인에 의해 만들어진 것이기는 하시만 그리이스에서는 만들어지거나 사용된 적이 없는 것으로 와인을 섞거나 저장하는데 사용되는 연회용 용기이다. 이 크레이터는 기존에는 이 지역의 수장이 주문제작을 한 것으로 추정했으나 현재는 반대로 에트루리아에서 일종의 조공 혹은 선물로 선사한 것으로 생각하고 있다(e.g. Cunliffe 1994).

호흐도르프유적은 발굴 당시부터 유럽 고고학자들의 비상한 관심을 끌었던 바가 있고 지금도 이 시기를 대표하는 표지유적으로 많은 연구가 진행되고 있다. 이 가운데 최근에 진행된 한 연구에 따르면(Olivier 1992), 호흐도르프 무덤 내부의 관찰을 통해 무덤 내에서 피장자의 신체와의 공간적인 측면에서의 관련 정도, 그리고 무덤의 축조 순서 등에 따라 다음과 같은 유물의 범주화와 목곽 내 공간의 장소화를 살펴볼 수 있다고 한다.

피장자와 피장자의 장소에는 첫째, 시신과 장신구(40세 정도의 남자이면서 신장

187cm, 그리고 자작나무제 고깔, 직물, 금제 대구와 허리띠, 금제 신발, 호박제 목걸이, 금제 장신구 등, 금제 단검 등으로 장식됨) 둘째, 시신과 직접 맞닿은 유물, 예를 들어 가죽제 가방, 낚시바늘 및 낚시줄, 손톱깎이, 나무 빗, 철제 면도칼 등이 있고 셋째, 시신과 관련된 유물로 화살통 및 화살촉, 철제(각배형) 술잔, 금제 술잔 등을 들 수 있다.

호호토르프 무덤 08

(사진:필자, 나머지 그림은 Cunliffe 1997에서 취함)

장례용품 또는 장례용품의 장소에는 수레와 철제 수레부속구, 말 장신구(두 마리용), 청동 그릇 및 접시, 철부, 철제 도자 등이 있으며 배경 혹은 배경으로 장소화되는 곳의 유물은 커튼, 청동제 침상, 천, 매트, 청동제 가마솥(Greek Cauldron과 꿀술), 8개의 술잔 등등을 들 수 있다. 이외에 무덤 외부자체가 경관화되거나 장소화되기도 한다.

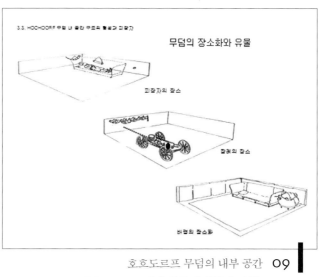

호호도르프 무덤의 내부 공간 09

(Olivier 1992에서 취하여 일부 수정함)

이러한 호호도르프 무덤을 통해 피장자(몸과 직간접적 관련)와 장례, 그리고 배경과 관련된 유물 모두 일반적으로 수장으로써 피장자의 사회적 지위를 의미하는 동시에 위세품의 사용이나 재분배를 통한 권력의 행사 방식, 그리고 에트루리아 및 그리이스와의 관계, 즉 상징적 가치의 수용 및 교역관계 등을 충분히 짐작해 볼 수 있다고 한다. 그러나 이러한 가시적으로 뚜렷이 보이는 지극히 '당연한' 설명 외에 좀 더 깊이 들어가 해석해 보면 이 무덤의 유물과 장소는 다음과 같이 구분될 수 있다고 한다. 첫째, 이 지역의 지역적 전통을 이어받고 있는 유물과 장소화의 방식으로 1. 무덤 외부를 통해 형성되는 경관과 장소화는 청동기 중기 이래 이 지역의 지역적 전통을 따르고 있고 2. 무덤 내의 공간을 피장자와 장례의 두 장소로 나누는 방식 또한 지역적 전통으로 알려져 있으며, 도자 등 음식조리와 관련된 유물과 꿀술 또한 지역적 특색을 따르고 있다고 한다. 반면에 외부로부터 유입된 것으로 보이는 유물과 장소화로는 1. 피장자와 직간접으로 관련된 유물, 즉 매장, 개인용품, 몸의 장식 방식 등을 들 수 있고 2. 장례나 배경을 이루는 유물들 중 그리이스 혹은 에트루리아식 연회를 암시하는 유물들이 있는데(그리이스 스타일의 청동 용기류 등) 연회와 관련된 유물을 중요한 예로써 들 수 있으며 3. 배경과 관련된 유물 중 침상이나 커튼 등은 에트루리아식 무덤과 매우 유사한 것으로 알려져 있다고 한다.

이를 통해 무덤의 장소화와 유물의 범주화와 관련한 몇 가지 현상을 살펴볼 수 있다. 무엇보다도 첫째, 무덤 내에서 각 유물의 의미와 원래의 맥락이 전환되어 재해석되는 동시에 새로운 맥락을 형성한다. 예를 들어 지역적 전통을 이어받은 유물과 장소화의 방식은 외부에서 유입된 것으로 보이는 유물과 장소화와 더불어 호흐도르프 무덤 안에서 새로운 범주를 형성하고 이와 동시에 또 하나의 맥락을 만들어 낸다. 이 과정에서 각각의 역사적 문화적 맥락 안에서 개별 유물과 장소화(혹은 장소화의 방식)가 가졌던 의미와 가치들이 변용되고 새로운 의미와 가치가 부여된다. 둘째, 이 과정에서 일부 유물의 경우, 의미의 공동화(혹은 기능 상실)가 일어나게 된다. 예를 들면 일상생활에서 아마도 손님이나 다른 가족을 위한 것이었을 철제 술잔을 제외한 나머지 8개의 술잔은 이 무덤 안에서는 더 이상 실제적 기능이나 의미를 가질 수 없는 상징적인 것이 된다. 멍에를 비롯한 마구류 또한 말이 존재하고 있지 않은 한에서 실제적 기능을 상실한 채 의례적인 목적을 위해 부장된다. 셋째, 무덤축조과정은 기존의 규범(e.g. 지역적 전통)에 대한 이해와 해석, 그리고 그 토대 위에 외부 유입품의 의미와 기능에 대한 맥락적 이해를 거친 후에 이 양자를 종합(혹은 지향) 하는 새로운 맥락화에 의해 가능한 것으로 추정된다. 넷째, 수장으로써 피장자의 정체성과 권위는 이러한 지역적 전통과 외부유입품의 동시 맥락화, 그리고 이는 무덤의 축조과정 속의 경험과 기억 속에 남아서 계속적인 반복과 전시에 의해 효과적으로 형성·유지된다.

다시 말해서 호흐도르프 무덤은 그 지역의 역사적 문화적 전통과 외부로부터 유입된 유물과 장소화에 의해 매개되는 상징적 가치를 적절히, 그리고 효과적으로 범주화 혹은 맥락화하는 과정을 통해 이 지역의 초기 켈틱 수장층이 자신의 권위와 정체성을 형성해 나가는 방식을 잘 보여주는 좋은 예라고 할 수 있다.

3) 세 번째 사례연구
- 웨스트케넷 무덤과 스톤헨지

스톤헨지유적이나 까르낙유적 등으로 대표되는 대서양 연안지역의 거석문화는 서유럽의 신석기문화를 대표하는 유적으로 알려져 왔다. 실제로 거석기념물들이 갖고 있는 규모의 장대함이나 경관상의 탁월한 가시성은 현대에 살고있는 우리들에게 조차 경탄과 감동을 불러일으킬 정도이다. 이러한 거석기념물은 스톤헨지나 까르낙유적 같은 거대 석열 유적뿐만 아니라 장방형 고분(long barrow), 묘도 혹은 연도가 있는 석실분(Passage grave), 회랑식 고분(Gallery grave 또는 Allee Couverte), 환호(ditch) 또는 엔틀로져(enclosure), 헨지(둑과 환호로 구성된), 지석묘(dolmen), 석열(환상석열과 석열대로를 포함), 입석(standing stone) 등 다양한 종류의 무덤 및 기념물들을 포함하고 있다. 주지하다시피 20세기 초까지는 거석무덤은 크레타와 같은 지중해 중부의 고도로 발달된 문명에서 주민의 이주나 아이디어의 전파에 의해 서유럽지역으로 확산된 것으로 생각되었지만 방사성탄소연대의 도입과 함께 서유럽의 거석문화는 중부유럽 혹은 서유럽 내에서 농경의 확산과 깊은 관련을 맺으면서 독자적으로 기원했을 것으로 추정하는 것이 일반적인 견해이다.

이러한 거석기념물, 특히 거석무덤의 기능과 의미에 대해서는 많은 견해가 제시된 바 있다. 예를 들어 콜린 렌프류(1984)에 따르면, 유럽의 신석기시대 취락들의 분포 정형은 평등한 집단이 산재한 유형이었는데, 각각의 거석 무덤은 흩어져 있는 공동체의 구심 역할을 하면서 영역 표시의 기능을 했다고 한다. 당시 인구의 증가에 따라 자원과 토지의 부족이 야기되었으며, 부족한 토지를 둘러싸고 경쟁이 발생하는 과정에서 거석무덤이 등장했다는 것이다. 특히 거석무덤 안에 들어간 인골은 그것을 축조한 공동체에게 매우 중요한 의미를 지녔을 것으로 추정된다. 시신을 직접 매장하는 후대의 방식과는 달리 당시에는 무덤 내에서 일정한 육탈(肉脫)의 기간을 거친 후 인골만을 추려

무덤 속에 안치하는 것이 일반적인 풍습이었다. 이런 방식으로 조상의 유골을 담고 있는 거석무덤은 그 자체가 영역 내에서 조상의 존재를 각인시키는 기능을 하였고, 이를 통해 살아있는 후손들은 그 조상의 땅을 소유하고 이용할 권리를 정당화할 수 있었다고 한다. 이러한 기능은 그 후 스톤헨지와 같이 무덤과는 또 다른 형태의 제의용 거석기념물인 환상석렬(環狀石列)에 의해 대치된다는 것이다.

한편 이와는 달리 사회 내부의 모순에 근거하여 거석무덤의 등장과 그 의미를 해석하려는 시도도 있었다. 그 가운데 크리스 틸리(1984)는 공동체 내의 일부 개인들이 그들의 주도적 역할과 공동체 사회 내에 존재하는 불평등을 정당화하는 수단으로 거석무덤 및 그와 관련된 의례를 이용하였다고 한다. 한 무덤 안에서 개인들의 유골 중 특정한 부분들만을 통로를 따라 열을 지어 위치한 각각의 방에 섞어 놓은 것은 실제 존재한 권력 및 지위의 차이를 숨기거나 은폐하고자 하기 때문이다. 거석무덤은 이러한 사회에 존재하는 두 개의 큰 구조적 원칙, 즉 친족관계 내에서의 평등의 원칙과 권력 또는 정치적 관계에서의 실제적 불평등 사이에 존재하는 모순을 은폐하는 역할을 한다는 것이다. 그리고 후자는 이후 공동체 내에서 개인의 단독 무덤을 출현시키는 토대가 되었으며, 무덤 속에 들어가는 부장품의 양과 질의 차이를 가져온 원인이 되었다고 한다.

존 바렛(1994)은 거석무덤이 일상생활과 제의의 과정에서 갖는 역할에 주목하여, 거석무덤의 축조과정과 축조 후 그곳에서 행해졌을 장례의식 및 제의를 통해 당시 사람들이 공동체의식과 규범을 형성하고 재확인했다고 주장한다. 그에 따르면 거석무덤에서 치러지는 장례의식 과정에서 살아있는 사람들 사이의 지위와 의무가 죽은 사람과의 관계를 통해 새롭게 결정되었다고 한다. 특히 거석무덤의 정면이나 측면에 있는 출입구를 통해 반복적으로 일어나는 조상들의 시신과 유골에 대한 접근은 일부 개인들에게만 허용되었을 것이며, 이 과정에서 재조정된 지위와 의무가 살아있는 사람들 사이에 제의의 진행과정을 통해 다시 한 번 정당화되고 각인될 수 있다. 또한 무덤 내 시신과 부장품에 더 이상 접근할 수 없을 때 형성되는 거석무덤의 기념물적 성격은 조상에 대한 기억이 또 다른 방식으로 이미지화되어 영속화될 수 있도록 한다. 따라서 거석무덤은 산 자로 하여금 조상과의 관계를 매개로 한 자신의 정체성을 경험하게 한다는 것이다.

이와 달리 이안 호더(e.g. 1984 · 1990)는(특히 초기에 등장하는 장방형 고분에 주목하여) 서유럽의 거석무덤 중 다수가 중부 및 서유럽의 그 이전 또는 동시대의 집들과 상징적으로 관련이 있다고 주장하였다. 즉 거주 지역이 상대적으로 덜 비옥한 땅으로 확산되면서 토지자원에서의 제한이 보다 중요해지는 동시에 한 가구에 의존하는 부양가족의 수를 제한해야 한다는 압력과 부계 후손으로 잠재적 계승자의 범위를 제한해야 한다는 압력이 있었다는 것이다. 따라서 무덤을 통한 혈연적 계보의 확립이라는 점이 강조되며, 이러한 배경 아래서 살아있는 사람들의 집을 짓는 것과 마찬가지로 죽은 사람을 위한 집도 짓게 되었으며, 그것이 바로 거석무덤으로 등장했다는 것이다. 브래들리 또한 장방형 고분이 갖는 외형적 특징의 원형을 신석기 전기의 LBK문화와 이 문화가 이후 지역적 변이를 거쳐 등장하는 렝옐(Lengyel), 뢰센(Roessen), 또는 SBK문화에서 공동적으로 등장하는 장방형 거주지(long house)가 폐기된 모습에서 유래한 것으로 파악한다(Bradley 1998).

이러한 거석무덤에 대한 다양한 견해들은 비록 그들이 기반하고 있는 학문적 시각은 매우 다르지만 그 나름의 설득력을 갖고 있다고 생각된다. 따라서 여기에서는 이러한 각각의 견해들이 갖고 있는 장점과 한계에 대해 구체적으로 검토하는 대신, 이러한 견해들이 주된 자료로 삼고 있는 영국의 웨섹스지역을 중심으로 경관의 측면에서, 그리고 조상을 근거로 하는 공동무덤의 축조에서 스톤헨지로 대표되는 공동체 제의로의 변화, 그리고 개인 무덤들의 등장에 이르는 변화를 보다 거시적 관점에서 살펴보고자 한다.

영국 웨섹스지역은 우리가 익히 잘 알고 있는 스톤헨지 외에도 웨스트케넷(West Kennet) 유적을 포함한 10기 이상의 신석기시대 장방형 고분들, 우드헨지(wood henge)와 에이브베리(Avebury)유적, 그리고 생츄어리(Sanctuary)유적과 더링턴 월(Durrington Wall)을 포함한 헨지유적들, 그리고 350여 기의 청동기시대 원형 고분들이

스톤헨지와 인근 유적(Julian Richard 2011:5에서 취함) **10**

웨스트케닛 무덤 입구 **11**

스톤헨지 주위 초기 청동기 고분들 **12**
(Julian Richard 2011:23에서 취함)

발견된 바 있다. 이 가운데 웨스트케닛을 포함한 장방형 고분들은 대체로 기원전 4000년에서 3000년경까지, 그리고 헨지유적들은 기원전 3000년 전 이후부터 축조되기 시작한 것으로 알려져 있다. 실제로 스톤헨지의 경우 비록 최근 발굴성과(Parker Pearson 2000)가 종래에 알려졌던 축조과정에 대해 많은 의문을 제기할 수 있는 기반을 마련하고는 있지만 적어도 종래의 일반적인 견해에 따른다면 대략 기원전 3000년부터 기원전 1500년까지 대략 1500년의 기간 동안 헨지유적으로 출발하여 여러 단계를 거치면서 석조 건축물들이 지속적으로 추가되는 방식으로 축조되어 온 것으로 논의되고 있다.

이러한 사실은 앞서 언급한 여러 연구자들이 지적한 바와 같이 웨스트케닛 무덤의 축조와 지속적인 사용은 조상을 중심으로 한 특정 혈연집단이 자신들의 권리를 정당화하거나 현실의 모순을 은폐하기 위한 수단으로써, 혹은 제의에서 일어나는 시신에 대한 접근 가능성을 통해 살아있는 사람들 사이에 차별이 이루어지는 기제로서 무덤이 축조되고 계속적인 추가장이 이루어지는 것으로 해석할 수 있다. 반면에 스톤헨지의 등장은 보다 광역의 지역집단들, 혹은 지역공동체들(물론 혈연관계가 기본적인 배경을 이루고 있을 가능성은 크다)이 일년 중 특정한 시점을 기해 다 같이 공동체 제의에 참여하거나 스톤헨지의 지속적 축조에 참여했을 가능성을 암시한다. 이러한 추론이 맞는다면 여기에는 제의의 주 대상이 특정한 혈연 집단의 공동조상에서 광의의 지역공동체를 포괄할 수 있는 초자연적 대상으로 변했을 가능성도 추론할 수 있으며 조상의 유체를 만나는 것으로부터 권위의 정당성을 부여받는 것에서 그 제의와 지속적인 축조를 이끌어가는 것으로부터 현실의 권위와 권력을 유지하는 것으로 변화되었을 가능성도 짐작해볼 수 있다. 이러한 현실 속에서의 권위와 권력의 강화가 바로 죽음에서 개인(성)의 강화로 이어지고 이러한 현상이 바로 기원전 2000년 이후 스톤헨지를 둘러싸고 존재하는 청동기시대 개인 고분들이 등장하는 배경이 된다고 할 수 있다.

따라서 웨스트케넷 무덤은 더 이상 사용되지 않으면서 먼 과거를 대표하는 동시에 조상과 관련된 기억들을 영속화하는 역할을 담당했을 것으로 생각되며 동시에 스톤헨지는 스톤헨지와 관련한 제의에 참여하는 지역집단들이 비슷한 형태의 유적을 축조했던 다른 지역 집단에 비해 건축물의 규모나 질의 측면에서 다른 집단을 압도하면서 지역의 주도권을 쥐는 동시에 이러한 주도권 획득에 많은 기여를 했던 개인들이 결국 개인무덤의 축조를 통해 개인성을 강조할 수 있는 근거를 마련한다고 할 수 있다. 이들의 권위는 또한 이들 무덤의 선형 입지 패턴에서도 알 수 있듯이 자체 내의 계승적 관계의 강조를 통해, 그리고 주 제의 장소인 스톤헨지와의 경관상의 관계에 의해, 그리고 멀리는 먼 과거를 대표하는 웨스트케넷 무덤과의 관계에 의해 합법화되고 정당화된다고 할 수 있다.

4) 네 번째 사례연구

- 영국 청동기시대 바낙(Barnack) 원형 고분(바낙 무덤 축조과정과 관련한 주요해석 및 분석과 관련된 내용은 Last 1998의 주요 부분을 요약한 것임을 밝혀둔다)

영국의 초기 청동기시대 원형 고분들은 거대한 봉분 아래 개인 단독 무덤이 조성되거나 때로는 여러 기의 개인무덤들이 장기간에 걸쳐 축조되는 경우가 많다. 1970년대에 영국 케임브리지셔 바낙에서 발굴된 원형 고분이 바로 후자의 대표적인 예라고 할 수 있다. 영국의 고고학자 조나단 라스트는 1998년에 발표한 그의 논문(1998)에서 이 무덤의 축조과정을 재해석하면서 여러 차례에 걸친 무덤의 축조과정에서 매우 흥미로운 사실들을 언급하고 있다. 그의 해석을 소개하면 다음과 같다.

이 무덤은 삼중의 구로 둘러 쌓인 무덤으로

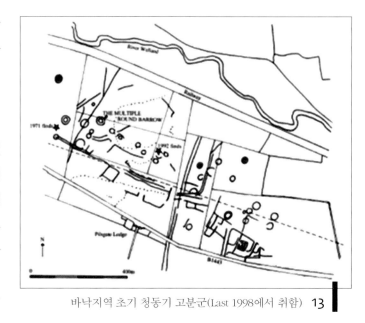

바낙지역 초기 청동기 고분군(Last 1998에서 취함) **13**

서 방사성 탄소연대 측정치에 근거하여 추정을 해보면 대략 총 7세대 200여 년 동안 20여 번 이상의 지속적인 무덤 축조가 이루어진 것으로 파악된다고 한다. 이러한 지속적인 축조과정은 크게 3단계로 나누어 볼 수 있다고 한다.

이 가운데 첫 번째 단계에는 40대 남성이 순동 또는 청동 단검과 벨 비이커, 석제 손목보호대(Wristguard), 그리고 북동-남서방향을 장축으로 하는 28호 무덤이 안과 밖, 중

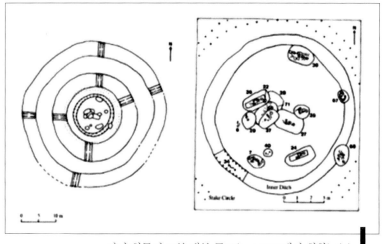

바낙 청동기 고분 내부 구조(Last 1998에서 취함) **14**

앙과 주변을 구분하는 내부 구와 함께 조성된다고 한다. 무덤 축조 후 봉분을 세우기 전에 이 구를 메움과 동시에 유아묘인 34호 무덤이 구에 조성된다. 여기에서 관찰되는 재미있는 현상 중의 하나는 28호 무덤이 구의 중심에 정확하게 위치해 있지 않은 반면에, 구가 메워지고 난 후 만들어지는 봉분의 경우, 28호 무덤이 정확히 봉분의 정 중앙부에 위치해 있다는 점이다. 이는 비록 구가 28호 무덤을 축조할 때 안과 밖을 구분하는 기준을 제시했지만 최종적으로 28호 무덤의 위치와 관련하여 중요한 역할을 하는 것은 봉분이었으며 실제로 봉분 축초시 28호 무덤의 위치를 정확히 파악하고 있었다는 점을 암시한다.

이러한 28호 무덤은 이후 2단계와 3단계의 무덤 축조 시에 중요한 근거로서 작용하게 된다. 먼저 2단계에서는 봉분이 중축되며 7호, 27호, 71호 등의 무덤이 축조된다고 한다. 이 가운데 71호는 화장묘로서 이전 단계의 중심무덤이었던 28호 무덤 위에 같은 장축방향으로 축조되었다고 한다. 화장은 현재 무덤 자리에서 이루어진 것으로 추정되며 화장된 인골은 무덤 구덩이의 북쪽, 즉 머리 방향에 놓여 있다고 한다. 이는 이 무덤을 축조할 때 28호 무덤의 위치와 장축 방향 등을 정확히 기억하고 있었음을 의미하며, 특히 같음(공통성)의 강조를 통해 중심무덤인 28호 무덤과의 관련성을 강조하려는 의도가 있었음을 알 수 있다고 한다. 7호와 27호 무덤 또한 규모의 차이와 함께 각각 중심부와 주변부에 위치한다는 차이점에도 불구하고 각각 28호 무덤과 직교되는 장축 방향을 갖고 있고 이는 동시기 무덤간의 내부적인 차이와 함께 28호 무덤과의 관계에서 동시기 무덤간의 유사성을 강조하는 것으로 해석할 수 있다고 한다.

3단계에는 외부 구가 완성되는 시기로 이 구는 무덤 축조의 과정에서, 그리고 무덤 축조 후에 외부인들을 분리시키는 동시에 멀리 떨어져 전체 무덤을 보게 하는 효과를 갖고 있다고 한다. 이 시기에는 중앙부에 28호 무덤과 동일한 장축 방향을 갖고 있는 37호 무덤이 축조되고 그 주위에 6호, 25호, 26호, 29호가 축조되는데 장축 방향은 28호를 의식하지 않고 자유롭게 선택하고 있다고 한다. 성인 남성이 묻힌 것으로 추정되는 26호와 37호, 그리고 어린이의 무덤으로 추정되는 29호 무덤의 인골들은 28호 무덤을 바라보고 있는 반면에, 6호(여성)와 25호 무덤(젊은 성인)은 다른 쪽을 바라봄으로써 중앙부에 통합되고 있지 못하고 있다는 점을 암시한다고 한다. 이외에도 하나의 유아무덤이 26호 무덤을 일정부분 파괴하고 축조되고 있으며 37호와 67호 무덤에도 유아무덤이 존재하는 것으로 보아 이들 무덤 사이에 일종의 가족관계가 형성되어 있음을 알 수 있다고 한다.

24호(남성), 40호(유아), 67호 그리고 68호 무덤(여성)은 중심부가 아닌 주변부에 속하면서 중앙이 아닌 다른 곳을 바라보고 있으며, 각각 남성의 무덤으로 추정되는 24호와 27호 무덤은 비록 멀리 떨어져 있지만 장축 방향이 서로 동일하며 남성과 여성이 동시에 묻힌 39호 무덤의 경우, 28호 무덤과 동일한 장축 방향을 갖고 있다.

이 무덤의 재해석을 통해 라스트는 여성과 어린이가 주로 배제된 채 남성과 유아를 중심으로 무덤 축조가 이루어지고 있으며 28호 무덤이 이후의 무덤 축조과정에서 계속적으로 기억되고 참조되고 있으며 이러한 참조는 때로는 같음을 강조하는 방식으로, 또 때로는 다름을 강조하는 방식으로 이루어지고 있으며 마지막으로 이러한 참조가 더 이상 의미를 가지지 못할 때 무덤들이 동일 봉분 안에 더 이상 축조되지는 않는다고 설명한다. 이러한 라스트의 해석은 해석의 세세한 부분에서는 근거가 약하다고 생각되는 부분이나 동의하기 어려운 부분이 있는 것도 사실이지만 적어도 28호 무덤이 이후 200여 년에 걸친 긴 시간 동안 이루어진 지속적인 무덤의 축조과정에서 과거 혹은 과거의 권위를 대표하면서 기억을 통해 무덤 축조의 근거가 되고 있음을 확인할 수 있다. 이는 특정한 무덤이 조상 또는 과거 자체를 상징화하면서 이후 무덤의 입지와 축조과정에 중요한 역할을 하고 있음을 보여주었던 바이에른지역의 무덤군과 비록 형식은 달리하지만 유사한 형태의 무덤 축조의 구조적 원칙을 보여준다는 점에서 매우 주목되는 사례라고 할 수 있다.

5) 디섯째 사례연구
- 유럽 중기 청동기시대 피튼(Pitten)유적(피튼유적과 관련한 다음의 내용은 Sørensen and Rebay 2008의 주요 내용을 요약한 것임을 밝혀둔다)

1990년 이래 2000년대 초반까지 유럽 고고학에서 가장 주목되었던 연구주제라고 한다면 개인(Individual), 자기 정체성(self-identity), 주체화(subjectification), 물질성 materiality), 그리고 경관(landscape) 등을 들 수 있다(e.g. Chapman 2000, Fowler 2004, Gosden 1994, Meskell 1999, Shanks and Tilley 1987, Thomas 1996, Tilley 1994). 1990년대 후반부터 최근에 이르기까지 이러한 주제들에 연이어서 '몸'(body) 또는 몸의 형성이 많은 고고학자들에게 새롭게 주목받고 있다. 사실 연구대상으로서 '몸' 자체, 그리고 그 몸과 관련된 고고학 자료인 인골이 고고학에서, 특히 그러한 인골이 주로 출토되는 무덤의 고고학적 연구에서 주목되지 않은 것은 아니었다. 그러나 이전의 인골에 대한 연구가 무덤에 대한 발굴보고서의 일부분으로서 마치 부록처럼 취급되거나 과거의 해석에 필요한 단순한 과학적 근거를 제시하기 위한 수단으로서, 혹은 무덤의 피장자의 성별을 알려주는 생물학적 지표로서 사용되었다고 이야기하는 것이 그다지 틀린 진술은 아닐 것이다.

이에 반해 최근에 이루어지고 있는 몸에 대한 연구는 몸을 종래 그래왔던 것처럼 단순히 많은 고고학적 정보를 담고 있거나 반영하고 있는 매개물로 보기 보다는 그 자체가 연구대상이 되고 있다. 즉 몸의 형성 또는 몸의 해체(여기에서 몸은 우리가 흔히 거울이미지를 통해 상대적으로 인식하는 고전적 의미의 몸), 혹은 몸의 파편화(fragmentation)가 바로 개인과 공동체의 정체성 형성, 권력의 행사와 물질화 과정, 경관의 형성 등 앞서 언급한 연구주제들과 밀접한 관련을 맺고 있다는 것이다. 다시 말해서 몸에 대한 이러한 새로운 관심은 앞서 언급한 연구주제들을 대신하는 것이 아니라 오히려 그 주제들을 보다 심화시켜 연구해가는 과정에서 자연스럽게 등장할 수 밖에 없었던 현상이라고 생각된다(e.g. Boric and Robb 2008a, Hamilakis et.al. 2001, Meskell 1998, Montserrat 1998, Rautman 1999, Rebay-Salisbury 2010, Sofaer 2006, S ø rensen 2000 등). 이러한 몸에 대한 새로운 관심은 물론 1980년대 이후 계속된 고고학 내에서의 사회 이론 및 철학에 대한 지속적인 관심에 힘입은 바가 크다고 할 수 있다(Boric and Robb 2008b:2~3). 예를 들어 푸코의 몸과 자기 배려에 대한 연구(Foucault 1977 · 1979 · 1986 · 1988a · 1988b), 부르디외와 기든스의 실천이론과 구조화이론(Bourdieu 1977, Giddens 1984 · 1991, Dobres and Robb 2000), 인간의 주체화와 감각의 주체적 기관으로서 신체에 대한 현상학적 연구(Heidegger 1962, Merleau-Ponty 1962), 젠더와 페미니즘에 대한 새로운 철학적 조망(e.g. Butler 1990 · 1993), 그리고 서구적 개인 개념, 즉 경계 지워진 개인(bounded individual)에 대한 사회학적, 인류학적 반성(e.g. Shilling 1993, Strathen 1998, Turner 1984) 등이 많은 영향을 끼친 것이 사실이다. 이에 기반하여 몸에 대한 많은 고고학적 연구성과(e.g. Boric and Robb 2008, Chapman 2000, Hamilakis et.al. 2002, Meskell and Joyce 2003, Montserrat 1998, Rautman 1999, Rebay-Salisbury et.al. 2010, Sofaer 2006)들이 쏟아져 나오고 있다. 이러한 몸에 대한 최근의 이론적 논의들과 고고학적 연구성과들을 소개하고 이러한 성과들이 어떻게 한국 고고학 자료에 적용될 수 있을지에 대한 가능성을 고민해보는 시도는 다음 기회로 미루기로 하고 여기에서는 주로 무덤에서 출토되는 인골과 그에 대한 관념의 변화와 관련하여 최근에 진행된 연구들 중에서 주목할 만한 연구사례 하나를 소개하고자 한다.

몸에 대한 고고학적 관심은 크게 살아있는 몸과 죽은 몸에 대한 관심의 두 가지 범주로 나누어 볼 수 있지만 양자의 경계가 뚜렷이 구분된다고 볼 수는 없다. 왜냐하면 살아있는 몸에 대한 고고학적 정보를 암각화에 나타난 인물상이나 토우 등을 통해 얻을 수도 있지만 오히려 많게는 무덤에 묻힌 인골들에 대한 골해부학(osteology)적 연구, 또는 사체변화학(taphonomy)적 연구를 통해서도 얻을 수 있기 때문이다(e.g. Duday 2009, Gowland and Knusel 2006, Sofaer 2006). 또한 죽은 몸이 여전히 살아있는 몸을 모방하거나(혹은 그렇게 여겨지거나) 아니면 죽은 몸이 살아있는 몸을 분절하여 장신구 등을 통해 특정 부분을 강조하는 것과 마찬가지 방식으로 분절화되는 과정, 그리고 그 과정의 변화를 통해 죽은 몸과 살아 있는 몸 사이의 관계의 변화와 이 변화가 암시하는 사회적, 상징적 의미의 변화를 추정할 수 있다.

이와 관련하여 주목할 만한 연구로 쇠렌센과 리베이에 의해 진행되고 있는 유럽 중기 청동기시대 화장묘에 관한 연구를 예로 들 수 있다(Sørensen and Rebay 2008). 주지하다시피 유럽의 청동기시대 연구에서 가장 오랜 수수께끼로 남아있는 문제 중의 하나는 중기의 대형 고분 문화(Tumulus culture)에서 후기의 화장묘 문화(Urnfield culture)로의 전환과 화장묘 문화의 급격한 확산에 관한 문제라고 할 수 있다. 즉 기원전 1200년 경에 중부 유럽에서 기존의 대형 고분을 대신해서 주요 묘제로 등장하기 시작한 화장묘 문화가 기원전 1100년 경에 유럽의 대부분 지역에서 지배적인 묘제로 확산되는 과정에 대해서 그 원인을 둘러싸고 많은 논의들이 진행된 바 있다(e.g. Coles and Harding 1979, Champion et.al. 1984). 특히 이러한 급격한 확산의 이유로 죽음과 몸에 대한 아이디어의 변화, 즉 살아있는 몸처럼 영혼과 몸이 분리되지 않은 개인의 죽은 몸을 매장하는 고분에서 영혼이 빠져나가는 골호의 구멍의 존재에서 알 수 있듯이 영혼과 몸이 분리되는 화장묘로의 변화를 설명하기도 한다(e.g. Rebay-Salisbury 2010).

이러한 기존의 주류적인 견해에 대해 쇠렌센과 리베이는 오스트리아의 중기 청동기시대 집단 무덤인 피튼(Pitten)유적 사례를 예로 들어 다음과 같이 반론을 제기하고 있다. 무엇보다도 이들은 기존의 연구처럼 매장무덤과 화장무덤이 의미하는 단순한 관념상의 차이에 주목하는 대신 그 변화가 갖는 과정상의 의미에 주목하고자 하였다. 이를 바탕으로 첫째, 피튼유적의 화장무덤에서 관찰되는 것처럼 화장무덤은 기존의 매장무덤이 갖고 있는 무덤구조(예를 들어 석곽구조)를 따르고 있고(도 15 참조) 둘째, 매장 이후에 벌어지는 제의에서도 공통점을 가지고 있다고 한다(예를 들어 매장 무덤과 같은 방식으로 화장무덤 입구에 제의와 관련이 있는 토기 조각들이 발견된다고 한다).

셋째, 화장무덤이라 하더라도 유물의 부장에 있어서 기존의 매장무덤에서 보이는 바와 같은 방식, 즉 매장 무덤에서 죽은 몸을 살아있는 몸처럼 취급하여 몸의 특정한 부분에 그것과 관련있는 유물을 놓는 방식을 그대로 따르고 있으며 넷째, 경우에 따라 단일한 봉분 아래에 화장무덤과 매장무덤이 같이 묻히기도 하고, 특히 그러한 화장무덤이 젠더의 범주에 따라 구분되어 온 전통적인 두향을 그대로 따르기도 한다고 한다. 따라서 이러한 관찰 결과를 토대로 비록 죽은 자의 인골은 화장이 이루어지는 과정에서, 그리고 이후의 수습과정에서 많은 양이 유실되기도 하지만 여전히 매장무덤에서처

피튼유적 189호 무덤 **15**
(Hempel et.al. 1981:96, Sø␣rensen
and Rebay 2008:63에서 재인용)

럼 죽은 사람의 몸을 상징하거나 그 근거로 취급되거나 기억되고 있으며, 그러한 이유로 화장된 인골의 취급은 매장 무덤에서 죽은 사람의 몸을 취급해왔던 전통을 그대로 따르고 있다고 한다. 이러한 관찰 결과를 토대로 결론적으로 화장된 인골은 영혼이 빠져나간 단순한 물질적 흔적이 아니라 여전히 죽은 사람의 몸 자체를 의미하고 있으며 매장무덤에서 화장무덤으로의 변화는 관념의 변화에 의해 어느 한 순간에 급격하게 이루어진 것이 아니라 서서히 장기간에 걸쳐 이루어진 과정의 관점에서 파악되어야 한다고 주장한다.

4. 결론

지금까지 무덤에 대한 고고학적 연구에 반드시 고려해야 할 것으로 생각되는 원칙들과 그러한 원칙들이 잘 적용될 수 있을 것으로 생각되는 연구사례 가운데 다섯 사례

를 선택하여 최근의 무덤연구가 어떻게 이루어지고 있는지를 소개하였다. 필자가 제시한 10개의 원칙에 따라 이에 가장 적당한 각각의 사례를 제시하는 것도 하나의 방법일수 있다. 하지만 대부분의 연구사례들이 그렇듯이 하나의 원칙이 아닌 여러 개의 원칙을 고려했을 때 보다 나은 해석이 가능한 경우가 대부분이며 또한 앞서 언급한 바와 같이 이러한 원칙은 보다 나은 해석을 위한 하나의 출발점일 따름이며 이 원칙들을 증명(혹은 검증)하기 위해 개별 사례를 이용하는 것이 결코 좋은 방법은 아닐 것이라는 판단에서 이러한 방식을 취하였다.

한국 고고학의 사례를 소개하지 않은 이유는(보다 정확하게 말하면 소개하지 못한이유는) 이러한 원칙들을 고려하면서 진행된 연구를 찾기가 매우 어렵다는 현실적인이유 때문이다. 물론 필자를 비롯하여 소수의 젊은 연구자들이 이를 시도한 바 있지만(e.g. 고일홍 2007, 김종일 2004·2007·2009), 아직까지 한국 고고학에서 널리 받아들여지고 있지는 않은 것 같다. 그러나 이러한 현상을 이유로 지금까지 한국 고고학에서진행되어 온 무덤에 대한 연구를 총체적으로 비판하거나 문제가 있다는 식으로 비판을하는 것은 이 글의 목적이 결코 아니라는 점을 밝혀두고자 한다. 오히려 이러한 원칙들이 한국의 무덤자료에 어떻게 잘 적용될 수 있는지, 그리고 한국의 고고학 자료를 바탕으로 해외의 고고학자들이 인정할 수 있는 해석의 원칙과 연구사례를 제시하는 것은일차적으로 그러한 입장과 원칙을 지지하는 필자를 비롯한 일부 연구자들의 몫으로 남겨져 있기 때문이다.

다만 여기에서 재차 강조하고 싶은 것은 지금까지 진행되어 온 한국의 무덤에 대한고고학적 연구가 지금까지 이룩한 많은 성과에도 불구하고 매우 제한된 이론적 범위안에서 이루어지고 있다는 점과 그러한 제한된 이론적 범위에 대한 심도 있는 토론과논의 대신 그러한 이론과 시각이 그대로 암묵적으로 답습되고 있다는 점, 그리고 이러한 이유로 무덤을 통해 설명하거나 이해할 수 있는 과거의 모습이 매우 제한되고 단순화된 형태로 드러날 수밖에 없다는 점이다. 특히 많은 연구자들에 의해 지금도 전국 각지에서 발굴되고 있는 엄청난 양의 무덤 자료와 그러한 무덤자료가 갖고 있는 자료로서의 가치와 잠재력을 고려해 볼 때, 보다 많은 연구자들이 '계층화'와 '유력지배자'또는 특정 정치체의 형성과 발전이라는 매우 단순화되고 도식화된 연구주제에 한정되지 않고 다양한 주제와 시각, 그리고 방법론이 개발되고 논의되어 적용될 때, 우리의 과거에 대한 이해는 현재보다 훨씬 풍부하고 풍요로워질 것이라는 점은 너무나 자명하다고 할 것이다.

參考文獻

참고문헌

國文

고일홍, 2010, 「무덤 자료를 바라보는 새로운 시각 - 현대 고고학의 최근 연구 사례를 중심으로」, 『한강 고고』 4.

김종일, 2004. 「한국 중기 무문토기문화의 사회구조와 상징체계」, 『국사관논총』 104집, 국사편찬위원 회.

_____, 2006, 「경관고고학의 이론적 특징과 적용가능성」, 『한국고고학보』 58집, 한국고고학회.

_____, 2007, 「"계층 사회와 지배자의 출현"을 넘어서」, 『한국고고학보』 63집, 한국고고학회.

_____, 2009, 「한국 청동기시대 남성 몸의 형성과 상징구조」, 『물질문화와 농민의 삶(문화로 보는 한국 사 2)』, 이태진 교수 정년기념논총 간행위원회, 태학사.

英文

Bradley, R., 1998, The Significance of Monuments:On the Shaping of human Experience in Neolithic and Bronze Age Europe. London:Routledge.

Barrett, J. C., 1990, The monumentality of death:the character of Early Bronze Age mortuary mounds in southern Britain, World Archaeology 22-2:179~90.

_____, 1994, Fragments from antiquity. Oxford:Blackwell.

Binford, L., 1971, Mortuary practices: their study and their potential, in J. Brown(ed.), Approaches to the Social Dimensions of Mortuary Practice:6~29. Washington DC:Memoir of the Society for American Archaeology 25.

Boric, D. and J. Robb(eds.), 2008a, Past Bodies. Oxford: Oxbow.

Boric, D. and J. Robb, 2008b, Body theory in archaeology, In D. Boric, D. and J. Robb(eds.) 2008a. Past Bodies:1~8. Oxford:Oxbow

Bourdieu, P., 1977, Outline of a Theory of Practice. Cambridge:Cambridge University Press.

Braithwaite, M., 1984, Ritual and prestige in the prehistory of Wessex c.2200~1400 B.C., in D. Miller and C. Tilley(eds.), Ideology, power and Prehistory:93~110. Cambridge:Cambridge University Press.

Brown, J. A.(ed.)., 1971, Approaches to the social Dimensions of Mortuary Practices. Washington DC: Memoir of the Society for American Archaeology 25.

Butler, J., 1990, Gender Trouble: Feminism and the Subversion of Identity. London:Routledge.

_____, 1993, Bodies that matter: On the Discursive Limits of 'Sex'. London:Routledge.

Champion, T., C. Gamble, S. Shennan, and A. Whittle(eds.), 1984, Prehistoric Europe. London: Academic Press.

Chapman, J. C., 2000, Fragmentation in Archaeology. People, Places and Broken Objects in the Prehistory of South-eastern Europe. London:Routledge.

Chapman, R., 1981, The emergence of formal disposal areas and the problem of megalithic tombs in prehistoric Europe, in R. Chapman, I. Kinnes, and J. Randsborg(eds.), The Archaeology of Death:71~82. Cambridge:Cambridge University Press.

Chapman, R., I. Kinnes, and R. Randsborg(eds.), 1981, The Archaeology of Death. Cambridge: Cambridge University Press.

Christlein, R., 1976, Neue Funde der Glockenbecherkultur aus Niederbyern, Jahresbericht des Historischen Vereins von Straubing und Umgebung 79:35~76.

_____, 1981, Waffen der Glockenbeckerleute aus Grabfunden von Straubing-Alburg und Landau an der Isar, Niederbayern, Das Archaologische Jahr in Bayern:76~7.

Christlein, R., and P. Schroter, 1980, Ein Grabfund der jungsteinzeitlichen Gruppe Oberlauterbach von Straβ kirchen-Irlbach, Landkreis Straubing-Bogen, Niederbayern, Das Archaologische Jahr in Bayern:60~1.

Coles, J. M., and A. F. Harding, 1979, The Bronze Age in Europe. London:Methuen and Co Ltd.

Cunliffe, B.(ed.), 1994, The Oxford Illustrated Prehistory of Europe. Oxford:Oxford University Press.

Cunliff, B., 1997, The Ancient Celts. Oxford: Oxford University Press.

Dobres, M.-A., and J. E. Robb(eds.), 2000, Agency in Archaeology. London and New York: Routledge.

Duday, H., 2009, The Archaeology of the Dead. Oxford:Owbow.

Foucault, M., 1977, Discipline and punish. London:Allen Lane.

_____, 1979, The History of Sexuality:An introduction Vol 1. London:Allen Lane.

_____, 1986, The Use of Pleasure: The History of Sexuality Vol.2. London:Viking.

_____, 1988a, The Care of the Self:The History of Sexuality Vol.3. London:Allen Lane(the Penguin Press).

_____, 1988b, Technologies of the self:A seminar with Michel Foucault. London:Tavistock.

Fowler, C., 2004, The Archaeology of Personhood:An Anthropological Approach. London:Routledge.

Gero, J.M. and M.W. Conkey(eds.), 1991, Engendering Archaeology. Oxford:Basil Blackwell.

Giddens, A., 1984, The Constitution of Society:outline of the theory of Structuration. London:Polity Press.

_____, 1991, Modernity and Self-Identity. Cambridge:Polity Press.

Goldstein, L., 1981, One-dimensional archaeology and multi-dimensional people:spatial organization and mortuary analysis, in R. Chapmen, I. Kinnes, and K. Randsborg(eds.), The Archaeology of Death:53~69. Cambridge:Cambridge University Press.

Gosden, C., 1994, Social Being and Time. Oxford:Blackwell.

Gowland, R. and C. Knusel(eds.), 2006, Social Archaeology of Funerary Remains. Oxford:Oxbow. New York:Kluwer Academic/Plenum Publishers.

Hamilakis, Y., M. Pluciennik and S. Tarlow, 2001, Thinking through the body. Archaeology of Corporeality

Heidegger, M., 1962, Being and Time. Oxford:Blackwell.

Heyd, V., 1998, Die Glockenbecherkultur in Suddeutschland-Zum Stand der Forshung einer Regionalprovinz entlang der Donau, in M. Benz and S. V. Willigen(eds.), Some New Approaches to the Bell Beaker "Phenomenon". Lost Paradise...? Proceedings of the 2nd Meeting of the "Association Archeologie et Goblets" 18th-20th April 1997:87~106. Oxford.

Hodder, I., 1984, Burials, houses, women and men in the European Neolithic, in D. Miller and C. Tilley (eds.), Ideology, Power and Prehistory:51~68. Cambridge:Cambridge University Press.

_____, 1990, The Domestication of Europe. Oxford:Basil Blackwell.

Humphreys, S. C., and H. King(eds.), 1981, Mortality and Immortality: the anthropology and archaeology of death. London:Academic Press.

Hundt, H. -J., 1958, Katalog Straubing I. Die Funde der Glockenbecherkultur und der Staubinger Kultur. Kallmunz/Opt:Lassleben.

Jensen, C. K., and K. H. Nielsen(eds.), 1997, Burial & Society. Aarhus:Aarhus University Press.

Richard, J., 2011, Stonehenge. English Heritage.

Kim, Jong-Il, 2002a, Material Categorisation and Human Subjectification. Unpublished Ph.D thesis. Department of Archaeology. University of Cambridge.

_____, 2002b, 'An Archaeology of death.' Seoul Journal of Korean Studies 15. Seoul National University.

_____, 2005, Formation and Change in Individual Identity between the Bell Beaker Culture and the Early Bronze Age in Bavaria, South Germany. Oxford:Archaeopress.

Ko, I., 2007, Constructing Bronze Age Lives:social reproduction and the construction and use of Dolmen burials from the Yongdam complex in Jinan, South Korea. Unpublished PhD. Dissertation. University of Sheffield.

Kreiner, L., 1991a, Drei neue graber der Glockenbecherkultur aus Trieching, Gde. Pilsting, Kkr, Dingolfing-Landau, Vortrage 9 der Niederbayerischer Archaologentag:131~6.

_____, 1991b, Neue Graber der Glockenbecherkultur aus Niederbayern, Bayerische VorgeschichteBlatt 56:151~61.

Kreiner, L., R. Pleyer, and S. Hack., 1998, Ein Reiches Brandschuttungsgrab der Glockenbecherkultur aus Aufhausen, Das Archaologische Jahr in Bayern:26~8.

Merleau-Ponty, M., 1962, The Phenomenology of Perception. London:Routledge and Keagan Paul.

Meskell, L., 1998, The irresistible body and the seduction of archaeology. In D. Montserrat (ed.). Changing bodies, Changing Meanings. Studies on the Human Body in Antiquity:139~61. London: Routledge.

_____, 1999, Archaeologies of social life. Oxford:Blackwell.

Meskell, J. and Joyce, R., 2003, Embodied Lives:Figuring Ancient Maya and Egyptian experience. London: Routledge.

Miller, D., and C. Tilley(eds.), 1984a, Ideology, Power and Prehistory. Cambridge:Cambridge University Press.

Miller, D., and C. Tilley, 1984b, Ideology, power and prehistory: an introduction, in D. Miller and C. Tilley(eds.), Ideology, Power and Prehistory:1~15. Cambridge:Cambridge University Press.

Mizoguchi, K., 1992, A historiography of a linear barrow cemetery:a structurationist's point of view, Archaeological Review from Cambridge 11(1):39~49.

Montserrat, D.(ed.), 1998, Changing bodies, Changing Meanings. Studies on the Human Body in Antiquity. London:Routledge.

Morris, I., 1987, Burial and ancient society. Cambridge:Cambridge University Press.

Last, J., 1998, Books of Life:Biography and Memory in a Bronze Age Barrow. Oxford Journal of Archaeology:43~53.

Olivier, L., 1992, The Tomb of Hochdorf(Baden-Wurttemberg)-Some comments on the Nature of Archaeological Funerary Material. Archaeological Review from Cambridge 11(1):51~63.

O' Shea, J., 1984, Mortuary Variability:an archaeological investigation. New York:Academic Press.

Pader, E. J., 1982, Symbolism, Social Relations and the Interpretation of Mortuary Remains. Oxford:BAR supplementary Series 130.

Parker-Pearson, M., 1982, Mortuary practice, society and ideology:an ethnoarchaeological study, in I. Hodder(ed.), Symbolic and Structural Archaeology:99~113. Cambridge:Cambridge University Press.

_____, 1999, The Archaeology of Death and Burial. Phoenix Mill:Sutton Publishing.

Rakita, G. F. M., J. E. Buikstra, L. A. Beck and S. R. Williams(eds.), 2005, Interacting with the Dead · Perspectives on Mortuary Archaeology for the New Millennium. Gainsville:University Press of Florida.

Rautman, A. E.(ed.), 1999, Reading the Body. Representations and Remains in the Archaeological Record. Philadelphia: University of Pennsylvania Press.

Rebay-Salisbury, K., M.L.S. Sørensen and J. Hughes(eds.), 2010, Body Parts and Body Wholes. Oxford: Oxbow.

Reinecke, P., 1924, Zur Chronologischen Gliederung der Suddeutschen Bronzezeit, Germania 8:43~4.

Renfrew, C., 1984, Approaches to Social Archaeology. Cambridge, Massachusetts:Harvard University Press.

Ruckdeschel. W., 1978, Die Fruhbronzezeitlichen Graber Sudbayerns -Ein Beitrag zur kenntnis der Straubinger Kultur. Bonn: Habelt.

_____, 1985, Das Fruhbronzezeitliche Graberfeld von Mintraching, Ldkr. Regensburg, Bayerische Vorgeschichtsblatter 50:127~82.

Saxe, A. A., 1971, Social dimensions of mortuary practices in a Mesolithic population from Wadi Halfa, Sudan, in J. Brown(ed.), Approaches to the Social Dimensions of Mortuary Practice:39~57. Washington DC: Memoir of the Society for American Archaeology 25.

Shanks, M., and C. Tilley, 1982, Ideology, symbolic power and ritual communication:a reinterpretation of Neolithic mortuary practices, in I. Hodder(ed.), Symbolic and Structural archaeology:129~54. Cambridge: Cambridge University Press.

_____, 1987, Social theory and Archaeology. Cambridge:Polity.

Shennan, S. E., 1975, The social organisation at Bran?, Antiquity 49:279~87.

Shilling, C., 1993, The Body and Social Theory. London: Sage Publications.

Schmotz, K., 1991, Ein Neues Glockenbecherzeitliches Graberfeld von Osterhofen-Altenmarkt, Lkr. Deggendorf, Vortrage 9 der Archaologentag:111~29.

Sofaer, J. R., 2006, The Body as Material Culture. Cambridge:Cambridge University Press.

Sørensen, M.L.S., 2000, Gender Archaeology. Cambridge:Polity.

Sⱷrensen, M.L.S. and K. C. Rebay, 2008, From Substantial bodies to the substance of bodies: analysis f the transition from inhumation to cremation during the Middle Bronze Age in Central Europe. In D. Boric, D. and J. Robb(eds.) 2008a. Past Bodies:59~68. Oxford:Oxbow.

Strathern, M., 1998, The Gender of the Gift. Problems with Women and Problems with Society in Melanesia. Berkeley:The University of California Press.

Tainter, J. R., 1978, Mortuary practices and the study of prehistoric social systems, Archaeological Method and Theory 1:105~41.

Thomas, J., 1996, Time, Culture & Identity. London and New York:Routledge.

Tilley, C., 1984, Ideology and the legitimation of power in the middle neolithic of southern Sweden, in D. Miller and C. Tilley(eds.), Ideology, Power, and Prehistory:111~46. Cambridge:Cambridge University Press..

_____, 1994, A phenomenology of Landscape. Oxford:Berg.

Treherne, P., 1995, The Warrior's beauty: the masculine body and self-identity in Bronze Age Europe, Journal of European Archaeology 3:105~44.

Trigger, B., 1996, A History of Archaeological Thought(2nd edition). Cambridge:Cambridge University Press.

Turner, B. S., 1984, The Body and Society. Exploration in Social Theory. Oxford:Basil Blackwell.